风定落花香

黄光杰 陈斌 主编

光明日报出版社

图书在版编目（CIP）数据

风定落花香 / 黄光杰，陈斌主编． -- 北京：光明日报出版社，2013.8（2022.9重印）

ISBN 978 - 7 - 5112 - 5206 - 7

Ⅰ.①风… Ⅱ.①黄…②陈… Ⅲ.①高等学校—校园文化—文集 Ⅳ.①G647 - 53

中国版本图书馆 CIP 数据核字（2013）第 189620 号

风定落花香

FENGDING LUOHUA XIANG

主　编：黄光杰　陈　斌

责任编辑：曹美娜　　　　　　　责任校对：张明明

封面设计：中联学林　　　　　　责任印制：曹　净

出版发行：光明日报出版社

地　　址：北京市西城区永安路 106 号，100050

电　　话：010 - 63169890（咨询），010 - 63131930（邮购）

传　　真：010 - 63131930

网　　址：http：// book. gmw. cn

E - mail：gmrbcbs@ gmw. cn

法律顾问：北京市兰台律师事务所龚柳方律师

印　　刷：三河市华东印刷有限公司

装　　订：三河市华东印刷有限公司

本书如有破损、缺页、装订错误，请与本社联系调换

开　　本：710×1000 毫米　1/16

字　　数：287 千字　　　　　　印　　张：16.5

版　　次：2013 年 8 月第 1 版　　印　　次：2022 年 9 月第 2 次印刷

书　　号：ISBN 978 - 7 - 5112 - 5206 - 7

定　　价：68.00 元

序

费英勤

从 2001 年建校算起,浙江大学宁波理工学院已经走过了 12 载春华秋实。学校依托名城、名校,继承、弘扬浙江大学"求是创新"精神和浙东学术文化精髓,按照"人才培养应用型、科学研究服务型、社会服务区域型"的发展定位,坚持走内涵发展和开放办学的道路,努力建设高水平应用型大学。今年上半年,中国大学排行榜正式对外公布了 2013 年全国独立学院排行榜(武书连版),在全国 297 所独立学院中,浙江大学宁波理工学院名列第一,这既是对学校办学综合实力的肯定,也将鞭策我们向更高的目标奋进。

除了用传统的校史图文并茂的记录学校 12 年蓬勃发展之外,编写一本以师生自己创作的文学作品集也是一件非常有意义的事。这是校园文化的有机组成部分,也是学校软实力的重要表现形式。在一所以理工科为主的院校,我们尤其需要重视师生人文素养的提高、精神生活的丰富。我很高兴地看到,建校以来,校园里总是有一大批热爱创作,才华横溢的师生,他们用心创作,以情感人,妙笔生花,以文学散文的形式展现了一道亮丽的校园风景线。今天,我们特地结集出版,取名为《风定落花香》。

创作是美的创造,是对高尚精神的追求,是人文素养的升华——这在师生们的作品中都得到了很好的诠释。《风定落花香》中的作品散发着青春的朝气,洋溢着浪漫的才华,不管是对未来的憧憬、烦恼的倾诉,还是对自身的思考、内心的独白,都表现出师生对时代和生活的热情。他们以独特的视角反映社会变化和校园生活,用细腻的文字记录成长的印记。这是一本深情回眸、忠实记录校园学习和生活的优秀作品,字里行间表现出的温暖、沧桑、激越、悲悯、缠绵、关怀、渴望、向善,都是作者观察社会,珍惜生活的真切感受。

《风定落花香》的出版,是学校师生文学创作的阶段性成果,为学校今后的文学创作提供了借鉴,设立了标杆。创作永无止境,过往的佳作已印成白纸黑字,未来的佳作正在师生的脑海中孕育。我期盼有更多师生的优秀文学作品跃然纸上,给大家带去美的享受。就此而言,《风定落花香》既是向我们过往的岁月致敬和缅怀,更是对未来的期许和憧憬。

（费英勤:浙江大学宁波理工学院党委书记、研究员）

2013 年 10 月

目 录
CONTENTS

做一个有目标、勤奋、谦虚、老实的人

邵巧宏

首先我得承认我用了个很土的题目。但工作快一年了,我只是想用这句话来概括我认为在工作中很重要的四种品质:勤奋、谦虚、有目标、老实。这四点让我在离开学校后茁壮地成长起来。

下面就说说我大四找工作以及毕业后的经历,给即将毕业的学弟学妹们做些参考吧。

一不小心,换了三份工作

大四下半学期起,我开始作为实习生在宁波报业集团的传媒公司做一份叫《印象宁波》的DM杂志。做了两个月,这时正当《台州晚报》招人,于是我义无反顾地离开了一直不想离开的城市回家了,毕竟进媒体不是那么容易的。

2006年1月份,很顺利地进了《台州晚报》,我被分到了周刊部。这是个类似于副刊的部门。跑新闻的机会很少,工作压力不大,时间自由,生活相当安逸,当然钱也不多。但对当时还没毕业的我来说,我珍惜这个机会,因为重视,所以我做得很认真。

因为喜欢《都市快报》,一直保持着早晨上班前去买一份报纸的习惯。把好的稿子剪下来,慢慢研究。也因为这个习惯,8月份,我在报纸上看到招聘启事,且招两名宁波站记者。诱惑太大了,但又想想这是多么遥远的梦啊,况且自己还是个应届生,有没有希望呢? 一天早晨醒来,我坐在电脑前想了很久,最后还是决定给自己一个机会吧,结果,9月底,我进入了《都市快报》。10月份,我来到宁波驻站。好像一切很快,我用9个月的时间完成了自己定下的两年的目标,开心了小半会儿。

突然总结性地想,有目标是多么重要。这样人就不会迷茫,不会走错,不会不知所措。所以在做一件事情前,最重要的大概是想好自己想要什么。

勤奋、谦虚永远不会错

进入快报前,我已经感觉到了压力。十一,为了尽快地适应新工作,我没有休息就开始工作。工作的第一天,编辑安排给我一个采访医院的任务,到了晚上 7 点还无头绪,在公汽站台上,编辑和我通话时,劈头盖脸地骂了我一通。我第一次委屈地掉下了眼泪。

但我告诉自己,编辑没错,她做出来的东西就是好。我要虚心,要努力。所以无论编辑怎么骂,我不生气,没有怨言,并立刻按照她告诉我的方法去改进,勤能补拙总是没错的。

11 月中旬的一天,我晚上 8 点多,递交了一篇稿子给编辑,她出奇地没有问我一个问题,我一直开着电脑等她到 0 点,她还是没有动静,于是我就去睡了。

结果 1:00 时,编辑打电话来,声音温柔,还说吵醒你了吧。我说没没。她说本来我想明天告诉你,但还是现在告诉你吧,我觉得你上道了,不错,按照这个样子继续下去!

我为她的这句话整整兴奋了一宿没睡好。你想啊,我这么努力这么拼命,还不就是为了这一句话啊!

老实就是不要搬弄是非

老实,对于新人来说尤其重要。新人就意味着你还没有资格也没权利对别人指指点点,你要做的就是做好自己。

去快报报到的时候,我去见我所在部门浙江新闻部的总编朱建,他其他什么也没有说,就只对我说,不要搬弄是非,把心思花在工作上。我想这是非常有道理的。没有领导喜欢你搬弄是非,挑拨关系,即便你说的是属实的。

对比你资格老的人要尊敬,对与你同辈的人要虚心。永远都要这样。

在前辈面前,少说话,少评论,多倾听,除非你是在向他请教问题,征求意见。都说聪明的人常常是沉默的。

我不会在意对面坐的人是谁

我想我不得不说的有两点,一个是简历,一个是面试的状态。

我想我能进快报,很大程度上并不是取决于我以前在《台州晚报》的表现,而是简历做得好。因为,当时与我同时投简历的还有每月拿晚报最高稿费的一个小伙子以及另外一个毕业于浙江大学的男同事。从晚报的工作情况来看,他们做得比我好,但快报没有选择他们。因为在我看来,他们做了份极普通的简历。

那天早晨,我在电脑前开始分析,最后我选择以发电子邮件的形式投递简历,因为快报要的是活泼、个性的形式,用邮件可以加图片、加 QQ 表情,而打印版效果就差多了。没想到,第二天早上,我接到了现在编辑的电话。

面试的时候,心态很重要,紧张是最要不得的。第一次走进杭报集团的大楼,稍稍有些激动,发现那里正在举行一个快报的募捐活动。于是我没有立即上楼面试,而是先去献了爱心。我在心里很臭美地想,这是我自己的单位在搞活动啊,结果我心态很平和了。

我也很庆幸,无论多大的场面,自己都不会怯场,不会紧张,我更不会在意对面坐的人是谁。所以面试的时候,我思路清晰,还逗得他们大笑,他们一笑,我就知道,有戏了,印象深刻了。

后来,我的编辑问哪些人面试我,我说,一个妈妈级的坐中间,两个叔叔级的坐两边。我编辑说,那个妈妈级的就是我们老总杨星,而另两位叔叔是两位副总编。我一边流汗一边想:还好那时候不知道这个情况啊,要知道了该造成我多大的心理负担啊。

新年燃心灯

陈　娜

人生,说长,悠悠几十年;说短,弹指一挥间。人生可以经过多少个新年,可以燃放多少次烟花爆竹,可以承载多少的欢声笑语……

有人发出"夕阳无限好,只是近黄昏"的感慨;有人抱着"梦从醒后方知幻,花到开时不算春"的遗憾;有人虽有"我自横刀向天笑,去留肝胆两昆仑"的雄心壮志,却永远只是美好的向往,缺乏足够的信心和勇气将其付诸实践。但是,那些都已经过去,留下的也只是淡淡的回忆。

又是新的一年,收集曾经的喜悦与悲伤,曾经的汗流浃背,曾经的"遍体鳞伤"。试图为过去添补一下空白,只为不留有遗憾。欣欣然地跟昨天说声再见,展开双手拥抱新的一年、新的明天。流星的魅力来源于划破天际的一刹那,昙花的美丽源于子夜绽放,用一世的青春捧出瞬间的芳华。不用担心,你心的花瓣有一天会突然凋零,有了那一瞬的美丽,足够得到一百次的青春,而那一瞬燃烧在你点亮心灯的那一刻。

那是一盏心灯,它的光芒足以驱除你所有的畏惧。喷泉的高度不会超过它的源头,一个人的事业也是如此,他的成就不会超过他自己的信念。在心中为自己点一盏长明灯吧!它是一首激昂优美的进行曲,时刻鼓舞着你前进,今生无悔的选择将铸就春秋的华美乐章。新年燃心灯,它的光明足以照亮世界的每一个角落,只为来年的丰收,只为新一年萌发的种子。信念之灯,在"天生我才必有用"中萌发,在"君子以自强不息"中成熟。

点一盏新灯,为新的一年增添一份喜庆;点一盏心灯,为新的一年填充一份能量。

守望的天使

汪　晶

生命的轮回真是奇怪。自以为懂了,又发现没有懂。走在人生的通衢上,我的眼睛就觑着世故的河,脚尖要飞离城市的地,但都力不从心。我不能汲取大地的力量,因而常感到疲惫和孤独。在渴望特立独行的我的背后,只有父亲守望着我。我可以要求他做这个做那个,不做这个不做那个,而他从来不抵抗我激烈的言辞和难以自制的焦躁。

我禁止父亲在家抽烟。厨房里"咔嚓"一声,我知道,那是打火机点着了烟卷。我蹑手蹑脚地走到厨房门口,清楚地看见父亲发现我时的惊慌表情——就像儿时的我打碎了母亲心爱的花瓶,慌张地藏好碎片不敢让她知道的模样。我清楚地看见父亲把烟藏到背后,若无其事地问我:"有什么事吗?"我说:"没有。"然后默默地走回书房。我没有像往常那样数落他,因为我无法忘记那种眼神——父亲惧怕女儿的眼神!

在我出生后的十几年里,父亲学会了很多,包括和颜悦色地面对我。而我却带着自以为成熟的眼光,发现他这里不合标准,那儿不够资格。于是父亲也学会了跟在我背后,默默地守着我。我在自己的路上飞快地奔跑,而父亲现在爱我的方式,只能是在远处默默地,默默地望着我。

　　三毛说每一对父母其实都是天使，是用自己的翅膀撑起屋檐的天使。她说，等到孩子明白自己有过两个守望天使，他们再也回不去了，因为自己也成为了天使。

　　我很感动。虽然自己还不是守望天使，但和大多数人一样，总有一天会是的。那么父亲那种眼神，那种把手放在背后时的慌张，又会是什么滋味？

　　在这个尴尬的年龄，我憎恨矫情，也害怕被认作矫情。表达亲情的语言那样难以开口，代替它们的只是淡漠。我在自己的世界里，而父亲只能静静地观望，其实他也不知道，我一直都在观望着他，只是不曾开口罢了。

生命的印章

方泳霖

　　在错过一些事一些人之后，我变得茫然，变得害怕，但是我始终努力微笑着面对我生命中出现的每一个瞬间。这个瞬间就是06级的军训，一段生命中难得的经历。

　　从来没有想过04级军训之后我还有机会再参加军训，原本以为那一次是我人生当中的最后一次军训，直到接到担任06级军训一连副连长命令的那一刻，我才体会到那不是最后一次。和生命中充满着不定的命数一般，不可预知。

　　我很珍惜这次机会，从我将我们的连队命名为"疾风一连"，并给了它一个豪迈的番号"疾风一连，锋芒涌现，横刀立马，气冲云天"的那一刻开始，我就准备将我所有的热情倾洒在这次机会上。

　　时间总是悲伤永恒的主题，可我却没有机会选择退却更没有犹豫，我想的是不要再错过什么了。生命终结的同时就会有新的开始，又或许是所谓的轮回。很多事情讲究的不是结果，其实只是一种体验，一种经过。最重要的是在这段经历中我扮演了怎样的角色，是否问心无愧，是否足够我回味一生。明知道会有悲伤，却不愿失去一瞬间的欢乐，就像飞蛾般扑向火焰……

　　第一次站在一连所有人面前的时候，我有点担心能不能将自己融入这个新的团队;第一次下寝室看着这些面带羞涩神情拘束的同学的时候,我担心自己能不能做得足够好;第一次在教室中面对一屋子的人的时候,我惶恐自己不能激励他们的士气直到最后一天;第一次在训练场上和所有人一起学习动作的时候,我想我一定要和他们一直战斗下去;第一次给所有人拍照的时候,我怕我的镜头捕捉不到他们最美丽的一面;第一次在所有人面前演讲泣不成声的时候,我已经将悲伤的气氛蔓延到了整个连队;第一次在所有人面前拿下连队奖牌的时候,我努力将牌子举得最高,这是我们一连所有人共同的收获;第一次被抛向天空的时候,我希望我能一直停留在空中,一直就这么飞翔,一直就这么幸福……只是可惜,很多第一次也是最后一次。

每个清晨,透过睡眼惺忪的表情,我能看到一张张坚毅的脸,在困难的考验中,我听到了一句句激励的话,我十分肯定这是一个团结的团队,这是我的骄傲,也是所有人的骄傲。在连队刚组建不久的时候,我开始发烧,可我不愿离开这个团队。我怕我一离开会失去很多东西,记忆会变得残缺。我说:"你们都没有倒,我怎么可以倒,我会陪你们坚持到底……"

有人在深夜发了条短信:"学长快点好起来!你是最棒的,我们需要你……"还有人给了我几包感冒灵冲剂,泪水就是在那个黑夜中悄然滑落。那段时间指导员和副连助也都不同程度地在生病,但是也都坚持下来了。这是一股精神,一种力量。

回忆再明显终会消散于云烟,我只能用我的笔来记录那些曾经的感动。

庆功宴上,在觥筹交错中,酒是寄托思念的载体,珍重是远走的号角。醉酒后我们相互拥抱着道珍重。时间让我们的挽留变得渺小并显得苍白无力,送别的那个时刻,酒精的作用让我分不清太多的事情,我只知道用力地喊番号,声嘶力竭地叫,声嘶力竭地哭,最后是他们扶着我离开……

第二天在同样的时间醒来,却没有了号角声,没有了军歌声……

突然想起那首《你是我一生中最大的骄傲》,在送别晚会上,我颤抖着唱完了这首歌。我说:"这首歌我只唱给我最爱的人……"我记得那一刻,我含着泪将这首歌唱完。

青春散场后是凋零的花朵,我独守一座空城。一个人走在曾经训练的场地上,那里已经没有队列的身影,那里已经没有微笑和声音,那个教室已经空无一人,没有了黑板上的番号,没有讲台上神采飞扬的表情。军训结束后我收到好多好多的短信,让我一次次的落泪……

"你永远是我们的副连……"

"你是最棒的……"

"你的哭是真情流露,让人感觉很真,我室友都说你很有人情味,她们都很喜欢你,很佩服你……"

也许这12天我失去了不少东西,但我得到的却是更多更多。人之所以痛苦,就在于追求错误的东西。那些画面依旧会出现在我的梦中,我仰头看到一丝微弱的阳光,仿佛看到了每个人的微笑,仿佛看到了我站在队伍的一侧说道:"对齐,不要说话……"

青春　勿殇

戴璐璐

历史如此渺小,如此虚妄。几千年的肝肠寸断一眨眼已是几生几世的苍茫。大学生活太短,而回忆太长,只有点滴觅得方向。喧闹在这渺小而又广漠的时空里已经没有回响,只会留下悲哀的叹息。面对梦幻与现实交错的空间,只有把握短暂四年的航标,乘风破浪,直挂云帆,再回首四年时光——青春勿殇。

——题记

时间如上弦般一下从高中时代的紧张松弛到大学的无拘无束,人就很容易变得慵懒。怀着憧憬,带着理想,还夹杂点空虚——当我刚踏进大学校门是这样感知的。

大学——翠绿与金黄相混,希望与回忆相间,迷茫与憧憬相连。涉世未深的我们带着纯真,汲取营养。于是美好的大学生活像是摊开卷轴的清明上河图一样伸展开来。这时,我们该自问一句:大学,我该怎么过?

大学是一直学习英语的过程,四级无疑像个诅咒,不想被其缠身,最好在大二就将其过掉。英语也是一种重要的学习和沟通工具,不想做与国际脱轨的人,就努力学好英语吧!

信息时代的到来,驱迫你提高在信息科学与信息技术方面的素养,它将犹如水果,使你充满营养,滋润心脾。

大二的学习并不繁忙,正是拓展自己、博览群书的黄金时段。我是新闻系的,记得高中班主任对我说过:学新闻,要上知天文,下知地理。我要广泛涉猎,畅游各种知识海洋。我们可以适当选择参加校园团体活动。大学的学习绝不是纯粹为了应付考试,而是真正的充实自己,为将来的发展打下坚实的基础。

有人说:"读书就应像饥饿的人扑在面包上一样,书房是人文精神的巢穴,生命的禅堂。"因此,图书馆将是"补平时未读书"的最好地方。理工图书馆为我们提供了丰富而优越的学习环境,"世界上最壮丽的宫殿是藏书最多的图书馆"。毕竟学习不只局限于课堂,我们绝不能将"学习"与"课堂学习"等同起来。大学里的学习,应该是全方位的,是更全面的。

当父母千里迢迢将我送到学校,送进宿舍,安顿妥当离开的那一刹那,我生平第一次感到什么叫孤独和无助。要重新融入一个新的集体,没有了从前的伙伴,没有了熟悉的乡音,这是何等的凄凉与哀伤。

离开家,宿舍就是一个大家庭,关系都处不融洽,还谈什么将来走向社会?宿舍生活要做到"与人为善,与己则善"。凡事往大处想想,不要以自我为中心。俗话说:"一屋不扫,何以扫天下。"

大学里与人交往,跟高中的最大的区别就是:同学们来自五湖四海,而不再是先前的一个城市或是一个地区。有缘相聚也来之不易,四年后也许便不再聚首,所以我们应该彼此真诚相待。

佛曰:大悲无泪,大悟无言,大笑无声。

也许正是因为这一种无可奈何的孤独与无助,才能炼就自信与自强。路是自己走出来的,生活是自己过下去的。

少了他律,我们应该更加学会自律。

古人言:士各有志,不过言志之时。言志之时,无意中还是"载道",八分为人,二分为己。而我要有做我自己的自由和骄傲,做我自己的胆量。虎啸深山,鱼翔浅底,驼走大漠,雁排长空,每个人都有属于自己的一片天空。我的世界由我去主宰,我的未来由我去创造,我的明天一定会很美,我要用我的双手撑起一片属于自己的天空。大学四年,我不敢说我无怨无悔,但即使有怨,即使有悔,我也无憾啊!

毕竟真正美丽的生命是执着地追求梦想,让自己的一生不会有任何遗憾。也许会被冷酷阻隔,也许会被无情搁浅,可我会将它定位于最高的那一方,观看夜幕下美丽灿烂的星海苍穹,谛听那一声宇宙深处的清醇之音。

大学时光之所以美丽,就在于它有血有肉的过程,始终追寻着一个永恒,它存在于生命的底蕴中,不歇地流动着对自己和社会的感知与责任。

有人说:"大一较为迷惘,大二慢慢明确方向,大三才真正感到时间的宝贵,奋斗的艰辛。"上了大学,我才知道什么叫"学无止境",每个学习阶段都要有自己的学习目标。

小学的目标是中学,中学的目标是大学,而上了大学呢? 就有一个声音一直在询问:大学,我该怎么过? 我的回答是:在大学四年里,我不仅要博学知识,翱翔书海,还要懂得生活与生存,做一个自强不息的人,回报亲人,回报社会。

珠宝女人

江天宇

上海的堂姐春节要结婚,可未来的新郎官最近可发了愁。原来,堂姐一有空就假借逛街之名老拉着他往商场的珠宝柜台跑。"天哪,你都已经有两枚钻戒了!"面对我未来姐夫的连声"讨饶",堂姐脸上顿时"多云转阴",振振有词地给男朋友上起了思想教育课:"你没听人说吗,钻石可是一个女人一生的朋友,怎么会嫌多?"

是啊,每一个女人孜孜以求的都是拥有一份属于自己的爱情。而每一颗钻石,都是穿越了漫长的时光隧道,经历百般锤炼才得以与她们主人相遇。对于女人来说,这样的际遇跟爱情的邂逅一样地醉人心扉。所以,当一个女人拿起它的瞬间,就是一个亿万年前就注定的轮回!

古希腊传说中,钻石是天外来物,是神的眼泪,也是星星掉在地上的碎片。钻石,生成于神秘的大自然,形成于33亿年前的地底。它璀璨夺目,坚硬永不变形的特质被世人赋予恒久的内涵,一直以来都是爱和美的化身。

也许,很多男人不理解,为什么女人对钻石如此执着? 除了钻石,难道就再没有什么可以代表女人对爱情的要求了吗?

我想,正是由于爱情的独一无二,纯净剔透,使得只有钻石稀有、纯净与坚韧的特质才能与之相应和。传说爱神丘比特的箭身镶满了铂金与钻石,才有了爱的魔力,从而让被他射中的男女深坠爱河。难道世上还有什么东西能比钻石更令女人无法拒绝的吗?有人说,爱情。但即使是爱情有时也敌不过钻石那璀璨光芒。玛丽莲·梦露在影片《嫁给百万富翁》中不就这样唱过吗?"手上的一吻多么令人陶醉,只有钻石才是女人最好的朋友。"

因此,男人们必须原谅女人面对钻石时的表现:瞳孔放大、心跳加快、呼吸急促……因为她在那颗小小的石头里看到了自己一生最美的梦。

因此,广告商们应该感谢上帝,无论现代女人炼就了何等刀枪不入的功夫,好在她们都还有个命门存在,那就是她们的梦——关于爱情和钻石。

1477年,奥地利的马克西米连大公为了表示自己的爱情,第一次把一枚钻戒套上了法国玛丽公主的纤纤玉指。从此他的这一举动开始了一个时代——女人开始深信,套在左手无名指上的钻石可以通过爱情与心相连。

不知有多少女孩做过类似的梦:在一个天空中飘着五彩祥云的黄昏,一个英俊的青年男人慢慢走到你的面前,单膝下跪,优雅地掏出一颗比星光更灿烂的铂金钻戒,深情地将它戴上你的左手无名指——喃喃地重复着爱的誓言。铂金与钻石的光芒交相辉映,照亮了生命中最美好的一刻。

夏奈尔曾经说过,在这个世界上,还有什么比钻石更宝贵?还有什么比拥有钻石的女人更加幸福呢?

那些晶莹璀璨的钻石就像云隙里透出的阳光,照亮了女人面前的道路,让她能够像女神般优雅自信地走进一个万众瞩目的盛会,一段前途莫测的婚姻,或者是一个美丽而充满危险的世界。

相思

陈　娜

你从燃放的爆竹声中走出
用抑扬顿挫的声音
把新年的喜庆撒向世界的每个角落
历史在岁月的脸上打上重重的惊叹
传统作为借鉴成为一种象征
假如世界是一座美丽的城池
那么
谁是城市中夜吹长箫泪流满面的异乡人
假如世界是难以跨越的沧海
那么
谁是那只飞过沧海回到家乡怀抱的蝴蝶
那洒落一地的殷红的相思
瞬间定格成最深的羁绊
归来吧！这是来自家的呼唤
接受一次次庄重的爱的洗礼
一针一线地缝合好每一个到来的日子
最后再绣上一朵永不凋零的玫瑰
我们独在异乡
思念着远方的亲人
只为那萌发的种子
只为来年的大丰收

和理工一起成长

陈旭辉

四年的时间不是太短,但当自己走过这一程要和理工说再见时却有点舍不得。在理工的四年是我的青春中最值得怀念的四年。有很多的祝福和感慨想留给一起走过的同窗同学,一起战斗过的社团同事和教导过我的老师学长。大学的四年是我人生的重要成长期,我从这里告别学生时代,走向一片更为广阔的天地。让我庆幸的是,我能在这样一个熔炉里完成自我的转变。

从进入理工的第一天开始,我就感受到理工是个充满朝气和活力的校园。在这里,我的兴趣爱好和能力在老师和学长的引导下得到了极大的发展和拓展。记得大一进入社团的时候,我自己还是个懵懂的孩子,而一年后我开始接管一个社团。在这个成长的阶段里,我要谢谢摄影协会的前辈们,是他们的无私帮助才使我有那么一点成绩,从一个什么都不懂的大一新生到知道怎样去处理事情的人,我知道我长大了。

随后,我有幸进入了校报记者团,一个已出过多位职业记者,让外面的人更了解理工的学生团体。这个团队优秀得让我感到压力,但同时我也告诉自己,这是一个自己成长的舞台,一个能够让自己得到锻炼,能为理工做出一点贡献的阵地。在校报的近两年时间里,我从非正式的通讯员成长为能独挡一面的副团长。这其中,老师和同学给了我很大的帮助。而在我掌握一定技能之后,我也迅速地将自己奉献给这个团体和理工这个大家庭。记得我所带领的校报摄影部最好的成绩是7天内在校外市级媒体发表有关理工的报道11篇。这个成绩饱含着我们对理工的回报之情。

大三的暑假,我和另一位同学一起到一家报社进行毕业实习。在高温下艰苦打拼,我们用自己的努力很快适应新的环境,同时也得到了与所付出劳动成正比的回报。而当偶然一次听到主任在和别人通电话时谈到“我这两个理工实习生真不错”时,我们激动的心情丝毫不亚于拿下了头版。当别人把对我们的肯定转化为对理工的肯定时,我们不能不为自己可以给理工带来一点荣耀而感到高兴。

理工快 6 岁了,6 年的时间里,理工从一个名不见经传的地方高校成长为一个受人瞩目的高等学府,而我也长大了。在我看来,成长的一个表述是一个学习和回报的过程。作为高校,理工为社会培养了人才,尽了自己对社会的回报责任,而我们则是这个回报责任的具体执行者,我们的成长和理工的成长是一个统一的方向。作为理工学子,我愿意在以后的日子里继续和我的理工一起成长,以自己之力反哺社会。

印象·西安

汪　晶

一直想去旅行,一直想去西安。不为别的,只为那历经千年的古都所带来的震撼。印象中,西安是黄色与铜色交织的梦:黄色是黄土高坡,铜色是历史不朽的痕迹。雁塔挺立千年,流着泪回忆着沧桑;秦俑沉睡几许春秋,等待曾经的辉煌。这就是西安——历史悠久,文化源远流长。

有人说西部是一种苍凉。黄土坡上的耕作,岁月爬满了脸庞。落后封闭充斥着那延续千年的窑洞,难以忍受的落后贫荒,就连秦腔也失去了往日的张狂。枯树早已失去了绿的力量,萎缩成一地的柴棒。半坡人创造的是原始文明,他们用弓箭打开自然的大门;秦始皇在此宣告天下他的伟大;千年不倒的长城更是于此化成巨龙飞腾,历代帝王沉睡的古都怎么会是这样? 有些遗憾,有些彷徨,也许还带着些失望。曾在《中国国家地理》上翻阅过它的姿样,那种黄色给我留下了很深的印象。

走近西安,却看到另一种模样。繁华缤纷的地方,萦绕着索魂的迷香。雁塔的灯光显得娇媚,五色的钟楼俯视着他的子民,原来这就是西部的心脏,千年的文化终究没有用落后来体现。当长城不再为屈辱的历史而弯曲,当阿房宫上的灰烬肥沃了土壤,西安,这座沾着血腥也溢着灵气的古城,不再用坚固的城墙封闭或是抵抗,而是敞开他的胸膛,积极地容纳,不被时代的车轮碾碎。险峻的华山,陡峭的崖壁,壮丽的画面背后却隐藏着心酸。但我不相信西部会一直沉睡,黄色的土地上生长着绿色的希望,闭塞的窑洞中蕴藏着飞翔的渴望。要发展,必须先自我解放。摆脱自缚的茧,才可以获得美丽的翅膀。

西部,古老神秘的地方,经历了太多的沧桑。世事变幻,风云变迁,再大的苦难已经走过,所以没理由退缩,因为,我们怀抱着梦想。

当思念已成习惯

张 乜

当思念已成习惯,生活是否会阳光许多?

还记得第一次看见同桌的时候,她站在人群中放肆地大笑着,眼睛眯成一条线,很好看的样子。那个时候我们还不同班,遇到了顶多也只是点个头。那时,在我的眼中,她的青春是如此张扬却又不乏淡定,偶尔看她穿着中性的服装,在图书馆里低头看书,不时抬头看看窗外满树的香樟,微微一笑。我在心里想:这究竟是怎样的一个女孩子呢,两个她,一个张扬一个安静,而哪个才是真正的她呢?

和她成为同桌,已是高二文理分班以后的事了。面对着一张张陌生的面孔,同桌肤色略黑的面庞似乎是惟一熟识的。我们的相似,我们的不同,即使历经刻骨铭心,也依然是那么的清晰可辨。

我喜欢黑色,她喜欢黄色,我们一起喜欢白色的冬天……

我喜欢理性,她喜欢感性,我们一起喜欢感人的影片……

我喜欢……她喜欢……我们一起喜欢……

在一起的日子常常是很快乐的,但偶尔也会有失意的事发生。同桌啊,是否还记得那次临时换人表演的事,作为当事人的你都还未反应过来,而我的眼泪却已经不争气地流了下来。是否还记得高考前的那一晚,生病的我虚弱得不得了,你便开始自责……"是否"的故事还有很多吧,沉淀于你我的青春,同时也沉淀于你我的思念。

今天的我突然收到你的一条信息：No one is the whole of himself, his friend is the rest of him. So I mean you are the rest of me. 是啊，纵使别离，纵使相隔千里，我们总能在第一时间想到对方。即使一个眼神，一个手势，我们也能明白对方。

银屏，垂翠袖。人生若只如初见，何事秋风悲画扇？我们的回忆在时间里沉淀，时间在回忆里消失，感触在重复中回忆，最终，在思念中感触对方。我把对你的思念唱成了这首诗，曝晒在月光下，变成了无穷尽的瀑布。那些飞扬的细小水花，会隔着时空，温柔地蒙上你的脸吗？

这里的冬天已经很冷了，冬天是个摧折草木的季节，冬天是个滋生思念的季节，当思念已成为一种习惯，同桌啊，我们的生活会不会就此阳光许多？

渗　透

杨　瑜

沉重的墨色渗入宣纸单薄的衣襟，渗透着沉寂的历史，积淀了精神的典藏。

一手字，渗透的是艺术，也是人。

他挥洒的字迹中交融了张狂和含蓄，渗透了指挥与自由的向往，渗透了创新的思维，融入了一位学者的执着与坚持的品质。《兰亭》中百态的"之"字构造渗透着这位书圣毕生的艰辛与揣摩。有人说书法是纸上的造型艺术，是东方特有的创造，触摸着心灵，复活了记忆。

一幅画，渗透的是激情，也是生命。

他用浓重的色彩渗透了葵花的绮丽，用浓重的笔触渗透了生命中的激情和狂热。他见到了向日葵的花，向日葵的色，恰似见到了他的生命，灼烧的溶浆从他的画笔中透出，生命中的激情渗透在每一片浓重色彩中，渗透在向日葵蓬勃又张扬的枝干中，那是生命的象征，是他的归宿，是他执着追寻的所在，凡高用他的狂热，他的激情，他的无畏，他的虔诚渗透了单薄的艺术。

一把匕首,渗透两段情仇;一把长剑,渗透一个天下。

她握起沉重的匕首,鲜血渗透单薄的衣襟。她甘愿一个人的孤寂,一个人的沉默,一个人孤独地离去。好似一片飘落的飞雪,有纯净与单纯,更有执着。然而白色孤寂上的鲜红血迹无法抹灭最后的壮烈,最大的牺牲。鲜红的血迹渐渐渗透白净的衣襟,如一朵雪天盛开的腊梅。而这斑斑血迹中渗透着一份用死寂替代的期望,一个女人甘愿用牺牲来割舍一份羁绊,一份牵挂。

《英雄》中流水在茫茫荒漠中挥舞"天下",风霜雨雪浸没不了这两个字的厚实与旷远,万座高山无法承受这两个字的沉重与博大。他的剑下不是荆轲的恩与仇,而是一份情系苍生的博大情怀。

一手字,一幅画,一把匕首,一把长剑,渗透一份份沉甸甸的情怀,寻找有限中的无限。

与其追求物质虚荣　何不珍惜精神所有

何晓凌

看了第 42 期校报副刊上刊载的文章《珠宝女人》,心里的感觉与作者有所不同。所以特地写些文字,谈谈一个女孩子对钻石的看法。

钻石,一种纯或近于纯的碳化物,生成于地表下 120－200 公里,随着地壳的运动浮现于地表,用亿年的时间换来女人的眼前一亮,用亿年的时间证明完美的存在。

美丽的传说把钻石的形成说得太美,所以钻石往往被赋予了一种不真实性,让拥有者如梦如幻,如痴如醉。它的晶莹剔透曾被视作权利的象征,镶嵌在威严的权杖上,镶嵌在璀璨的王冠里,折射出的光芒,令殿上所有人臣服。正是钻石这样的历史,才使它具备了高贵的气质,才使它集万千女子的宠爱于一身。

女人喜欢钻石,这小小的石头能给人莫大的满足,能给人安慰与荣誉。但女人不把它看作生命,对于普通人,它仍是一件奢侈品。用寥寥无几的家产换回的一枚钻戒,你会发现原来它没有梦里所见的那么美,于是所有的童话在顷刻间破灭。与其让它支离破碎地存在于你的生活中,何不将它的光芒制作成标本,永远展现在幻想世界里?

总有人把纯净的爱情和纯净的钻石划上等号,用钻石的永恒证明爱情的永恒,呵呵,多么不可思议的想法。一朵玫瑰,一枚草戒指难道不能证明爱情之花绽放过?牵手走过田野时遇上的那片晚霞,难道不能见证你们正相爱着?

女人爱浪漫,女人也爱钻石,因为它带给女人浪漫的氛围。

钻石是昂贵的浪漫,不是每一对相爱的人都承担得起。如果钻石和爱情划上等号,那穷人之间是否就失去了爱情?钻石能代表永恒,可是,你花甲之年不经意发现的夹在泛黄的日记本里的那片枯萎的玫瑰叶,难道不是另一种永恒吗?

钻石给女人无限光彩,所以钻石被认为是女人最好的装饰品,是女人一生的朋友。其实女人不必装饰,女人身上与生俱来的母性气息让世上所有的钻石为之失色。女人看钻石的眼神是欣喜,看孩子的眼神是怜惜,前者根本不能和后者相比。母爱博大精深,能包容一切,也能放弃一切。一个母亲,倘使让她在孩子和钻石间做一个选择,这个选择太简单,甚至不用考虑。

所以,可以说一切女人都喜欢钻石,但并不是一切女人都想拥有。世界上珍贵的东西太多,与其不顾一切地追求物质虚荣,何不珍惜精神所有呢?

Where do the sunflowers grow

——品漫画《MyWay》

桔 呐

看过寂地的照片,那是一个简单干净的女子,架着一副黑框眼镜,穿着跟我们一样的 T 恤牛仔,衣服好像可以闻到妈妈搓过的肥皂的味道。不曾激起过海浪千丈,却如一朵朵小浪花留在记忆中,也镌刻在我们的心上。

那个戴着高高的礼帽,提着个小箱子的旅行人叫 V。

托尔斯泰说,粗俗的人不明白自杀是因为厌恶生活,那是思想者的高雅艺术。V 就是那个在喧闹的城市中迷失了自我的人。那么多人放弃了生命，而他选择了一个人的旅行，开始寻找幸福的样子。

幸福又是什么样的呢？幸福是离开了自己心爱的女孩，驾着飞机在高空飞翔，期待远不停留的飞行员？幸福是独自生活在虚幻的粉色之城的小女孩？她的信仰是连头发都是粉红色的天神。幸福是逃离城市的寂寞的孩子们在旅途上的相遇？

V 把那一点点的温暖都收集起来，我们把 V 心底的温暖都融进了手心。

《MyWay》里有很多孩子。在那个想像的空间里，有一根长长的指针，指到哪里，哪里就会有奇异的花朵开放。虽然我们都是从孩子成长起来，然而当我们都变成了成熟稳重的人，当我们都被这个世界同化了，我们再也不会像小王子一样把一顶帽子说成是一头大象被吞进了蟒蛇肚子。物质的一切都会消失，大人们继续嘲笑着孩子们童话般的天真。

画面依旧是色彩斑斓的，鲜亮的颜色却蒙上了一层阴霾，温暖的背后有了一丝微凉。

阁楼里巨人独自居住着。他害怕自己庞大的身躯会吓到那些孩子。很多小孩在看到巨人后都恐惧地逃离了那个阁楼，他的心越来越封闭。一个拉手风琴的女孩闯进了阁楼带来一屋子的暖意。就这样远远地看着她，巨人心里就会湿润起来。如果自己出现，你也会和其他人一样恐惧地逃开吗？

V 走过的每个地方，那里没有大悲大喜，没有高亢的歌，那是平淡真实的生活。有梦想，这种梦想跟物质无关，跟荣誉无关。有爱情，这种爱情不是山盟海誓，不是你死我活。有友情，这种朋友不是整天粘在一起的同龄人，可能只是交谈过几句话，甚至不知姓名的路人。那一幅幅画面是如此真实，那些可爱的人，可能是你，可能是我。对，他们就在我们身边，是每天来送信的叔叔，是隔壁刚传来的叫秀子的女孩？可是我们始终不能如 V 一样戴着顶礼帽，走过一个个不知名的小镇，停留在午夜幽暗的街角，秋天风吹过的草地。

我们多羡慕你，总有一天，我们要像你一样，踏上旅途。走过每个角落，心里装着自己爱的人，寻找幸福的样子。

想起《燕尾蝶》里的一句话：上帝把 90% 的寒冷给了耶路撒冷，上帝偏爱他，把 10% 的幸福也给了他，给了他一个绚丽多彩的生命。

风定落花香

倩 蓉

昨夜雨疏风骤，恍惚中，我仿佛又看到了窗外绿肥红瘦的海棠。只是今番，将去何处寻找那倚窗怜花之人呢？

闭上眼，你亭亭玉立于我的神思之中，低眉浅笑，顾盼神飞，眉宇间尽是少女掩不住的调皮的气息。想象，你应是着一袭黄衫，在众多踏青的小姐官妇中，出尘脱俗，落落大方。记得那时年少，中州盛日，闺门多暇，你也曾"铺翠冠儿，捻金雪柳，簇带争济楚"，向席间酒朋诗侣，把盏吟咏。

再婉约的女子终有她归宿的一汐芳洲。只是惊鸿一瞥，于是，得意门生与师之千金成就了一段金凤玉露相逢成缘的神话。从此，荷塘深处，与明诚共摇莲舟；中秋佳节，与明诚品酒赏月；清冷深夜，与明诚秉烛共议金石录。一腔心儿托明诚，纵是家道的败落、家族的矛盾也不曾丝毫动摇你的决心。那时的你，日日笑靥如花；那时的你们，枝枝交互，琴瑟相谐。

却不料，人间情缘最美时，一道圣旨分南北。自古最苦别离，将《阳关》唱到千千遍，也难留去者脚步。你只道：休休！一声叹息，只叹尽五脏六腑，只叹得肝肠寸断。从今又添，一段新愁！万千心事难寄，恨不能化成那南飞的鸿雁，飞过三千里江河，飞过十万重山川，与君共语相陪。可怜日日凭栏痴望，空憔悴，人比黄花瘦。与人说梦，说听皆痴。你可曾痴了？

最爱夫君只身死，天妒红颜终不长。我不知你此时的心是否正在一寸寸的失去应有的温度，日日思君盼君，却盼得一个青山埋忠骨。家破败，人不在，或许你已如那惊起的一滩鸥鹭般，不知何去何从。南渡，南渡，落得半生苦楚。柔弱如你，骄傲如你，是怎样的奔波于各种官僚人物之间，低声下气，散尽金石，只为保得丈夫生前的一缕清白？尔后，许是寂寥，许是无奈，你再嫁了。我一直都在怀疑，你的心中可能忘了明诚？不能！你以行动告诉我。当阴谋败露，人心乍现，当你发现再嫁之人只是为了自己与明诚曾收集的金石玩物时，不顾将会有三年的牢狱之苦，毅然告上官府，只愿惩戒小人，求得一纸休书。终于，靠族亲走动、关系庇护，你从狱中走出，却也走进了无边的茕独凄惶。我为你不忍，你的生活不应是这样的，至少不应是独自守着窗儿盼天黑的，不应是借三杯两盏淡酒忘记忧愁的，更不应是只敢在帘儿底下听人笑语的。然而，不应是这样又该是怎样？我想不出。只是，造化它不该把你作弄得这么苦。

满地堆积的黄花，把酒东篱的女子，一阵风过，空气中有暗香浮动！

放弃也是一种美

陈敏娟

曾经哭喊着要商店橱窗中的洋娃娃，但当真正拥有她时，却发现她的眼睛没有先前的漂亮了。

曾经非常执着地珍藏一只古朴的木匣子，只因为里面有一个别人都没有的玻璃球，但当别人都拥有成把成把的玻璃球时，我后悔当初没有拿出来炫耀一番。

曾经与好友分离时，红着眼互赠枫叶期盼美好的再相遇，但当数年后相遇时，我们都形同陌路，感慨对方变化之大。

曾经的曾经，我们都有着太多无谓的欲望，忘了美的真谛。

尽善尽美固然很好，但往往会变得复杂，那样何不来个简单的尝试？

想捉住草地上雀跃的小鸟吗？也许你会更喜欢在天空中自由飞翔的它，很想登上科学的颠峰吗？也许你会更加回味登上颠峰的那一路；在特殊的日子里收到特殊的礼物吗？玫瑰芬芳，灯火灿烂……也许你在一个人的日子里更感惬意，因为天是蓝的，云是轻的，风是柔的，而你是自己的。

让我们放弃那太多无谓的欲望吧！在新的时间里，躺着旧的木椅，看着旧的杂志，听着旧的曲子，吸着新的空气……多么美好的生活啊！相信你会喜欢且爱上它的！

现在放下手中的一切，看着，心中的那朵花绽放了吗？

孤独的乐舞者

章梦雯

音乐,跨越国界的交流圣者,也许是世上最能令人产生共鸣的文化;乐者,音乐国度的掌门人,也许是世间最孤独的一种人……

最孤独的人用心缔造了最繁华的艺术,我的身边,曾留下他们的痕迹。

下午 2 点　琴行　钢琴老师

午后的阳光撒在玻璃窗上,暖阳中漾出克莱德曼的《午后的旅行》。他眯着眼睛,手指流水般抚过琴键,滑落一连串的音符,化作我眼眶里温润的泪水。那一刻,我发现,音乐是种良药,治愈心患。

他从北方来,来到宁波,留驻在一家小小的琴行里教学。生活由此变得简单,城市的灯红酒绿、繁华奢侈忽然间离他远去,只有那座音乐殿堂将他留宿。

他说,孤独也许从选择音乐的第一天就开始了。

晚上 7 点　舞台　手风琴手

舞台的流光溢彩似乎与她无关,台下是有些嘈杂的观众们。她闭着眼睛,身体随着《查尔达斯》的音乐轻轻摆动,忧郁的曲调里描画出匈牙利广场的夜景……那一刻,我以为,曲高和寡是把利剑,刺痛乐者。

人们说,晚会需要器乐演奏才显得高雅、有层次,于是她带上她的琴,走上了舞台。观众们却没有赞许的掌声,没有共鸣的眼神,留她在追光灯里,独自专注演奏,单薄的身影显得如此孤独。

她说,我没有想过太多,明天,依旧这样练琴。

20 世纪初　海上　钢琴师

他叫 1900,从小生活在海上,被收养,又被遗忘,直到一天,他的琴声游荡在孤独的航海旅途中,涌动在那一群追逐美国梦的人流中。他看起来总是那么精神,那么乐观,笑容和琴声抚慰了多少孤独的海上灵魂。而他自己,究竟是否孤独?

他说,你确切地知道88个键就在那儿,错不了。它们并不是无限的,而你,才是无限的。

1999 年　世界之窗　外国乐队

盛夏的夜晚,激昂的《拉德茨基进行曲》在夜空下响起,五个异国乐者尽情地演奏着,高潮之时,满席观众情不自禁地跟随着音乐拍起了手掌,这首经典曲目又因而充满了活力与激情。那一刻,我承认,音乐能让人们忘记国界与身份。

他们来自遥远大洋彼岸,他们巡回演奏在世界的各个角落,同样的曲目,同样的组合,却总能在每次演奏时爆发出异样的激情。他们以热情感染着观众,让一群陌生人在音乐里畅然忘我。他们,看起来与孤独无关。

孤独的乐者演绎着自己的人生,无法在听众中寻找的共鸣洒落在长长的求乐路上,他们的影子显得有些凄凉却无比坚定。也许,孤独原本是乐者的属性;而舞乐者,从未感孤独。

天元小记

金　诚

祖父母安健在老家天元,钱王村。村子里有三大姓,许、钱、王,其中许姓占绝大多数,然而为何名其为钱王村,我却不了然。

我小时侯就在那里长大。

天元可谓是一个古镇。就天元这个名字的起源,听说早先有一位商人,在姚北经商,发现这里民风淳朴,土壤肥沃,便集资建了一排屋子,从事手工业小售卖活动,周围的人农闲时携老带幼来这里逛,有些人索性迁居于此。渐渐地,这里便成了一条商业繁荣、居住密集的街道(现在称为西街)。这些木屋现在还可以零星地找到,破旧又沧桑,大都是上下两层的楼房,上楼还有人住,下楼一般做店铺,往往是热闹的豆浆、包子店。这里以后便发展成了镇,为了纪念这位商人,以其名字取名为"天元"。

天元的文化气息至今浓郁非凡,每逢两年要举行当地人所谓的"兰街"。不向当地人问个清楚,就难解其中的奥秘。原来这是由庙会发展而来的充分吸收当地特色,带有微妙气息的"大杂烩"。以前镇人祭祀祖先,盼个风调雨顺的好年头,捧出一樽樽的佛像或土地神来叩拜,每个村庄都要做一条长龙沿街去甩。每到这个时候,勤劳节俭的村人笑容洋溢,出资出力,做龙的师傅往往半夜睡不着觉,爬起来对龙左敲右补一番,才放心地睡去。"兰街"时的那番热闹就不用提了,甩龙队、怪脸队,奇怪恐怖的各路鬼神,令人眼花缭乱。万城空巷。小贩们也不忘拿出针头线脑,首饰玩意儿的来卖,大都在年内积压而卖不出去的,在这里却可以一倾而空。而且价格极其便宜,正如小贩自己说:"这个日子也不谋什么赢利了,图个热闹啊。"年轻男女特别喜爱这个日子,理由只有他们知道了。当然,很多人看到了商机,"兰街"渐渐地带有商会的性质了。

然而今天的"兰街",几乎全部是摊铺,那喜气的长龙大佛却消失得无影无踪。摆摊的来自其他地方,精明能干的老板拿着扬声器从早喊到晚,这样连续五天,吸引很多顾客来挑选他那漂亮的但不明来历的廉价货,我清楚很多都是次品。因此很多买过东西的人就不再觉得他的声音优雅了。零零散散,满街都是那声音和成堆的白色,还有瘦黑的扛着货担的小贩,镇人那被晚霞染得昏黄的疲惫的脸及那双双匆匆忙忙挑选东西的迷茫的眼,还有节日里和气的乞丐……我找不出那富硕的江南小镇的味道了,每逢这个时候我的脚步很是仓促,赶什么似的,往往在其中茫然失措。

离老家不远的,也离西街口不远的地方有一个小商品市场,这种市场没有什么特别,随处可见。但如果你不仔细地把视线透过门口那个老修鞋匠瘦小的身躯,看到他背后那块青石的话,你便不会心绪浮动起来。这是一块石碑,依稀可见上刻:皇德蔽刹,佛天共容云云。也就是说,这里曾经是一座小有规模的庙宇,该是在文革时期被封毁的吧。

触摸那缺角的碑石,思绪便飘离开来。

我知道这些事的时候,自己还年幼,但更让我确信这的确是几十年前的一次全镇规模的烧香仪式,各个村联合组织搬来了一个大香炉放在古庙前,还招来了一群和尚念经。我记得那时围满了人,道路挤得水泄不通,那炉中的火甚是汹涌,照亮了周围张张疲惫不堪的、狂喜、幸福的脸,人们有秩序地排着队,带着奇怪的表情在炉里送化他们的乞盼,口中念念有词,然而脸上是木然的,化完后又惊慌失措地匆匆走开了。

炉子中的火花突地蹿得很高,映红了周围整个沉闷空气,也照亮了那几座残存的古楼。太阳还是一天天地升起,然而古楼房在现代进步的器物文明中一天天地破落了……

这就是天元,我的家。我常常想,她曾经是安详、富足的,她又是善于思考的智者,不紧不慢地总结着人生的哲学。然而,后来、现在,有人在路上指着她吼道:"喂!到前面去求'发展'吧!"她很是犹豫,但还是在疑惑这种"发展"的时候背上了沉沉的前所未有的负担,一步一步仓促地赶去了,跌了很多次,慈祥地看着她疲惫的镇人……

绚烂背后的容颜

杨　瑜

"生女无怒,生男无喜,独不见卫子夫霸天下?"

看着乐府中流传的歌谣思绪万千,到大汉皇后,到胜极一时的卫氏家族,身名显赫令时人望尘莫及。而绚烂的荣耀之后,徒留的是举目无亲,痛不欲生的绝望余生。卫子夫,一个经历了坎坷曲折的人生路的女子,经受了大悲大喜,她的一生似一次传奇,一个奇迹,如那一轮红日,从微熹曙光到血色残阳,直至沉寂……

"美丽,像一朵正当时令的花,萎谢后,只能落入尘土。"身为皇室子孙该是一种荣幸,还是一次永不复劫的恶难?没有人能领略其中的艰险阴暗、勾心斗角,而身处其中的卫子夫,将生命的漫长岁月献在了那个寒冷的未央宫中。

当第一次接触到充满皇室威严却不失柔情的眼神时,她的心被强烈地撞击了,可知从这一刻开始她的一生已改写。

一个单纯秀美的婢女,经历过后宫残忍黑暗的纷争,你死我亡的较量,使这个原本单纯的女子变得僵硬、冷漠、沉稳,又善于隐默。

是从哪一刻起勾起了她雄烈的野心,是什么时候让她学会了心计?我隐约听到她的叹息,她的啜泣,因为这是她唯一的途径,唯一的命运。

当一个女人无助地面临自己畏惧的夹缝生活,为了生存,她学着改变,必须改变……

岁月蹉跎了她的容颜,残留下破碎的心。当面对两个心爱的女儿走向断头台,自己却无能为力改变这场悲剧时,她的心沉了,无法再一次浮出水面的沉重。她冷冷地说,我的心其实在四十五年前已死去,留下的是空壳,而非自己。这是她的终点,没有结局的终点。

一切都消逝了,剩的只是一个苍老、千疮百孔的虚假皇后。一场闹剧,一场悲剧,一次用千年泪水与短暂的笑容融合的生命历程。

幸福在左·年华在右

杨云涵

人活世上,似乎所有人孜孜以求的就是一场幸福的生活。无疑,幸福是一瞬的温暖,是永恒的爱,是人们永远向往的一方彼岸。然而,幸福究竟在哪里?

很早就会举着蒲公英跑,看它身体上无数纤细的绒毛在风中纠结和缠绕,最终分离,各自飘零。童年的幸福总是琐碎而纯粹,童年的我总是单纯地以为蒲公英的种子都会找到各自幸福的归宿,然后生根发芽,继续生命的轮回。

成长,注定是一场残酷的选择和放弃,选择和放弃中夹杂着欢乐的明媚和忧伤的泪水。学生时代的我们,书本就是生活的全部,别无选择,唯有沉醉。但是也许,多年以后我们会发现,无从选择其实是一种莫大的幸福。

美国哥伦比亚大学的医学博士马兹认为,幸福是心灵或习惯的一种状态,它伴随着宽松愉快的想法,享受着时间的芳香,幸福是我们内在的一种功能。这意味着,幸福即是一种心灵感受,人人都有获得幸福的机会。只是,幸福是一门深奥的哲学,需用一生的时间去研读、感悟。幸福从来没有明晰的定义,因为它不在世人的嘴上,而在每个人的心中。

在生活中不难发现,许多人为了追求所谓的幸福而寻访一生,最终发现自己仍然一无所有。殊不知,原来幸福一直静静栖息在最简单的生活中,最朴素的感情里,藏在窗外初生的青草地里,藏在每一场细密如睫的小雨里。其实,大大的幸福都是由小小的幸福堆砌拼凑而成的,要寻找幸福,有时就是如此简单。

似水年华,打我们身旁匆匆经过,幸福便是沉淀在流年中细微的金沙,等待我们去触摸,去紧握。年轻,是一种幸运,更是一份责任。幸福之于我们,就是一朵希望之花,你听到自己心中花开的声音了吗?

无　题

陈严冰

有些时候
我听不懂那些歌词
就像你听不懂那些音符一样
你总爱将诗歌写在五线谱上
用痛苦的声音将它们歌唱
是唱给你的,我的,他们的
歌者喑哑
歌声渐止
歌词变成钢铁
悲凉而坚强

当你还在大学的时候

李盛辉

当年我背着厚重的行囊，怀着朦胧的梦想，带着家人的期望，来到大学殿堂。我既高兴又害怕，高兴的是，将要在这里实现自己的梦想，但害怕自己做不好。

大学生活原本是快乐的，但我似乎总跟随着别人的节奏。或许是为了在单调苍白的生活里，留下一丝缤纷色彩，或说是为了在稍纵即逝的青春中，捕捉瞬间的永恒，每天"日出而作，日落而息"，用看似忙碌的学习来填补生活的空白，用太多的嬉戏来打发无聊的时间。工作后才开始知道自己的大学生活是多么的苍白，等到再想拥有的时候，它却已经结束了，4 年的时间，自编自导自演的"人生戏"已画上句号。但戏的内容是空洞的，主角只有一人，突然间觉得好失败。

大学不是"职业培训班"，而是一个让学生适应社会，适应不同工作岗位的平台。

当你还在大学的时候，你会看到那些来往于图书馆、教室的同学，他们中的某些人在你看来可能很功利，但是工作后你会发现这恰恰是大学没有教给我们的生存技能。如果我们能够掌握这些，再加上我们的学历背景，我们一定会战无不胜。事实上，我们中的大部分人在离开学校后都会往这个方向努力，所以，他们其实是很值得尊敬的，因为他们比我们成熟得要早。

当你还在大学的时候，多去上上课，少在宿舍打游戏、睡觉。多看看那些德高望重的老教授，没问题也找几个出来问问吧。因为，工作以后就不要指望谁会这么耐心地给你讲东西了，领导要是让你做啥，不懂的话千万别问！自己想办法查！不要以为像在学校一样，好问是美德！领导要的是结果，不是过程。我现在每想到大学时候不少次我都在课堂上睡觉，我就觉得特别对不起讲堂上的老师。

当你在大学的时候,多读一点书,少上网做一些没有意义的事,比如灌水聊QQ!因为你一旦离开校园,你就很可能顶多读读《女友》、《时尚》等这样的杂志。更不会有机会有时间去看名著!我在大二的时候,曾经惊觉我读的名著基本上停留在高中时代,而当我工作后,我发现我读过的书完全停留在大二以前!

当你还在大学的时候,多原谅室友的小过失。不要因为她 or 他不小心把一杯水泼在你的英语词典上就对她 or 他生气甚至要求赔偿;不要因为她 or 他的臭袜子忘记从你床上拿走就对别人抱怨!你会慢慢忘记他们的不好而只记得当初你们床头夜话时的温馨。当你刚上大学的时候,你可能感叹过真心朋友只有在高中才交得到;但当你工作以后你会发现,大学才最可能交到一辈子能互相倾诉互相帮忙的朋友!当你还在大学的时候,把英语学好,多学几个软件,可能的话修一个双学位,多培养自己的忍耐功夫,多学点知识……当你还在大学的时候多参加班里或系里或学校的活动,每个细节都是你人生美好的回忆。

说了这么多,不知能否对你们有些帮助,希望大家在学校里做每件事都全身心投入,比我更早成熟。

大茗地

刘建民

"余姚人虞洪入山采茗,遇一道士,牵三青羊,引洪至瀑布山,曰:予丹丘子也。闻子善具饮,常思见惠,山中有大茗,可以相给。祈子他日有瓯牺之余,乞相遗也。因立奠祀,后常令家人入山,获大茗焉。"

——陆羽《茶经·七之事》引载《神异记》

1.

姚江里的千岁浮木,已经顺流而下,
顺流而下,看起来年轻而浑圆。
生就吴人之像,但这不是茶树,

这不是九千香的茶树。

爬上干栏,你就回到河姆渡的草屋。
你家的陶罐里,还有几叶樟,给儿充饥祛病。
樟木就在屋后幽会的地方,
还有稻谷、菱角、橡子、芡实,
都在它们繁衍的地方,煮南国史上的一锅粥羹。

是为茗粥。时为母系。
一切的伟大在高潮中牺牲,
一种植物在水面以下,找地面的高度。
吴祖一天天长大,在时间上吹拂的风,
香了数百里的一条姚江。

海洋真的已经走远,但茶树没有腐烂。
七千年已久,我还有与你同岁的茶叶儿。

2.

把我们叫醒的是历史上的一个人。
他尝这一百种草,这一叶清,那一叶浊,
人们就从睡眠离开,或者重新进入睡眠。

埋葬尸体的地方,还埋藏着生命以外的秘密。
掀开一块石板,是一种情形,
再拆开另一块石板,如果他是中毒而去,
他没有咀嚼那几片清叶。
他的睡眠里没有茶薰。

把我们叫醒的人是祖先里的一个英雄。
当年他云游四方,如产卵的鱼,抵达上游。
或为江南,或为海东,
他偶见一灌木丛,摘一叶入口,
再摘一叶入口……

我们彻底从睡眠中醒来,看古人彻底进入睡眠。
神农饮茶是在当年四月,

满口余香却飘了五千年。
埋葬尸体的地方,再拆开另一块石板,
上书:天下有茶,自去毒始。

3.

把半睁的眼睛闭上,就此进入茶乡,
从山顶到山谷,都是唐宋消息。
胡麻饭、山羊脯的美食都留有古代味道,
溪边的两位绝色美女,却忆不起年代了。

年代久远,或可结为夫妻。
给你晚饭,和你爱喝的老茶,
茶园之内躬耕,你忘了自己是在困境之中。
上山采药,你忘了自己曾是四明山的迷路者。

白水冲上,有一半的故事变成历史,
半年之后辞别,原籍已不见亲朋故旧。
问一儿童,已为七世之孙;
问白水冲上的月色,仿佛美女的茶局,
一两处道家的屋宇也没入茶畴之中了。

把半闭的眼睛睁开,就此进入茶梦,
漫山之茗已经醉倒,旨在摆脱心造的困境,
道士山上,明天又是采茶天。
第一杯清茶依旧先供奉四明仙姑,
我只从茶屑里,来闻你经书里的氤氲。

4.

事到如今,我还活在我的汉朝。
我在大岚之镇牧羊,羊额岭上有我的羊群。

"一尺二尺乃至数十尺",我的大茗与我同高。
第九洞天之内,有大象,有金枪鱼为伴,
我的越洲更有热带基因。

我看见东汉时的一个县令爬上树梢升天，
他的妇人却坐在桥边，脚踏云朵而去。
我把升仙桥的遗迹，留在这大岚山旁。
我已经出门太久，回家后我的狗冲我狂吠。
漂浮在浓雾中的村庄和月光下闪烁的丹山赤水，
在汉代与我擦身而过。

口口相传，我是丹丘子。
古越洲上，我饮茶升仙。
我的大茗，我的羊群，我的汉朝在一起，
期待被后世采摘，被送到你的杯底一饮而尽。

5.

眠岗之上，飞尘不到。
眠岗之上，空气明显湿润，
湿了浙东六县，
但并不能湿了衣裳。

眠岗之上，拨开一丛二十世纪八十年代的草，
茶事浩如烟海，处变不惊。
茶农的衣裳，早在一九五五年就被冬雨湿透；
当初的乌干菜和白米饭，
一口一口，咽成肚子里的陈年往事。

眠岗之上，一汪泉水沉默得也像旧时光，
一条大河的源头，
就像母亲年轻时的面容。
四丰村的前世，有一个起点，
有一丝线索在江南，在眠岗之上。

眠岗之上，春光不走。
虎狼之眠已去，牛羊之眠也远，
地之眠，泉之眠，顺山而下顺江而流。
茶之眠，今春发芽。

6.

大茗在山：陶匠的努力，抵不过风沙和时间。
把地域的陶土在风里一抖，
可以惊现一身的迷雾。
从山坡之上，草木之上，看一眼明州的体态和心神。
有一半仙风道骨，与茶同宗。

大茗在水：在泉水之内看见的人，去往大洋。
江北岸的轮船码头挤满了青瓷，
而越窑之火已熄。
南洋或者东洋有人撑船，
一路之上未知水多人多，瓷多茶多。

大茗在天：上林湖就是一碗茶，余温还在。
一滴水在一片叶子上滴了十年，
与前朝的那些事相映成趣。
在甬上休息，就像坐在一株茶树旁边，
休息一下，方看得出她的秘色。

五四，激流　穿越八十八个岁月

方泳霖

那是平地而起的一声惊雷，震惊世界，响彻寰宇。
那是穿透黑暗的一团烈火，点燃热情，燃烧青春。
那是火热的战场，我们前赴后继，共赴国难。
那是青春的舞台，我们挥洒激情，谱写壮歌。
五四，激流般穿越了八十八个岁月，依旧撞击着我们的心灵。
共青团，艰难地跨越了八十五个年头，依旧引领着我们一往直前。

仰望苍穹我们看到了自由腾飞的广袤空间。

这是属于我们的世界,而这背后却隐忍了多少的艰苦岁月。

俯首大地我们触摸到血和泪浇灌的道路。

这是属于我们的未来,而这背后却成就了多少的英灵忠魂。

五千年的华夏文明流淌在这古老的国度,需要我们传承和发扬。

巍然屹立的万里长城,是横亘山河岁月中的历史坐标。

五千年的风雨飘洒在这中国的巨龙身上,需要我们勇敢和坚强。

鲜艳夺目的五星红旗,是凝结烈士血和汗的荣誉勋章。

一代代繁衍,一代代相传,坚定对信仰的信念,

翻开历史长卷,我们寻找着一个华夏神州的发展轨迹。

虽有过血与泪的屈辱,饱尝着岁月的沧桑,但我们依旧勇往奋进。

回顾历史长河,我们寻找着炎黄子孙不卑不亢的传奇。

虽有过爱与恨的纠缠,历经着风雨的洗涤,但我们依旧不屈不挠。

我们用热情去驱逐阴霾。

我们用双手去开创未来。

巍峨险峻的三山五岳,是屹立古老华夏上的标记。

在这朝气的时代,生命里燃烧激情无限的青春,燃烧起希望不灭的火焰。

怒浪涛天的黄河长江,是绵延神州大地上的血脉。

在这多变的时代,盈眶的热泪是对现实的渴望,也预示着对光明的向往。

古老的传奇和青春的鲜活都绎在这火热的五月,我们的生命注定要在这一刻绽放。

黄土地里耕种自己的信仰,付出热情必定收获成功。

青春的歌声,黎明前的号角,孕育新生就能发展壮大。

我们坚强地行走着,挺直脊梁走出青春的骄傲。

我们勇敢地挑战着,不卑不亢迎接时代的洗礼。

让我们高举五四精神的火炬,铭记血泪,开创属于自己的未来。

让我们传承共青团的历史使命,探求真理,续写属于自己的辉煌。

让我们如逐日的夸父,执著而顽强地追求自己的梦想。

让我们如填海的精卫,勤劳而坚定地填补生命的空白。

那年,丽娘梦见书生折柳

姚　珏

　　明万历二十六年戊戌秋,江南苏州拂石轩。"……情不知所起,一往而深,生者可以死,死可以生……"。合上最后一册手稿本,汤显祖重重地落下泪来。十年了,寓居吴中徐家十年,只为等手中的笔写尽姹紫嫣红,等丽娘游园伤春、梦书生折柳伤情,等书生掘棺,等佳人复生,直到如花美眷穿越生死,牡丹亭前梦影双描画。他要写的这样五十五出戏,竟是宁可折拗天下人的嗓子也不能改它分毫。

　　六百年后,我沉溺这出南都绝调《牡丹亭》,隐隐感觉,昆曲到底是妖冶风流、轻细伤怀的,汤显祖那"雨丝风片,烟波画船"的景和"如花美眷,似水流年"的情,一点也不曾遗失。

　　昆曲,也六百年了。

　　离得苏州很近,却从来不知道姑苏乡音一转即是昆调,只以为昆曲流落俗世,渐渐消没,却不知曾听张国荣唱那句"原来姹紫嫣红开遍,似这般都付断井颓垣",精致哀婉不是京剧,而是昆曲。想来也是,唯有南音之奥才能将细腻展现得那样淋漓尽致。

　　清初洪升念着白居易的《长恨歌》——"七月七日长生殿,夜半无人私语时",从南曲繁盛的钱塘走来,写一出可怜的《长生殿》,"淋淋零零,一片悲情心暗惊",给予昆曲又是一场声势浩大的繁华。洪升因《长生殿》断送功名前程,却被时任江南织造的曹雪芹祖父曹寅邀为上宾观看自家排演的《长生殿》,连演三天三夜,据说洪升从南京曹家出来仍陶醉在自己的戏曲中,最终不慎落水身亡。从不想去怀疑这样美好的说法,它能安抚我们对前人的缅怀。我能想象洪升坐在戏台前,看着唐明皇和杨贵妃经历着安史之乱,迷离沉醉于昆曲颓废雅致的唱腔中,神伤流涕却也心满意足的表情,我也仿佛能看见"天淡云闲,列长空数行新雁"的宫闱美景转瞬即逝,因为昆曲历经沧桑,取人笑意,取人哭难,拉长着那最后一个音,碎碎碾碾逼进耳边。

高中语文课本上暗暗地夹杂着一出《桃花扇》,说它暗暗,因它本不是当时非懂不可的重点,但却是传奇史上的最后一个巅峰,一六九九,《桃花扇》。扬州城中,秦淮河畔,金陵故都,孔尚任携带着满怀南明故事,用20年走过这些金粉未消的地方,闻得六朝香味,让复社文人侯方域和秦淮名妓李香君在船头相遇,国难家仇却也春情难按。这时,昆曲《桃花扇》不再只是一出意境美好的爱情故事,它出现了誓死卫国的名将史可法,也有了投敌奸臣阮大铖,这场明朝末年南京旧事,借离合之情写兴亡之叹,有这活生生一副南明王朝众生相,昆曲的悲声中也满是荡气回肠的善恶之辨和忠贞不屈的气节。

"不惜歌者苦,但伤知音稀",昆曲传至今日已是六百年,我并不懂它,只想如记录片《昆曲六百年》的题记所说,把手伸进灰烬深处,触摸那个余温。

逝去红尘

何晓凌

认识三毛纯粹属于偶然,只是在某个仓促的时间向朋友借了一本她的书,但是看了却不想再归还。

"三毛不是美女,一个高挑的身子,披着长发,携了书和笔漫游世界的形象,坚强而又孤独的三毛对于年轻人的魅力,任何局外人作任何想象来估价都是不过分的。许多年里,到处逢人说三毛,我就是那其中的读者,艺术靠征服而存在,我企羡着三毛这位真正的作家。"文学巨匠贾平凹如是说。

初次读她的著作,觉得三毛的文字是个奇迹,而三毛,则是奇迹的创造者,是奇迹中的奇迹。她像是一个巨大的谜,谜面上的任何字都困惑着我。我无法想象,一个正值妙龄的女子,如何会因为一本地理杂志而走入茫茫无边际的撒哈拉,怂恿她的,该是多大的好奇心与探索欲?

沙漠里的日子是她一生中最快乐的时光吧,与丈夫荷西伉俪情深,看尽狂沙背后的落日朝阳。撒哈拉和加纳利群岛对于这对夫妻是一片真实存在的桃源,除却哭泣的骆驼,他们过得逍遥,过得无所顾忌,与沙哈拉威人相处融洽。文化的差异并没有扩大两个不同民族的人群间的隔阂,不然三毛怎么会说"感谢这些邻居,我沙漠的日子,被他们弄得五光十色,再也不知道寂寞的滋味了"。三毛又是寂寞的啊,否则便不会去贫瘠的沙漠拾荒,拾回森森的骆驼头骨挂在墙上,装饰她与荷西简陋的新房。

最爱她的《雨季不再来》。只因为几篇短短的文字都凝聚了深深的忧伤。20岁的女孩子,喜欢的就是离别的愁,相聚无缘的思念和哀怨。那雨,是江南的雨吗?若是,便感觉更完美了。我从来都偏爱江南雨季里憔悴的容颜,或手持蒲扇翘首盼望伊人归来,或尖指拿针绣出鸳鸯戏水,而紫纱窗外,依旧风拂垂柳,依旧烟雨朦胧。

江南从来都是细腻的,细腻的流水,细腻的思绪,所以收容不了三毛奔放的魂。三毛这个风情万种的女子,注定要千山万水走遍,漂泊着过一生。等到爱情死去,无所追逐时,将那缕香魂交给一双丝袜,从此天尽头又多了一方丘土埋葬踏遍万里土地的身躯。

三毛已经去向更远的地方,她所动情描写的撒哈拉也成为了一道定格的风景,只能意想而无法触摸。只希望她所在的另一个世界仍然有沙漠,而那片沙漠里,不再有哭泣的骆驼。

电影一束光打在银幕上

陈　娜

这是一个视觉媒体昌盛的时代,我们通过各种方式去满足眼睛以及视觉神经的需要。除了陈列在物质世界里的真实事物,更多的时候,我们愿意被虚拟的世界所吸引。一束光打在银幕上,于是我们沉浸在浮光倩影中,恍惚间,产生一种幻觉,我们在光与影的旋律中寻找生命的一段缺口。

电影是人类精神的形象镌刻,同时也是现实生活中渴望的生动凝结。它宛如一场场熠熠生辉而又迂回百折的梦幻,让我们在缤纷五彩中邂逅一段段激情燃烧的传奇,又似在平淡静谧的湖面泛起层层涟漪,让我们在安逸中创造一个个无法战胜的神话。无论是柔情缠绵的黑白画面,抑或是波澜壮阔的声音,电影用它那近乎朦胧的梦幻之笔,赋予故事传奇的魅力和韵律。是电影让我们懂得什么是炽热的爱,什么是刻骨的恨,什么是人生的价值,什么是生存的意义……

电影是一座孤傲的岛,有自己的城堡。如同盛在高级玻璃杯中的葡萄酒,晶莹剔透,我们为之陶醉,为之兴奋;如同流淌着的河流,艺术而又灵动,多情而又忧伤。而影院是梦想的天堂,难以忍受的是走出影院的落寞。忙碌的生活,熙攘的人群,高大的建筑物,车水马龙的世界……这就是现实。现实摧毁了我们的幻想,电影却塑造了灿烂的现实,激活了我们的梦想,也复原了我们的希望。

当电影院已容纳不下众多电影爱好者的时候,我们可以用更自由更个人的方式去欣赏电影,是电影让我们度过了无数个寂寞难熬的夜,让我们有足够的理由相信:在屏幕里的另一个世界,一切可以变得如此的美好,一切的美事可以建立然后摧毁而后又建立。比如《时空线索》中,通过一个"时空之窗",可以让人回到过去,可以让悲剧不再重演,甚至让悲剧转化成喜剧。电影给我们提供了更广阔的想象空间。事物的发展是有一定规律可寻的,同时也是可以改变的。在《疾走罗拉》中,情节的发展可以有多种不同的结果,而每一种结果的产生会改变很多人的命运,每一条路径都通向含有无限可能性的将来。演员凭借自己张力十足的功力演绎着一段段传奇,使我们的内心为之震撼,在瞬间产生和演员相同的感触。这类似于一种足以让人走火入魔的游戏,导演制定规则,演员倾情演绎,观众则用眼睛和神经参与其中。当所有的悲欢离合、恩怨情仇、心惊肉跳在几小时内落幕后,我们的心还融在其中,于是感叹没有哪一种娱乐可以让我们如此全身心的投入。

电影是一手洗得让人眼花缭乱的牌,值得我们花时间去细细拆解、体味。它能在虚拟的世界中带给人们尽情享受的快乐,为我们营造超越现实的轻松和把握瞬间的快感。

流　萤

钱文艳

生命的轨迹,细腻而蜿蜒;而成长,对于每个人来说,都是甜蜜而痛苦的。

往事如风

总在呱呱坠地的时候,咧开小嘴,用含糊不清的话语让母亲心疼不已;

总在父亲按下快门的时候,眼睛闪亮闪亮的,还附送一个比花衣裳更可人的笑靥;

总在跌倒以后,肆无忌惮地哭出来,等待身后那双有力的手轻轻稳稳地扶持,来传递爱的温度。

忽然有一天,他们开始潇洒地袖手旁观。你,也只能在哭过、怨过之后,去尝试走自己的路。

依赖在脑中如火花般一闪而过。但此时还处在父母若即若离的缝隙间,你不顾他们忧心的眼神,在通往成熟的漫漫长路上,任性地渴望追求自由与独立,彷徨地选择生活与自我。

那一刻,往事才如风而去。

思绪如雨

我一直相信天也是个孩子,说变脸就变脸。这不,丝丝细雨来访问地球了。

撑起伞,于是身影在潮湿的马路上似有似无地融入雨中。天,其实并非阴郁,只是婉约如矜持的年轮,恋恋不舍地轻碾而过,只留一线曲痕浅浅地浮出岁月的池塘。这大概就是年轻人的思绪。

年轻的感觉,就这样行与水上了。

任由风雨挥洒出朦胧的思绪。

岁月如梭

小时候,外婆告诉我,和牛郎天各一方的织女手中有一只七巧棱。她用棱子日复一日地编织着自己的梦想。

岁月总是脚步匆匆，人生却处处步履维艰。蓦然回首，曾经拥有的早已匿迹于沧桑往事之中，勉强挽留的也将转瞬即逝。梦里渴求的纵然去寻他个千百度，也未必在灯火阑珊处吧？

那片饱含诗意的星空，早已被定格成记忆暗角中虚弱的影子。孤影自怜，一切都如此平凡、平淡、平庸……

岁月的锋芒愈加凌厉，赫然提醒每一个人——

瞑瞑之中，不觉，已是人到中年。

暮年如酒

依旧地手捧铜镜细看，隐藏的白发，向上攀沿的皱纹已成为常客。

依旧地静立于衣柜前，张扬的色彩如西边的云彩和我挥手作别。

依旧地守在电视前，不过节目已换成远离年少浪漫的夕阳红。

仿佛又回到了那个爱着夕阳的年代，总在日薄西山之时，静静远观。

看夕阳在广袤的天空中水蛇般的缠绕，华丽如流金溢彩的乐章倾泻而出。多少年前那个扬言要在沃土上撒遍满天星种子的自己，那个每日嚷嚷着非百事可乐不喝的自己，那个沉浸在"大漠孤烟直，长河落日圆"的诗中的自己，冲破往日的阻隔，渐又浮出记忆的小河，那样憨厚可掬，似乎年轻依旧。

确实老了，可无意修改曾经的执着。

似曾相识的场景，似曾相识的时候，再回首，身后孑然一笑的背影依旧是同一个人。"执子之手，与尔偕老"，想起了那句曾经深重的名言，便实现了沉淀已久的夙愿。无须言语，眸光流转之间，便笑了，醉了。

不曾真的大醉过，又或酩酊大醉只属于年轻。王命趋向于衰退和轮回，心境反而越恬淡，物遇也越发真实。惟有在洗尽铅华之后，胜于幻境的真实间，方才品及温热醇美的酒香。

此情此境，小醉——必然更胜一筹。

日子依旧平淡，闲来弄几盆花草，饮几杯清酒，切磋几段太极。棋画诗书，于是，这潭醇酒，确是年轻时期劳作的收获。汗水才是人生轨迹的润滑剂。于是，才盎然立于辉煌的生命之中。

暮年如酒，越久，亦越醇。

于是，但得夕阳无限好，何须愁怀尽黄昏。

守望记忆

戴璐璐

仓促的不只有时间还有记忆
远去的不只有昨天还有今天
我
一个人
登上顶楼
开一扇天窗守望远方
淡雅的月光洒向人间
洒在了人间的笑脸也洒在了远方的故乡
夜风似乎吹得很冷看见十几年的时光穿梭不息
无法定格的岁月年华却停留在远方的故乡
树高千丈落叶归根
就把时光倒退
然后一切又回到了前面那么年轻那么任性
好像时间从来不曾向前
好像日子从来没有打乱
一切清晰的如同冰雪的折射
一个人小心翼翼倘佯水的纯真
触碰一分安详丝丝涟漪无尽漾开
苍老的车轮
颠簸故乡的崎岖满载着古城的童话
留下了一串一串玻璃珠般的回忆
穿越了一个又一个神秘的梦境

车轮碾碎的痕迹

留在了很多年前　留在了故乡的石板路上

而又清晰地印在心中

夜风依旧冷了还吹起圈圈涟漪

在水上更在心上

一切和一切不可思议

有人依旧

伫立远眺

孤单守望远方

天台山水醉游人

汪　晶

见惯了秀丽的巴山蜀水,对缺乏视觉冲击力的景物往往感到比较麻木,今有幸探访天台这座有着旖旎的风光和浓郁的历史人文气息的古城,我被它深深震撼了。短短的两天里,我们探幽临险,一路的奇峰怪石、飞瀑幽潭,一路的泉声水色、鸟鸣鹤唳……

隋塔·隋梅

素闻黄山有迎客松,雁荡山有接客僧,天台山总也不能怠慢了谁,于是就有了一座塔、一棵树来迎接到访的旅人。

走进国清寺,远远地就能望见一座塔矗立于崇山峻岭之中。也许正是因为孤独地挺立了千年,第一眼看到它时,我便油然而生一种敬畏,就像见到了一位历经沧桑的老者,在细数过人生风雨后依然笑着面对生活。也许也正是塔的破旧、塔的沧桑,才让孟浩然、刘长卿等失意诗人触景生情,在月夜,在塔下,留恋着前朝风物。据说这隋塔命苦,瑟缩于一隅,竟歪斜了,没人照顾。不过即便如此,它仍然保留了下来,见证了唐风宋雨明时月。

无独有偶,与隋塔几乎同龄的还有一株梅树。和饱经风霜的隋塔一样,它也阅尽了世态炎凉。当时导游介绍说此梅树乃存活1400多年时,我惊叹于如此弱小的一株梅却有如此惊人的生命力。据说国清寺曾遭受过两次自然灾害,一失于火,一淹于水,历史上的隋梅也曾几度死去。不过不知你是否相信枯木逢春,那朽木一般的梅树上竟奇迹般地生发出了一根一根的新枝,它们就这么坚忍地生长着。我们在看隋塔、隋梅的同时,也在回顾着历史,回望着这1400多年的来时路。

济公故居

"鞋儿破,帽儿破……"哼着儿时的歌谣,我们踏访了"活佛"济公故居。济公故居位于天台县最繁华的中心路段,集宅第、街坊、楼台、亭阁、水榭、园林于一体,散发着淡淡的南宋时代气息,这与繁华喧器的大街形成鲜明的对比,实有"一条街,两重天"的味道。

坐在车上,远远就能望到观霞阁耸入云天的雄姿。据说这是天台城的标志性建筑。远观,阁楼拔地而起,四面五级,近看,朱柱黛瓦、飞檐翘角,实属天台城中最大气的建筑。走进李府宅第,首先映入眼帘的是"慈悲仁慧"四个大字,我们心中带着这四个字,慢慢领略济公精神。所到之处,我印象最深的莫过于"济公玉佛像",这是一座由玉石砌成的济公雕像,立于厅堂正中,笑对每位来看望他的客人。唯一让我不解的是眼前的这位和平日里穿着随意、不修边幅的济公判若两人,于是我跟朋友打趣道:"瞧!济公看我们来看望他老人家,故意换上干净的白衣服迎接我们呢。"

秀丽天湖

"岩奇峰异水秀谷幽",这是人们对于天台山天湖的评价。也许是舟车劳顿,我们的旅游路线是从上而下的,站在放生源头,感受上天湖水的清澈,阳光射入水面,泛起粼粼光波。湖中几只白鹅让原本幽静的山谷多了一丝生趣。信步而下,我们领略到了一览众山小的豪情,俯视大地,顿感心旷神怡。继续前行,迎面一挂飞瀑倾泻而下,飞珠溅玉,灵秀无比,名为"迎客瀑",原来好客的天台人民不仅坐拥"迎客塔",连上苍都垂怜天台人民,赐予"迎客瀑"以示喜迎八方来客。

四月的天台,山青水秀,草长莺飞。山入水影,水衬山俊。再优美的文字也刻画不了天台山的美丽,再动听的歌谣也唱不出天台山的迷人,这座有着千年历史的古城正以其绚丽多姿的风貌和深邃厚实的内涵,孕育出华夏文明苑囿中一朵散发着独特芬芳的奇葩。

茶人·茶事·茶风骨

朱丽红

桌上有杯茶,刚沏的。欣赏茶在水中的景象是一种享受:斟入沸水,绿色的叶子沉沉浮浮,在水中尽情舒展膨胀,然后释放出一道道缥缈升腾着的色彩——茶色,幽幽的茶香也随之弥散。轻轻呷上一口,香中微苦,苦中又满是香。看一会儿书,品一口香茗,咀嚼那"不要人夸颜色好"的沁人肺腑之香,在品茶的境界中品尝出山川风景和大自然的精神。茶与书相伴,茶香和书香萦绕其间,不自觉浑然忘我。喝茶提神,读书清心,独自享有着那一份清幽……

有这样一部著作,叫《茶人三部曲》,讲述了绿茶之都杭州城内的忘忧茶庄里几代茶人跌宕起伏的命运故事。它由《南方有嘉木》、《不夜之侯》、《筑草为城》三部精彩的长篇小说构成。喜爱《茶人三部曲》,喜爱茶,喜爱茶文化。这些可能受高中语文老师的影响。最先知道《茶人三部曲》的存在,也是她向我们介绍的。拿到书,首先映入眼帘的便是那翠绿色的封面,几株翠竹立于当中,还有一个精心设计的"茶"字。仔细端详,还可以发现三本小说的封面尽管相似,却不尽相同。翻开书,闻闻书香,便有一种说不出的宁静,然后看到了著名茶学家庄晚芳在首页上的题词:献给全世界茶人。这一切都激起了我对这本书更浓的兴趣,于是便迫不及待地去阅读。

故事是在江浙清新秀丽的江南情调中发生,在富有诗情画意的绿茶之都杭州展开,在幽幽茶香中发展蔓延。如同人们要深解茶中滋味一样,读《茶人三部曲》也需静烹慢煮,浅斟细品。

读通全书,会发现作者有一只"柔婉清丽而又劲力十足"的笔,动人魂魄的心灵倾诉,沁人心脾的淡淡诗意,丰富的茶文化知识,以及塑造的逼真而又独特的人物形象。所有的语言都清新淡雅,所有的描述都细致入微,所有的表达都令人叹为观止。

《南方有嘉木》成功地塑造了杭天醉的人物形象。生长在封建王朝彻底崩溃与民国诞生的时代的杭天醉,有学问,有才气,有激情,也有抱负,但却优柔寡断,爱男友,爱妻子,爱小妾,爱子女……最终"爱"得迷茫若失,不得已入佛门逃遁。他那种在特定历史契机中喷发的激情、浪漫和勇气与他陷入茶庄、家庭的苦果之中无所作为的迷离景况,他在巨大的历史风波袭来时气节上的凛然;言行上的激烈与革命退潮期中的沉沦,作为一个茶人,他喜茶、谈茶,了解有关茶的各种知识,才会在中午时结交一个日本茶友羽田。两人彻夜聊茶,说两国不尽相同的茶文化,见解独到深刻。聊茶史,聊茶道师,不亦乐乎?青气升腾,茶香缥缈,何等惬意?尽管最后两人因茶事有分歧而分道扬镳,但曾经在一起品茶论茶的情景却深深地烙在了各自的心里。

小说《不夜之侯》则是讲述杭天醉的下一代杭嘉和与杭嘉平的故事。这两个同父异母的兄弟,迥然不同,但感情却出奇的好。杭嘉和,杭家的长子,性格内敛,温文尔雅。他秉承了父亲身上的革命性和动摇性,被卷入了"五四"及新民主主义革命风暴。他的性格更多的是由沦陷于日寰的杭州城的血泪斑斑的现实压铸而成。他那劲气内敛、忍辱负重、平和温厚的品性和他收拾起一片青春,热情复归于忘忧茶庄后在严酷的时代环境中表现出的从容豁达、沉潜严谨,外清明内正直的茶人风骨,更是音容宛现、神魂庄重,使人神往。与之相较之,杭嘉和尽管只比大哥晚出生一天,却好动顽劣,他积极投身革命,满腔热情,响应时代的号召,背井离乡,四处飘荡。

茶的袅袅青烟里,有志士的血痕,搏战的铁光;茶的悠悠逸闻中,有民族的节操,自由的精魂。《不侯之夜》展现了日寇统治下杭州形形色色的人物及错综复杂的现实关系。在那些有着复杂的血缘关系、家庭关系、情感关系的人物的对立和碰撞中,作者深刻地、内在地写出阶级对立、民族对立、情操气节的对立、高尚和卑怯的道德对立等等。

故事到这里并未结束,《筑草为城》又将故事推向了 1966 – 1976 年的"文革",杭家的第四、五代传人在这个特殊的历史年代登上人生舞台,而杭嘉和这位世纪老人,目睹了浩劫的全过程,在家庭蒙受巨大灾难的年代里,保持了一个中华茶人的优秀品格。

喜欢《茶人三部曲》,所以才会反复阅读,觉得其中的每个人物都是经典;喜欢茶文化,才会选《茶学概论》这门选修课,于是明白了日常生活中为何倒茶需"倒七分留三分",了解了茶在民间旧式婚礼中所占有的重要地位,知道了茶胜易染。

茶的世界里,不仅有千年传承的古国文明,更有浩然正气的君子风骨。《南方有嘉木》有着茶的温良恭俭的根脉,《不夜之侯》中是茶的坚忍负重的灵魂,而

《筑草为城》则是韬光养晦中的升华，它处处与人的精神品格相对立，一饮一蔬中看尽人间的悲欢唏嘘。时光中，一切都是逝者，唯一可以铭记的，只有灵魂在苦难中的高贵。深深遗憾的是，上个世纪那江南楼阁的清茶浓酽，在历史的背影里，已是如此沧海桑田。

母　爱

吴方舒

老鼠对猫说：我爱你……

猫说：你走开。

老鼠流泪走了。

但是，谁也没有看到，老鼠走后猫也流下了泪。

漆黑的夜，一个人，歌声，伴我回到过去的年代，一遍又一遍地回放……

有没有一扇窗，可以望见慈祥与辛劳。开电视，关电视，屏幕瞬间漆黑，像内心突然的绝望。我回想着那曾经的年少轻狂，那无知的满目苍凉，而现在，我的身旁，只有我自己了，我会学着坚强，不再轻狂，不再让你担心忧伤。我知道你不舍得我离开，可是你却总告诉我，只有走出去，才会有另一片天空，真正属于自己的天空，明知道我会心痛，会难过，你还是忍着泪要我离开。淡淡的芬芳，让我沉睡的心慢慢苏醒，我开始学会努力思考，学着回报，我知道你不舍得我离开，可是你总那么伟大的用长满老茧的手送我去远方，我哭着走时，你没有流泪，可是我知道，你是让我不要担心，好好学习，不用牵挂，不必忧伤。

离开了你，开始总还有些不习惯，沮丧时总会明显感到孤独的分量，多渴望懂得的人给些温暖，借个肩膀，可是只有自己，只有您在家乡，为我送来安康。

这份来自人类灵魂的爱，太过伟大与无私，需要它的时候，它无怨地来到你的身旁，边走边哼着歌用轻快的步伐欢唱离开的时候带走淡淡的忧伤，又总能微笑得那样意味深长。

有一种爱，经常惊醒于午夜梦回的黑暗中，带着家乡泥土的气息；有一种爱,不能成为牵绊,却让我没有理由放手。

因为我们是人,所以避免不了这些。

因为血脉相连,所以回忆的时间长了,笔尖上便能滴出血和泪来!

初夏滋味

杨云涵

在四季的转瞬轮回中,时光把我们带入了这个初夏。我对初夏一直有着情有独钟的偏爱,或许因为它是我来到人间所经历的第一个季节。

这是一个完美的季节。

那些初夏专属的味道开始在空气中蔓延,淡雅的花香夹杂着清新的泥土芬芳,伴随夏夜的细雨直沁心脾。初夏是整个夏天的序曲,悄然安谧地降临世界,静静孕育着所有本该属于它的生命。纯美的丁香,优雅的睡莲,清远的栀子花,仿佛凝住了轰轰烈烈的时光,于是我相信了,时间是能在味道里停留的。

这是一个告别的季节。

永远无法忘记的就是那场刻骨铭心的升学考试,从中考走到高考,从少年成为青年。高中的日子已变成了一条遥遥在望的河流,笼罩着一层金黄色的轻烟,隔远了看,才惊觉它的美丽。那个夏天匆忙的告别,把三年的时间聚在一秒钟里,我怀揣着艰辛和快乐的回忆奔赴我的大学。生命总在告别中,促使我们不断地放弃和拥有。

这是一个成长的季节。

当天空中匆忙盛开了夏天,阳光便有了最繁盛的拔节。用心认真地聆听,就能听到花开的声音,草长的声音,我们轻轻长大的声音。生命拔节,清脆动人,却暗藏着破茧而出似的疼痛。那些青春的仇恨来去匆匆,在不断掠过的时间和花样年华中,只留下一片温暖的背影,让人不禁微笑,是真正的释然。在回忆的终点,这些长大的勇敢的领悟,给那些还在心头徘徊的过往作了一次完美的谢幕。

席慕蓉说,生命,其实到最后总能成诗。雨声是诗歌最美的伴奏,而最美的雨声就定格在初夏。也许,只有穿过滂沱的雨幕,才能真正体会这位女作家当时的心情。

我爱初夏,我爱绽放在初夏的一切美丽。但是文字与感觉永远有隔阂,毕竟刻在生命里的东西,落在纸上,终觉肤浅。

仁者乐水 智者爱山

汪 晶

山,是绮丽的笔。

水,是充满灵气的诗笺。

忘情山水,醉卧德清。

几近炎夏,空气中也微微泛着热气,选择在这个时节去避暑胜地游玩确实是个明智之举。记得元代诗人戴表元写道"行遍江南清丽地,人生只合住湖州"。傍晚时分,夕阳西下,漫步在余英溪边,远远望去,它像一条丝带贯穿着德清县城。没有过多的城市建筑来修饰正好衬托出德清的高雅。这是德清给我的第一印象,安静,素雅。

仁者乐水

见惯了西湖的妩媚,下渚湖的"淡妆也相宜"确实给我留下了深刻的印象。

游戏于山水之间,这里不需要太先进的交通工具,一艘游船就足以带我们领略完下渚湖的全景。托腮于船窗凝视,远处那些轻雾如烟似雨,贴着软玉温香的云,与我静静对视。待我来不及反映,游船已渡过了第一个湾口,眼前的景象仿佛世外桃源,大片大片的芦苇几乎挤满整个湖面,好在还给船儿留下了一条窄窄的水道。放眼望去,一只只白鹭盘旋空中,给原本安静的下渚湖增添了一丝生趣,它们或停留在芦苇上或停留在竹杆上,"漠漠水田飞白鹭"原来是这般景象。导游介绍说,这下渚湖湖中有墩、墩中有湖,如入"迷宫",在沿湖山体下可感受"山穷水复疑无路"的境界。

弃船登岸，淡淡的情绪随着水流迤逦而下。青山一高一低，湖水一曲一弯，两者有如对歌的阿牛哥和刘三姐，一路的高声对唱。我身在山水之间，浊气消散于无形之际。阳光下的下渚湖，波澜不惊，水平如镜。芦苇倒影在水中，慢慢打扮着自己的妆容。生生世世、春夏秋冬，只为这下渚湖的水而相思相牵。岸边几叶小舟，仿佛停靠了千年。"野渡无人舟自横"原来是这般洒脱的意境。

智者爱山

读山，只是一种或浓或淡的感觉而已。

莫干山因神话般的传说而驰名。史载春秋时，吴王阖闾曾命干将、莫邪夫妇来山中铸剑，三月未成，其妻莫邪断发剪爪投入炉中而成名剑，阳为干将，阴为莫邪，此山即铸剑之地，古以莫干名之。带着这个美丽的神话，我们的车驶上了莫干山，车子在夹道修葺的崎岖山路上盘行，山坡陡峭，道路依山而转，蜿蜒多弯，"山路十八弯"原来是这般模样。从车窗下视，竹海茫茫，人宛若置身绿云之上，给人一种凌虚蹈空之感。

车厢停靠在一个凉亭旁边，我便随着导游走下车去，细细领略莫干山的风采。展现在眼前的是一块大石壁，石壁上刻着一个"翠"字，石壁下是一汪又清又浅的水，我本不觉稀奇，可导游让我们看水中的"翠"跟石壁上的有何不同，果然，那石壁上的"翠"字由于是刻上去的所以往里凹，而水中的倒影的"翠"字却是向外凸的，一上一下，一凹一凸，尽是如此的和谐，相映成趣。

据导游说，这儿的空气特别好，五美元一小时，于是我们猛吸了一会，顿觉精神倍增。缓步至荫山，渐闻水声如裂帛，急往前行，见一淙清泉从石缝中蹦出，在光洁的圆石上打了几个滚，便跌入溪中。溪上一桥，名为观瀑桥，往下至一亭，为观瀑亭。抬眼看，水哗哗然又跌落，大珠小珠散落着晶光，沾湿了四周的青苔，润了刻着"剑池"的山石。字红已经褪色，字脚已经模糊，岁月似乎要磨去那沧桑年代的印记，而让它变成一段美丽的传说刻在人们的脑海中。山风吹过，把在空气中弥漫的水星幻成一阵烟雾，在烟雾中我们来到一汪碧潭旁，至此，剑池一景尽在眼前。瀑布从一壶嘴似的山石草丛中倒落，斟入山涧，也斟入了我们心田。

仁者乐水，智者爱山。德清，但愿在车落平川，降落红尘中，能用你那林泉清风在我们心田上冲一方净土，让我们在以后尘世的劳碌中可作片刻的留连，在夜里重回你的怀抱，在梦里再解你的柔情。

且行且至

张 乜

从什么时候起,看许多事许多物都像行在水墨色调的小镇里,偶尔回头看小街两边住户半开半阖的门窗投下的或浓或淡的灰色的影子——发现自己成了一个不太容易激动的人。这样的性情,倒是合着德清这个温婉却又不失清雅的地方了。

初识德清,是一个夕阳未央的傍晚。车子不快不慢地驶着,两边的房屋掠过,德清落给我一个朴实的感觉。

安置好行李以后,便踏上了前往余英溪的路途。步行的速度并不快,让我有机会开始在心里一笔一笔加重对这个小镇的描绘。很喜欢这里傍晚时候的空气,一点一点白色的斑点散在空气中,像是模糊年老的胶片电影。德清的古名居是那么的清新温柔,有黛瓦白墙,还有湿润的青砖石板。路过古名居,一种色调突然在我眼中定格。这样的余英溪,石墩石桥呈一色的灰白,惟有两旁的行人串成它的灵动。水不深,里面的一切便如光影般互相重叠起来。两边的树都是很安静的样子,朴实而且淡定,像山水画介于泼墨与工笔之间的状态,被蒙了一层江南厚厚的水汽。置身于这样的一个地方,风在拂,云在动,心却是静的。

这样的与余英溪的相交,德清已在心中留下了一个淡然的影子。而对其印象的延伸,已是第二天早上的下渚湖一游了。上船的瞬间,清新的空气让人突然觉得时间是能在味道里停止的。偶尔有这样的错觉。回过神来的时候,船已经缓缓驶入翠竹林苑。已经过了有嫩芽的时节,然而很多的梦想依旧在这个最让人感伤的季节里缓慢而健康地拔节。翠竹的姿态是孤寂的,防卫的叶片包着脆弱的细长的身躯。船往前驶去,留下的莫名伤感的情节也被慢慢抽回。进入下渚湖的主湖,白鹭点点,随风翻飞的是深深浅浅的草叶。白云如盐,艳阳如花,碧空如水,盈盈浮在头顶,仿佛触手可及。船留过竹楼畔,我便下船上了竹桥。踏上去的片刻,竹声欸乃,湿润的空气让人蓦地想起那浮在白瓷碗里的豆腐花。再次上船,便来到了芦苇荡。虽不是芦苇的旺季,我想我依旧是喜欢的。青天白日,有丛丛的芦苇在身边划过。一段蝉唱之后,自己的心灵也跟着透明澄净起来,有一种"何处惹尘埃"的了悟。这倒让人想着《西洲曲》了:采莲南塘秋,莲花过人头。低头弄莲子,莲子清如水。一样的青青涩涩的感觉,惟有对象是不同的。

从下渚湖回来,便将下午的时光摊在了莫干山中。漫步于滴翠潭旁,潭水如自香梦沉酣中苏醒,静谧安详。她不深,欠深邃之美,又无撩人愁绪的朦胧媚态,却绿得让人心动。像山林间奔跑的赤足少女,像石缝间流淌的淙淙泉水,虽静犹动,却又无不弥漫着一丝暖暖的色调。拾级而上,各色的小花在两旁只为自然而活着。树下面,橘黄色的、淡粉色的小花像撒了的粉末似的谢了一地。偶然映入眼帘的是一条不知名的小溪。莫干的溪,你给我一滴水珠,我就看见了你心中全部的海洋。生命是流,流速有急缓,但永不停滞。且行且止,莫要只因一片名利之空,错过了生命中的静止。静不是无声,有时正是因为听到了什么,我们才感到身处安静的世界。

繁花香暖,熏风如此媚抚我的脸,我相信每当皓月当空,这些记忆会到我心中来聚会。且行且止,这样的德清,是能够平静城市人喧嚣的心的,只因那一色的平和,亦或是收敛。

竹墨之初无归路

戴璐璐

张爱玲说过人生四大恨事:一恨海棠无香;二恨鲥鱼多刺;三恨曹雪芹《红楼梦》残缺不全;四恨高鹗妄改——死有余辜。

偶尔想起这些话,心里总恻恻的,言不出的惋惜尽涌心头。然后很习惯地再翻一翻《红楼梦》,对其中的惋惜与无奈也早已经渗透到我的灵魂血脉之中了,于是,就习惯性地去恨百年前的那个时代,那个容不下曹雪芹的时代。就像

"闻琴解佩神仙侣,挽断罗衣留不住"般的无奈,注定了《红楼梦》的劈面惊绝,也注定了《红楼梦》只属于曹雪芹的灵魂,毁书后再无人可亵渎。

古今中外,几千年的文化底蕴,不得不承认,只有曹雪芹做到了把华美的诗篇和深刻的哲理完美地结合了起来。《红楼梦》不仅是中国古代的四大名著之首,也是小说创作的巅峰之作,它的文学地位是不言而喻的。当代红学家周汝昌教授曾经说过,要想了解中国古代文学,那就一定要读《红楼梦》,读懂了红楼梦,也就了解了中国古代文学。

纵观全书,文备众体——诗、词、曲、赋、歌、谣、谚、诔、偈语、辞赋、对联、灯谜、酒令等等,五花八门,丰富多彩,让读者受益非浅。

全书以宝黛爱情为线索,以四大家族的兴衰为背景。它是十八世纪中国封建社会的一面镜子,大观园是这个封闭王国的缩影。它不只描写了一个封建贵族家庭由荣华走向衰败的三代生活,而且还大胆地控诉了封建贵族阶级的无耻和堕落,指出他们的种种虚伪、欺诈、贪婪、腐朽和罪恶,指出这一家族的必然崩溃和死亡的同时,也暗示了这一家族所属的阶级和社会的必然崩溃和死亡。

史老太君,刑、王二夫人,凤姐,尤氏,袭人,晴雯,妙玉,鸳鸯,湘云,迎春,探春,惜春,平儿,其他众丫头,众媳妇嬷嬷,或喜或悲,如囚鸟,堆成了一幅大观图,一样的"有命无运",一样的任人摆布,时代掳掠了她们的自由。无限风光不过锁住了一个时代的女人,锁住了无数受压迫的亡魂……

忆往昔"备记风月繁华之盛",到结局"树倒猢狲散",虽则最后家道重兴,到底教"门庭依旧,面目全非",再也找不回昨日之景,见不到昨日面容,听不到笑声阵阵,一切都改变了,门庭变了,人变了,散的散了,走的走了,留下的独自伤悲。不知多少痴男怨女,梦断红楼,泪洒黄泉,曲尽人散。终究是梦一场。.

一次一次翻着《红楼梦》,看着一个娇痴的女子,以泪偿还前世的债,就这样流了二十年的泪,最后泪流干了,债还完了,而自己红香渐消八十回"花谢花飞飞满天,红消香断有谁怜?"所有一切昨是今非,难以挽回,回头觅芳踪,不服气地重头开始再看,再重头,可是曾经沧海难为水,该走的终归是走远了,只有残香片片,惹人垂泪。

"假作真时真亦假,无为有处有还无",假假真真,让人琢磨不透《红楼梦》中的一切,林黛玉作为灵魂人物,她与常人不同,她就是她,一丛清高孤傲的,孤芳自赏的空谷幽兰,后来有越来越多的人如痴如狂不厌其烦的为悲金悼玉的红楼探索结局,也注定被一次次地推翻。我终于明白,潇湘毕竟是泪尽而亡,怡红终归与蘅芜无缘。无论如何,宝黛都是永恨的结局。于是,无稽的接续都会有莫名的残忍,红楼的一切反而变得恐惧。

红楼未完,让我想到断臂的维纳斯,残美,让多少人流连忘返,倍感空虚,好像被抽干灵魂的残躯,却不知为何顿感前所未有的平静。曹雪芹竹墨之初,繁华无限,谁料得最后一条不归路,难觅归途,在历史的尘埃中遗失了应有的结局。

烈火蝶舞

刘家坤

和煦的春风再也不肯眷顾这个世界,春天就这样过去了。又是一个夏天,火热而绚烂。

那些金色的蝴蝶再次从天堂飞来,在美丽的大海上翩翩起舞,于烈火中讲述着华美的生命传说:

曾经有一只蝴蝶,它有一对金色的翅膀,华美而耀眼。它渴望远方,渴望大海,它要凭着这对金色的翅膀,飞越大海。

多少次,狂风吹折了它美丽的翅膀,海浪击溃了它柔弱的身躯。而它,义无反顾地向大海的更深处飞翔,飞翔……

终于,在它生命的尽头,它笑了。恍惚中,它看到了海的彼岸,看到了梦中的天堂……

此时,它感到自己再无力气扇动翅膀,轻轻地,它落了下去。一朵晶莹的浪花涌来,将它弱小的身躯吞入大海。

落日将大海染成红色,一个可爱的生命葬身于此……

从此以后,每当夕阳西下,海天一色,都会有一只金色的蝴蝶在大海上翩翩起舞,舞姿胜过这世上任何一个生灵。

这只是一个传说,人们叫它"烈火蝶舞"。

和谐共赢

——读《世界是平的》有感

顾梦婷

"世界是平的",第一次听到这么一种奇怪的说法。在我的人生词典里,对哥伦布"地球是圆的"的真理已经根深蒂固了。不过还是不得不佩服作者敢于创新的思想。

《世界是平的》这本书虽然讲的很多都是关于世界经济的发展,有很多都是关于管理理念的东西,作为一个涉世还未深的大学生,对经济方面的理解还不够透彻,但是不是不念经济和管理的人就不能从这本书里得到一些对自己有用的东西呢?这个,我想就未必了。

"世界是平的",绝对不是相对真实的空间问题,"世界是平的",就意味着在今天这样一个因信息技术而紧密、方便的互联世界中,全球市场、劳动力和产品都可以被整个世界共享,一切都有可能以最有效率和最低成本的方式实现全球化无可阻挡。美国的工人、财务人员、工程师和程序员现在必须与远在中国和印度的那些同样优秀或同样差劲的劳动力竞争,他们中更有竞争力的将会胜出。

当今世界是一个经济科技飞速发展的时代,就像一列已经上轨的特快列车,不断的在加速。世界各国都在经济科技的发展领域占有一定的席位。不管是发达国家还是发展中国家,都对经济科技的发展起到了推动作用。

世界经济的全球化,不是一个抽象的概念,这已经成为了一种生活的态度。走进大型超市,你就可以看到许多从国外进口的商品,不论是包装食品还是一些新鲜的果蔬,都已经不再是稀罕之物了。走进电器专卖场,不管是手机还是电脑,国外的品牌早已在中国这个广阔的市场中有了自己的"地盘"。当然,中国每年的出口贸易也是非常红火,"中国制造"? made in china? 也被世界各国的人们熟知。中国也打造了自己的世界品牌,像海尔,联想,爱国者等。

　　既然世界贸易市场全球化必然是一种客观的趋势,我们也就没有必要去阻止它。"以一变应万变","步步为营",把自己分内的事情做到最好,以一种积极的心态去面对挑战。

　　世界是平的,意味着我们彼此之间更容易看到对方,减少一些阻碍。各国之间是这样,人与人之间其实也是如此的。我们在关注世界各国的同时,别国也在关注着我们。在这个竞争如此激烈的时代,只有科技实力和经济魄力才能让自己的国家跻身于世界强国之林。

　　世界是平的,所以我们有更多的机会去认识世界,参与社会竞争。

　　"机会对每个人来说都是平等的,但是机会往往更青睐有准备的头脑。"作为一个新世纪的大学生,我们现在要做的就是上好每一节课,搞懂每一个知识要点,学会灵活运用,让自己成为一个真正的应用型,复合型的人才。

　　世界是平的,所以远方的目标我们可以一览无余,从而为自己精确的定位;世界是平的,所以我们要用更多的知识来武装自己,从而在竞争中赢得自己的地位。

断了线的风筝

四　四

　　我们都知道,断了线的风筝有两种可能:一种是,它们负担了太多的东西,终于负担不起,便选择了逃离;另一种是,它们真正自由了,只为摆脱了束缚。但是,是否想过,有的时候,线不仅仅是一种束缚,也是一种载体,脱离了它,它们的滑翔生涯很快就会停止。纵使风一阵接着一阵,总有那么一瞬间是无法主宰的。这倒是应允了我们常说的"以和为贵"。

　　《论语》有云:"君子和而不同",可是细想,凡是人,都应该和而不同的吧。面对生与死这一永恒的疑问,人们无处逃寻。生命,故而短暂,却无处不充满着矛盾。不断地解决,又不断地产生,它们似乎是我们一生的追寻。

　　"和而不同",首先是"和",其次,才是"不同"。一位西方哲人曾说,生命在自己的哭声中开始，在别人的泪水中结束，这之间的过程便是幸福。但幸福是否就是夏日里最后绽放的一朵玫瑰花瓣上摇摆的露珠，是否就是白雪皑皑的山顶古堡里那彻夜长明的淡黄色烛光？自然不是的。幸福是我们所经历的不同的事，接触的不同的人所带给我们的和谐。多么简单的定义，可又有几许知焉？与别人一起的时候，常常伴随着某些特别的事发生，但是只要不是原则性问题，为何不付之浅浅一笑？有段话是这样说的：一个过路人，经过这里时，不知为什么就死了；一切过路人，经过这里时，请给他作个祈祷。生活有时是如此的奇怪，你愿意给一个与你毫不相干的人一份和谐，却不愿意如此对待你的亲友。

当然，有时和谐也是一种致命的伤害。余秋雨说，一些不适宜的出色，可能会蜕变成错误，而一些不适宜的错误，在某种角度来看，倒是一种出色。第一次看到这句话时，心里便有种惺惺相惜欲流泪的冲动。就像风筝，当它断了线，便可以随风飘飞。所谓"不同"，大抵就是如此吧。但这样付出的代价太大。人说，不能随大流，但是当你过份地突出时，这便是一个不合时的出色。

人这样的一个矛盾体，也许对其来说，要不要做一只断了线的风筝，很难抉择。或许，我们应该像金鱼一样，和谐地融入水中，偶尔探出头来，看看外面的世界，表现出些许的不同。

想念一种阅读的方式

甜 水

十年，在陈奕迅的歌里，足以让两个人完成一场聚散的轮回。而"70 后"与"80 后"之间相距的十年，亦是弹指一挥间的沧海桑田。不同的年代给予了我们不同的 20 岁体悟。

"70 后"的 20 岁，是公园里的独自彷徨，是曾经迷恋的琼瑶的童话爱情世界，并为《窗外》而流着泪。"80 后"的 20 岁，是每天翻阅可有可无的杂志，毫无个性地变换衣着，追求所谓的时尚前卫，努力创造着一个千篇一律的世界。而我却努力寻找着一个属于自己的世界。喜欢这样的感觉——一条僻静的小道，一个孤独的身影;一本书,一次美丽的邂逅。喜欢这样的氛围——一个静谧的夜晚,一份寂寞的心情;一首词,一种独特的享受。

鲁迅在现代文学史上的地位和贡献是显而易见的,那么,在当代作家中,我首推余华。余华的小说以其"冷漠叙述"表现了80年代先锋小说对主流意识形态的回避、反抗与消解。在他的大量作品中,总是近乎偏执地迷恋于对暴力、灾难尤其是死亡的叙述。《活着》在90年代风靡一时,因为它用独特的残酷,冷漠的笔调,展现了来去无踪的宿命以及让人难以捉摸的爱情与亲情。父亲因为"我"而受气,眼睛一闭,脖子一歪,再也叫不醒了。母亲患病去世。儿子不幸抽血过多死了,家珍也患病离开了……独留一个"我"——一个能看到自己过去模样,可以准确地看到自己年轻时走路的姿态,甚至可以看到自己是如何衰老的人——福贵用冷淡不羁的语调,把自己记忆的点点滴滴呈现在大家眼前。含不尽之意于言外。

渐渐地,阅读已经成了我的一种习惯,那是一种永恒的浪漫。看看杂书,写写书评,把自己的思想与感受融入到作者的观点中,从此思想得到升华,内涵得以提升。从喜欢安静如水的散文到阅读思想深邃的小说,从背诵唐诗到欣赏清丽淡雅的婉约词。学识修养、生活阅历的加增,阅读的见解也发生了变化,精读,体验文字的伟力;浏览,见其所见而见其所不见。从此,想念一种阅读的方式,寻求繁杂城市里的片刻宁静,美哉,妙哉!

静静地等待一朵花开

平淡幸福

回首往事,有时就像是翻阅陈旧的日历,昔日出现的美好时光,那些似乎早已忘却了的忧愁,一一呈现在眼前。日历一页页撕去,留下了欢愉或惆怅的回忆,亦真亦幻,心灵深处的那根最敏感、最脆弱的弦为之震颤。

于是,我缓缓地走进自己的世界,努力寻找着一个真实的自己。

怀揣着阳光般的梦想上路,静静地,等待一朵花开,渴望花儿绽放的瞬间有馥郁的美丽。第一次一个人拉着行李箱远离家乡，独自生活在异乡陌生的土地上，和一帮可爱的室友共同度过了一年，从相遇、相识到相知，进而难舍难分。学校的生活有压力，也有欣喜，让我得到充实与锻炼……因为有了这些，才构成了我大一生活的完整和幸福。就这样，很真实、很投入、很充实地过完了我的大一。尽管大学生活没有我想象的那样多彩，难免充满幼稚与无奈，但我却依然在人来人往的街道，在纷繁杂沓的世界，用心为自己守侯着一份美丽。一颗感恩的心，一份真挚的情，大一见证和分享了我的成长。曾经，我深深地将自己埋在套子里，没有人获知我的存在。自卑！失望！等待……但当我点燃一瓣心香，光亮却铺了一地！

大一，我学会了梳理，学会了规划，学会了思考，让生活更充实！

大一，我学会了宽容，学会了融洽，学会了生活和如何让自己更好地长大！

大一，我学会了协调，学会了自然，学会了争取，获得一次又一次人生的感悟！

时光就像沙漏，还未来得及等我细细回味，就从我的指尖溜走了。那年，那月，将成为记忆在流逝的岁月里慢慢地沉淀。那逝去的，是我不堪回首的过去，那沉淀的，是我值得珍藏的无瑕的美丽！2006，伴随着我的成长离去，伴随着成长的见证离去，继续行走在同样幸福充实的2007。曾经走过的路，唱过的歌，珍藏在心中的记忆……无痕的青春岁月！

静静地，等待一朵花开！听，紫罗兰悠悠地，展露着属于自己的绚烂！

读容若

张　乜

初次遇见容若，不是在所谓的清宫戏里，而是在他那为数不多的纳兰词旁。

人生若只如初见，何事秋风悲画扇。有太多太多的人因这句词与其相识，只是辗转，三百年，我亦不能逃，也不想逃开这样与其相遇。

如初见，怎样的一个男子，喜欢云淡风清，喜欢宠辱不惊，恰似深夜般落寞。

如初见,便不由自主地陷入了他的名字。"纳兰容若",无论怎样念,都是好的。唇齿之间,似停止却又无息,是天光云影又成满室流金。

　　读容若,便常看见其被拿来与李煜相比。然而一个是君王,一个是臣子;一个是浮沉一生,一个是不经风雨;一个是"离恨恰如春草,更行更远还生",一个是"沉思往事立残阳,当时只道是寻常"。他们是不同的么?但为何当触及他们的心,又是如此的不分你我。

　　读容若,便知他是多情的,但也专情。喜欢这样的男子,却也对之无奈。衣不如新,人不如故。放不下,放不开,便常常郁郁而行,仰观人间四月天,却道不出何处是缘。人常常都是如此,喜欢缅怀,喜欢流连,恰恰不肯将其珍藏,溶入此刻。蓦地,想问,这世间的情,除了记住便是忘记么?记得太深,不肯放手,苦了自己也累了他人,而忘得太快,又心有不甘。为何不能折中,暂时将其封存,待到了云起心静时,慢慢将其取出,就着盐水花生,一起下酒,也别有一份姿意。可是容若,你不允许自己这样,于是快乐的人依旧快乐,你却将其丢失。

　　读容若,友情是他生命中的另一半印痕。不痛,却是如此鲜明。顾贞观,严绳孙,姜宸英,这样那样的人在他短暂的三十一年中走过,与他坦诚而交。这倒是印证了"君子之交,其淡如水"这句话。

　　文怀沙说,平生只有两行泪,半为苍生半美人。容若,你是如此的委屈,显赫的家世,夺目的才情,旁人羡慕不来的,你都有了,可你却是这样的委屈。我想我已知道,你在委屈你的事业,你在委屈你的爱情,可是你不觉得你已经很富足了么?除了不可避免的死亡,你也曾有执子之手,生死契阔,你也曾有不离不弃的故人,纵使短暂,却是真实地存在过。

　　生命是一曲华美的歌,死亡是其中的终结乐章。三十一岁,因寒疾而逝,那时你的心,是终究觉得自由了吧!石蕴玉而山明,水藏珠而川美,容若,为何到尽头时,你依旧如深夜般落寞……

青　春

席慕容

所有的结局都已写好
所有的泪水也都已启程
却忽然忘了是怎麼样的一个开始
在那个古老的不再回来的夏日

无论我如何地去追索
年轻的你只如云影掠过
而你微笑的面容极浅极淡
逐渐隐没在日落後的群岚

遂翻开那发黄的扉页
命运将它装订得极为拙劣
含著泪我一读再读
却不得不承认
青春是一本太仓促的书

行走　花间

洪共祥

　　冰心说:爱在左,情在右,走在生命的两旁,随时撒种,随时开花,将这一径长途,点缀得香花弥漫,使穿枝拂叶的行人,踏着荆棘,不觉得痛苦,有泪可落,却不是悲凉。

　　生命的美在于我们能接受爱的滋润,感受爱的温馨,播撒爱的芳香。于是我倾心于景色,去体验景色的无限情趣,去领悟自然的无穷哲理。

　　我喜欢花,喜欢鲜花,即使它只有短暂的美丽,即使它会凋零枯萎,我依然倾心于它,因为它小小的生命,却孕育着无限的意蕴。

　　花是如此娇弱,再美再艳,依然经不起朝来寒雨晚来风,正如曹雪芹所说:花谢花飞花满天,红消香断有谁怜。花却又是美丽的战士,风雨之中尽管渐渐绿肥红瘦,终究不曾低头。当萧瑟的秋风带走枝头枯黄的落叶,当花丛中那些嫩绿的叶子都蜷缩着想躲避寒冷时,仍有不畏严寒的梅花傲立于霜雪之中。

　　花是如此,生命也是一样。生命,像一只精致的玻璃杯,常常经不起天灾人祸的撞击,然后粉碎成一地的璀璨,每一片都是透明的心。生命又常常像昙花一般,用许多年的汗水与泪水,掺上心血浇灌,才会有灿烂绽放,笑看天下的一刻。

　　如今爱花的人少了。当人们开始为了自己的生计而忙碌奔波的时候,连自己的生命都抓不住,又有谁会静下心来倾听花的诉说? 然而,烦躁的都市,忙于奔波的人们,请不要忘记,这世界本是镜花水月。一切如花,花如一切。生命只有一次,美丽只有一次。

　　我倾心于花,倾心于像花一样一生只美丽一次的人生,让生如夏花之绚丽,死如秋叶之静美。

苦难，活着

罗　昙

夏日午后，一位老人和一头老牛在田间静静地耕作。老人的脊背和老牛一样黑，两个进入垂暮之年的生命把这块古板的田地耕得哗哗翻动。《活着》就在这样的场景中向我们娓娓道来。

《活着》，从国民党统治后期到解放战争、土地改革运动再到大炼钢运动、自然灾害时期，主人公福贵从原先地主少爷的放荡不羁、大福大贵到后来一贫如洗的巨大物质生活的变迁，经历了运动带给他的摇摆不定与窘迫不幸。

初看《活着》中的福贵，觉得命运实在对这个如草芥一般的农民的不公，也无法想象苦难一次次来袭时福贵如何承受。当他亲手埋葬了最后一个亲人的时候，孤独而又强大的灵魂支撑起了单薄的躯体。数次生活环境的变迁像一个大熔炉一般磨砺着福贵的精神与意志。

苦难是最大的财富。苦难没有让他低下作为一个人的高贵的头颅。面对苦难，他挺直了腰板。《活着》，让我们看到了生命蕴含着的巨大的光彩，生命洋溢着的强大的精神韧性。

"黄昏正在转瞬即逝，黑夜从天而降"。老人和牛渐渐远去，剩下苍凉的背影。老人感动的声音在风中歌唱，我仿佛听到了……

清眼看世界

潘嘉媚

　　一个人走在熙熙攘攘的大街上，耳机里的音乐嘈杂地如同沸水一般，感觉自己像是游离在世界的边缘。

　　有时世界是沉默的。那些不成调的杂音只不过是人们为抚慰内心的寂寞而特意发出的"呻吟"。在中国，开着小车的人喜欢猛按喇叭，那种声音听起来很刺耳。其实很多时候，噪音都不是必要的，只不过为了一种宣扬，刺耳也可以变得动听。他们把腰板挺得笔直，眼珠子不停地转悠，好像自己的脑袋已经露在了车外，多情似的认为路人都在注视他，觉得格外神气。这些看来有点幼稚的举动却恰恰是人最真实的表现。他没有说话，在小小的车内自娱自乐，他以为路人会为他暂停片刻，可事实上每个人都迈着与之前相同的步伐大步向前走，丝毫没有停留的念头。

　　有时世界又是喧嚣的。不夜城像不老的传说那样不真实，里面充斥着虚幻缥缈的东西。在那里，舞榭歌台、灯红酒绿，想找处安静的角落思索回家的路都是件奢侈的事。疯狂的人在尽情地疯狂着，总有一些人为他们当着过场的观众，看着舞台旋转、落幕，然后曲终人散。他们是来干什么的？只是路过罢了，走错了地方，离开时才发现夜已深了。这只是我的遐想，总觉得他们是需要在喧闹中才能找到内心的自由的人。

　　世界是矛盾的，因此沉默和喧嚣同时存在着。对于隐士而言，他的内心世界是沉寂的，但是他生活的周遭却并不安静。草长莺飞，大自然的声音不停地从耳畔掠过。只因两者同时存在，透过喧嚣，我们才能触及沉默，辨于清浊之间。

心中的《伤逝》

鲍慧斐

在鲁迅充满睿智又不乏犀利的文学作品中,《伤逝》可以说是一朵奇葩,散发着凄美爱情的芳香。而我心中的《伤逝》则是一首离歌,伤而不逝,有点淡淡忧愁,也透露着些许的希望。

《伤逝》为我们描绘了一个爱情悲剧。正如鲁迅先生所说的"人必活着,爱才有所附丽"。纯真的爱情在经历了生活的窘迫和潦倒后,失去了原来的鲜活,在麻木黑暗的社会中飘离走失。

涓生追求真实,却造成了子君的逝去。于是他决定用遗忘和谎话来作为生活的前导,用真实去换虚空的存在。我们无不惋惜,在那种麻木的社会中,遗忘和谎话居然可以登堂入室,作为一个知识分子生活的前导。子君忠于爱情,不顾世俗的蔑视、冷漠,只为心中的那份真情。在她身上,透散着黑暗社会的一缕阳光,竭力冲破阴霾,那么勇敢、真实和单纯。所以鲁迅先生说中国女性并不如世家所说那样的无法可施。在不远的将来,便要看见辉煌的曙色的。

清醒的子君,在对爱无私的奉献中,品尝了生活的艰辛,那么一个单薄的,瘦弱的女子在那样潦倒的生活中怎能不低头,怎能不改变? 让这么一个单纯的女子独自面对孤寂和冷清,是多么的痛苦。于是当涓生说自己已不再爱她,她没有哭泣,没有挣扎。哀莫大于心死。心既已逝,又何必独留空壳,自是解脱,也让涓生解脱。

鲁迅先生并没有浓墨重彩地描写那个社会,但从子君和涓生的爱情中,我们真切感受到那个社会的压迫。两个觉醒、勇于追求爱情和自由的青年,终究在生活的压迫和感情破裂的阴影下,走向沉沦。

美丽的伤逝逝去的是那个时代的黑暗和束缚,逝去的是一个个悲剧,不曾逝去的是世人的呐喊和久别的曙光……

老街剪影

方　虹

记忆中的老街,仿佛是一副墨痕累累的水墨画,在细雨蒙蒙的天空散发着淡淡的水雾。人行走其中,不经意间,便恍如隔世很久,历尽沧桑。

老街不长,布局很是奇特,曲曲折折,铺上青石板的路更是凹凸不定,就像门扉背后女子的心,永远都是那么的难以捉摸。两旁的楼是上下分层的,多数都是用木板制成。漫步在老街上,偶然间的一瞥,你就能捕捉到窗棂上那些细致的牡丹花的雕痕,亦或是墙头高高扬起的麒麟角。岁月在老街的每个角落都遗留下了淡淡的痕迹。它们都是老街给予的馈赠,让我们在闲暇中领略到生活的意趣。

不是诗人,但也喜欢捕捉那些被人遗忘的景色。周末,老街与夕阳邂逅,余辉顺着青褐色的瓦檐倾泻下来,与地面形成一个优美的角度。我走在老街上,看着青石板散发着柔和的光泽,突然想起郑愁予的《错误》:我打江南走过/那等在季节里的容颜如莲花的开落/东风不来,三月的柳絮不飞/你底心如小小寂寞的城/恰若青石的街道向晚/跫音不响,三月的春帷不揭/你的心是小小的窗扉紧掩/我达达的马蹄是美丽的错误/我不是归人,是个过客……我不知道,当年的老街是否上演过那么一出悲情的戏剧,那尘封的窗扉后是否有一个女子斑驳的泪痕。当历史喧嚣着呼啸而过时,老街就像激流里的磐石,在岁月的洪流中沉静下来。而后来的人呢,只能打着油纸伞,在一片人迹寥廓、世事纷纷、杂物冗冗的细雨中寻找逝去的繁华和回忆。

二胡响起,咿呀古老的旋律被扬起在半空中。走过老街,终是浮光掠影的惊鸿一瞥,但它已深深地珍藏在我的记忆里,让人眷顾。于是,我开始期待在下一个巧合的拐角处与它的再次相遇。

秘密　花园

徐立锋

一个细节包含一个花园,一个花园蕴涵一个秘密,一个秘密触动一个智慧。——题记

(一)南操场·神秘树

南操场的四周有一圈独特的树,他们是生机和死亡纠结在一体的矛盾体。他们似乎生机勃勃却又濒临死亡。在这背后到底隐藏着什么秘密? 细心观察,得到的结果让我感动得潸然泪下,却又难以理解:一种如此低等的生物竟有如此伟大的自我牺牲精神。仅仅是为了给新生的嫩芽提供充足的生长空间和生长养料,正当茂盛的树叶毅然自断脉络落地。他们是高贵的生物,无谓血统,不关智慧,只是精神。

神秘树的秘密烙印是"英雄,英武",人应生当人杰,死为鬼雄。

(二)教学区·割景窗

烟雨迷朦的雨天,SC102 的两个窗户就变成了江南奇景的活画轴:方正的窗轴内以淡雅的蓝天白云为底,素雅怡人。砖红的巍巍图书广厦掩于肥绿丛中,红绿相映,远近有致,红愈艳,绿愈翠,相得益彰,生机勃勃,再缀以几点灵动的烟雨气息,简单明快,洗净了俗气,渲染了大雅。掩绿,红厦,蓝天,白云,灵雨浑然一体,简而不单,清丽动人。

割景窗的秘密烙印是"美心,美景",心有千千美景,世界即有万万奇景。

(三)图书馆·书山意

理工的图书馆真是一个巨大的谜语。为什么外型那么独特? 为什么要有那么长的阶梯? 为什么馆顶要有那么奇怪的玻璃罩子? 为什么……这个善于解疑去惑的地方似乎给了我们更多的疑惑。穷究到底,当你用"书"字去审视这一切时,皆豁然开朗,独特的外型是书本重峦叠嶂的抽象造型;漫长的阶梯是

"书山有路勤为径"的美好呈现;怪异的玻璃罩子则是为了给其添一颗坦荡的心。

书山意的秘密烙印是"勤勉,勤奋",胸怀坦荡心,笔下勤耕耘,不辞长辛劳,才能得真知。

(四)绿化荫·花非花

这是一种花,千真万确,六瓣的白色花朵朴素清雅,暗发芬芳。

这不是一种花,实话实说,一年四季他更多的是一株"野草"。

一年四季绝大多数的时间他都以野草的形态掩映在众草丛中,遮掩在群芳之下,躲藏在树荫之下,似乎连他自己都相信自己只是一棵草,一棵平凡的野草。只是他仍放不下花朵的梦想,放不下绽放的期盼。

终于有一天,他突然发现自己的头顶绽放开了六瓣的、白色的、精巧的、朴素的东西。没错,是花朵,是六瓣的、白色的、精巧的、朴素的花朵,只是他仍以淡淡的花香散放着他的美丽,他的快乐,他的自信。

花非花的秘密烙印是"坚忍,坚韧",你可以只是一棵小草,但你的心必须是一朵绽放的最热烈的花儿。

青春是童年落寞的伤

鲍慧斐

许是轻雾渐染了少年头

发梢轻扬着成熟的气息

眉黛眼窝处隐现一丝从容淡定

成长的足迹

碾过了童年的稚嫩

静静缅怀

我逝去的童年

许是光晕淡隐了童年
纸飞机已不能承载梦想的重量
飞行的轨迹已戛然而止
成长的足迹
刻下了童年的纯真
细细品味
如泡沫的童年

许是尘埃模糊了清澈的双眸
纷繁的尘世泯灭了童年的趣致
不再追随蒲公英的脚步
不再摆弄洋娃娃的金发
成长的足迹
见证了天使的蜕变
幽忧花葬
用花殇来纪念我的童年

走过童年
深深浅浅的足迹刻画了一长串故事
走过童年
眼角的笑窝由浅入深直至升华
走过童年
亦如走过人生的一个驿站
任沧海桑田
总有一份纯真住在内心深处
青春是童年落寞的伤
在静静的角落里
独自缅怀,独自神伤
独自绽放,独自花殇

青春是童年落寞的伤
我已走过伤逝的童年

诗写童年

洪共祥

仿佛人生来总是有那么一种惯性，小时候渴望长大，而长大后却希望能够回去。可生命是一场不归的旅途，我们总是在患得患失间不断往前行进。

很喜欢米切尔的《飘》，却不是因为那段极其卖座的爱情故事，也不是因为斯佳丽的特立独行。被吸引只是因为那些散落在塔拉农场里的美好童年记忆，那些最真挚淳朴的往昔。

童年，仿佛是放飞在塔拉洁白色的农场上方的风筝，自由，却又与现实联系。我常常在泛黄的纸页间回忆——古老的钟声响起，破矮的老房子下草色青青，我们都还是孩子，唱着朴素的歌谣，在夕阳的余辉下，拖着斜斜的影子一起回家。正是心底那段最弥足珍贵的记忆，让我对任何有关童年的描写都似曾相识。童年，留给我们的是自然，是自由，是此后心灵一直都难以寻求的那份纯净。

每一个承受过成长与蜕变的人，都会有自己的一份关于对童年的认知。它们形形色色，交织在我们的记忆中，预示着未来。"……没有人知道为什么太阳总下到山的那一边，没有人能够告诉我山里面有没有住着神仙，多少平日记忆总是一个人面对着天空发呆，就这么好奇就这么幻想这么孤单的童年……"罗大佑的《童年》掺杂着几分幻想和好奇。相比之下，安徒生笔下的小女孩，在圣诞的夜晚，不断擦亮着火柴，她的童年便显得那样的凄楚和悲哀。而以后华盛顿的樱桃树，爱因斯坦的小板凳，则折射出了他们此后性格的一角。

赛钧说，童年是首诗，任你挥毫泼墨，天马行空。童年带给我们的是幻想的权利，嬉戏的自由，以及为将来的生活美妙的铺垫。童年是乡间的风，是故乡的云，是河边的炊烟，是竹林深处的木屋。我们依靠着它不断接受新的路程，新的未来。

诗写童年，只愿不要忘记它曾有的纹脉。

图腾苍狼

戴璐璐

　　高考前的某月某天某个凌晨，拖着疲惫的双眼，烟雾般的思绪飘过来又飘过去，最后落在沉睡者的梦境里。已经忘了是什么原因，让我一口气读完了《狼图腾》。很喜欢这本书，从翻开它的一刻起就舍不得放下。

　　皎洁的月光，刺痛着我的血液，弥漫在我的心脏。在内蒙广袤的草原上，有这么一群狼，它们在这儿自由地奔驰，与人类斗智斗勇。喜欢它的桀骜不驯，坚强团结，所有的行动都是在狼王的统一调度下进行，排山倒海势不可挡。鸦喜欢它的果敢睿智，每一次进攻都堪称经典，组织严密，活灵活现堪称孙子兵法。鸦即便四面楚歌，也依然镇定自若，在那片草原上，它们是实实在在的王者，谁与争风？

　　狼只在饥饿时才捕食，在捕食时表现的极为残忍，但它从不掩藏。比起部分人类，戴着一副副复杂的面具，上面画满了虚伪的成分，仿佛每一颗心都长满了老茧，陈旧的不能言语，饱暖思欲贪得无厌。有的是坏的光明磊落，有的却好的道貌岸然。不禁想起《笑傲江湖》中的田伯光与岳不群。狼的凶残，但在文学的王国里，未必就不能构成一种复杂的审美意象？鸦狼肯定吃人，但通过狼性未必就不能更深邃地揭示人性。

　　狼图腾之所以成为西北和蒙古草原上游牧民族的民族图腾，就在于狼的那种让人不得不崇拜的魅力和智慧。中华民族经历了几千年历史文化的熏陶，却一度陷入了颓靡、无知与愚昧，无数次受到草原民族的攻击甚至是侵占。而他们正是在与狼的抗争中，不断强健起来。

　　然而，一群见识短的人竟然闯进这个属于狼的世界，进行了一次残酷的杀戮！美丽的大草原日益沙化与小狼之死也顺理成章的成为书中最令人伤神处，作者通过亲身感受，把草原的现状展现出来，同时引起大家对草原环境恶化的关注，使全书具有了现实意义。

读完全书,就好像重温了一遍历史,这是一部关于狼的史诗性著作,一部对中国历史进行独特解读的小说。从中看到了呼伦贝尔大草原人民与狼的搏斗,看到了狼的兴衰起伏,将我吸引到了一个狼的世界,和狼共同生存。

故事开始的开始,狼群追逐在生机勃勃的大草原,最后的最后,不见了狼群,不见了草原。草原的人们落寞了。

一遍一遍回想着"腾格里"这个词语,它使我产生一种很纯净的敬仰之情。腾格里就是苍天,是一切的幕后者,掌控着这世间万物,让一切拥有各自的伟大与平凡。

我不相信有神,但却开始相信"腾格里",相信惩罚。所以,当漫天黄沙刮来的时候,当草原的夜晚再也听不到狼嗥,只闻一声长长的叹息,我的心情像是晒干了的茉莉,只待清茶……

没有阳光的《向日葵》

Angeline

"你还喝酒吗?"

"不喝了。"

"那你还打架吗?"

"我不打架了。"

"那就以后不要再哭泣了。"

……

影片在一地温暖的阳光,一片灿烂的向日葵,一抹生涩的微笑中开始。车子,伴着淡淡的温和的音乐和泰植的未来徐徐向前驶去。

展开得是怎样的一个故事呢?关于宽恕,关于亲情,还是关于这个过于现实的世界?泰植,一个杀过人的孩子,一个杀了自己儿子的孩子,一个杀了自己儿子但已改过自新的孩子。看影片的时候,我一直在想,是什么让一个悲痛的母亲去原谅这样的一个人呢?末了,突然懂得,是一个母亲的职责。

他出狱之后来到这个宽恕他的女人家里生活,那种怕被不接受的怯懦小心,那种接受新鲜阳光的满足快乐,让人根本无法想象他徒手杀死十来个人的场景。"不再喝酒"、"不再打架"、"不再哭泣"……在"妈妈"送的小本子上记下以后要做的事,做完一件就划掉一件。可是本子上的事一件一件实现,泰植却终究没能如向日葵一般向着太阳微笑。"妈妈"的被杀,"妹妹"的毁容,所有的事都如山般向他压来,挡住了他的阳光,挡住了他的微笑,也挡住了他的未来。

是不是每个孩子总是这样的,喜欢着温暖,喜欢着阳光?那么,是不是现实总是这样的,有一些残酷,有一些阴暗?当泰植倒在火场的时候,即使周围是黑夜,心里也应该是明媚的吧?

泰植没有说完的话,想替他说:妈妈,谢谢您的那句"他只是一个孩子,做错了一件事"。

只是未曾留意

高小四

我是鱼,你是飞鸟,要不是你一次失宿流离,要不是我一次张望天际,哪来这一段不被看好的眷与恋。你勇敢,我宿命,你是一只可以四处栖息的鸟,我是一尾早已没了体温的鱼,蓝的天,蓝的海,难为了,难为了我和你。什么天地啊,四季啊,昼夜啊……什么海天一色,地狱天堂,暮鼓晨钟。Always together, forever apart. Always together, forever apart. 飞鸟和鱼,飞鸟和鱼,飞鸟,和鱼。

这首齐豫的《飞鸟和鱼》,可能很少有人知道,喜欢就更无从建立了。或许,这是一首基调太过悲凉的歌曲,或许它太过玄异,或许它的演唱难度太高,又或许它的 MV 和歌曲本身都太过艺术化,脱离平凡生活的轨迹,使得鲜有人对其问津。在孤独的地方愈发寂寞清冷,如冰山绝处的雪莲花,孤芳自赏,无人垂青。

当我疯狂地迷恋上这首歌时,想让我所有的朋友分享我惊喜的收获,与我共同欣赏这一曲天籁之音。可是,没有一个人认同这首歌。但这始终没有动摇我对我感觉的信任:这是一首难得一遇的好歌,尽管它不适应许多人的价值取向,也从未在各大音乐排行榜上出现。

因为,这是一首寂寞的歌,听得出感伤,读得出疼痛。这是属于飞鸟和鱼的两难爱情,是属于天与海的无奈现实,是属于我们另一个生命界面的声音,那么空灵,那么湿润。每一个音符都悬浮在空气中,和谐地律动、升腾、坠落、旋转……这个声音,似乎可以凝滞时间与空间,让我停留在仅剩音乐在流动的世界里。这个声音,似乎可以扭转一切事物运动的轨迹,让生命与感情两个空间交错互衍,消失了界线。千丝万缕的哀伤,就潜伏在这样纯粹的声音之中,缓缓流淌。

飞鸟和鱼的爱情,是如此偶然的一个诞生,又是如此无奈的一个存在。湛蓝的天,湛蓝的海,是那么和谐相似却又无限遥远的两个世界。海天相接只是天真的梦话,那是呓人,卖梦为生。

我们都太过粗心,未曾留意那么多梦话。也未曾留意,有些自然得不能再自然的东西,可能早在千百万年前,就被无奈扎了根,萌了芽,开了花,结了果实了。

枫之径

鲍慧斐

清晨的阳光打在青苔的脸上,晶莹的露珠躺在枫叶的背上,而我的足迹踏在了小径上,有一点突兀,但也好象是生命里注定的邂逅。佛是一种定数,在温暖的朝阳下,在徐徐的微风中,在突然的惊喜后,我发现了它的独特的美。

金色的朝阳打在小径上,和着枫叶的萧索和黯淡,只是少有的刚落地的叶张扬着它残留的一丝灿烂,小径依然恬淡,依然凄清,但有一种自然的本真美。

世上哲学家有若星辰,有的滔滔大论,有的严谨沉默,有的淡薄睿智。都总游离于尘世,有一种超脱的闲情。忙碌的人追逐名利抑或为生活奔走,少有的是哲学的生活。发现美,需要一双平淡的眼睛,既然是风景就请用心看吧,在悠然的晨光中或是夏日的午后。

小径是蜿蜒的,就像生活的道路,曲折回环,也正因此,它的景致有一种无以附加的美感。人说自然是最伟大的造物者,邂逅自然,真不失为是一种荣幸。

我庆幸在冬日的到来前领略的在晚秋时节依然寂静的枫之径,我也敬佩它孤寂的等待的背影,时而落寞,时而惊喜,惊喜后又是长时间的等待。人啊,你应该在心中等待风景而不是在忽视风景后,埋怨美景的稀少,而让美驻足在灯火阑珊处独自彷徨。

生活的脚步不能停,那就停下心灵的脚步,留下欣赏风景的眼眸。鸦混沌的双眼若麻木,那就让呼吸尽情品味,感受这恬淡的芳香。想想美丽的邂逅,想想浪漫的氛围,想想哲理的生活。

邂逅枫之径,有如邂逅时间犯下的一个美丽的错误,人们忘记了枫之径,却成就了它恬淡的超脱气质,我无法忽略它的美,正如它无法停止等待。

蓝色年华

小 月

《蓝色大门》,一部 01 年的旧作,像夏天雨后的风,清馨地吹过一颗不安的心。

青春,被我们定义为希望的东西,总觉得它的色彩是眩目的。你是否看见,17 岁时的自己是什么样的呢? 夏天、白衬衣、单车,游泳池里突然探出的干净的脸,还有笑容。如果一切可以品尝的话,一定是什锦水果糖的味道,甜得那么心安理得,仿佛可以永远没有尽头的样子。

"我叫张士豪,天蝎座,O 型,游泳队,吉他社,我还不错哦。"每次听到他一口气说出这个长句的时候,我都会禁不住笑。这样带着傻气的坦诚的话,已经记不清自己上一次说是什么时候了。青春撒在路上。

她收集张士豪的周记、照片、蛙镜,他可能有的一切。她坚信张士豪有一天会注意到她,走到她面前,叫她林月珍。曾几何时,在一个冗长的夏天下午,我也闭上眼睛,和她做同样的梦。青春就这样留在旧梦里。

电影的最后,他那翻飞的衬衣引发了女主角孟克柔的独白:"小士,看着你的花衬衫飘远,我在想一年后、三年后、五年后,我们会变成什么样子呢?由于你善良、开朗又自在,你应该会更帅吧。于是,我似乎看到你站在蓝色大门前,下午三点的阳光,你脸上仍有几颗青春痘,你笑着,我跑向你,问你好不好,你点点头。三年,五年以后,甚至更远以后,是体育老师,还是我吗?虽然我闭上眼睛仍看不见自己,但却可以看到你。"街道随着桂纶镁淡淡的台湾腔向前铺去。

感动人的不是电影里的哪一句对白,哪一个情节,而是真实的生活本身。青春两个字,就是电影的开始,经过和结局,一切的一切只是为了纪念青春。然而青春是件太美好的东西,当它完整地出现在面前的时候,似乎怎么选择都是错误。人会怕错过,所以徘徊,可是因为徘徊,又错过了。

有人把这些写成诗,有人把这些拍成照片,有人把这些拍成电影,叫《蓝色大门》。

秋

潘嘉媚

秋风吹落枫叶
短暂的思绪蔓延

越过山峰
一米阳光
倒影肩并肩
亲吻潮水
一江春水
倾泻悲与欢

谁拾起了掉落的书签
谁看见了南飞的大雁
谁又手捧重重的思念

穿过山川
抚过流水
让我轻轻触上你的脸

花开花落皆是美

陈　娜

　　我喜欢躺在浓密的树荫底下,倾听枝叶和黄莺的对唱。阳光透过叶隙,形成晶晶亮亮不同形状的花斑。一闪一闪,就像跳动的灵魂。我喜欢观看调皮的风姑娘无心地捉弄单纯的树枝,闹得枝叶笑弯了腰。哪怕让她吹乱了我的发鬓,我也是喜欢的。我喜欢夜静人稀的时候,在古典色调的幽黄灯光里,手捧一杯茉莉花茶,细细地品书。

　　我尤其喜欢躺在樱花树下,它那粉红色的花开满整棵树时,极像可口的棉花糖。当强风吹落樱花时,轻轻柔柔地飘下凄静的樱花雨,剩下坚韧的树枝在枝头摇曳,不免有些苍凉之感,让人感慨万千。

　　但不管是花开还是花落,无疑都是美丽的。

　　就跟得到和失去一样。得到固然美好,但失去未尝不是一种美。得到的东西,往往在失去的时候才懂得珍惜,才后悔当初为什么没有抓住。更可悲的是,你永远不会知道,你究竟失去了什么,直到你得到它,拥有它。因此,得到了抑或是失去了,这些都不重要,重要的是你看待他们的态度。

　　真正拥有一件东西,要让它在你手中散发出应有的光芒,要让它实现其存在的价值。是沙砾,就要努力使它聚作矗天之塔;是萤火,就要使其燃成熊熊烈焰;是水滴,就要付出一切代价让它汇入浩瀚的大海。而不是让稀世珍宝在你手中成为毫无价值的垃圾。也许,你的放手,可以成就一片茂密的森林,可以成就一段多姿多彩的佳话。

有花开,也有花落;有潮起,也有潮落;有悲欢,也有离合;有得到,必定会有失去。因为这样才能演绎喜怒哀乐的存在,才构成了人生的酸甜苦辣,才是真正完美的人生。只要仔细品味,慢慢体会,苦的也可以是甜的,失去也是一种得到。所谓"有得必有失嘛"。就看你是怎么对待的,"痛并快乐着"的滋味,我想也只有真正体会的人才可以享受的。

花开了,不约而同,争奇斗艳,抒写着美丽,见证着汗水。

花落了,犹如一场花瓣雨,那是在等待下一个花开,酝酿下一个缠绵重新上演。

花开花落皆是美……

活着的感触在指间起舞

张　杰

"做人还是平常点好,争这个争那个,争来争去赔了自己的命。"——余华

一个人,一本书,不想想太多,却不能不想,从《活着》的第一页开始,它就充斥着我的思绪,控制着我的情感。

美国短篇小说作家艾米丽写道:"如果现在要读一些东西,显然你应该读一些永恒的东西。《活着》就是这样一流的作品。"

书本不厚,记忆却是厚重的,正如"活着"二字般铿锵有力,鼓舞着我们去寻味生活,感悟生命。过往云烟的经历和磨练所体现出来的是一点点的木讷。似乎自己被狂风卷进沼泽,所有的一切都在窒息,却呐喊出一句:"到底为什么要活着?"

一个人由活得潇洒到活得可恨可悲。地主少爷福贵嗜赌成性,终于赌光了家业,使父亲含怨而死,妻子家珍也被其父接回家。当苦难和病痛夺走了他的

母亲、妻子、儿女、女婿及年幼外甥的生命之时,从家庭美满到孤独终老的坎坷人生旅途,可谓是"生无可恋"。而活着的意义却愈来愈清晰,苦难才是人生的真相。活着不仅仅是呼吸!

在现实的蹂躏中,福贵坚强地走过来了。生命的脚步一刻也不停留地走向尽头。谁也不能预料跳跃的心脏会在哪一秒停止,灿烂的笑脸会在哪一秒冻结。也许是下一秒,也许是明天,也许是今生今世,也许是永远。生活之中,不管你有怎样的甘甜或苦涩,终将归于平淡。人世间的一切繁荣浮华,也不过是过眼云烟。

史铁生说:"一个人,出生了,就不再是一个可以辩论的问题,而只是上帝交给他的一个事实;上帝在交给我们这件事实的时候,已经顺便保证了它的结果,所以,死是一件不必急于求成的事,死是一个你必然会降临的节日。"

人是那么脆弱,又是那么坚韧。在第一颗种子发芽时,在第一声婴儿啼叫时,在第一道阳光照射时,福贵那黝黑的身影不时浮现在我的眼前,那股乐观势不可挡地透出他的身体,冲入了新生。

看着鲜活的生命逐渐淡去,直至消失,灵魂划上句号,被一捧黄土覆盖,从历史中慢慢丧失痕迹,就会明白活着就是赢,就是希望,就是奇迹。

"老人和牛渐渐远去,我听到老人粗哑的令人感动的嗓音在远处传来,他的歌声在空旷的傍晚像风一样飘扬,老人唱道:少年去游荡,中年去掘藏,老年做和尚。"

只有当年华已逝,双鬓斑白,才会回首前尘往事,偶尔细数孤独的步伐,恍如看到蔓生的荆棘密密麻麻,充斥成了围墙。固执地挖掘记忆的坟墓,当迎来所有人耻笑的目光,便会以老者的宽容和体谅,挥一挥衣袖,静静远走。

四月物语

潘嘉媚

岩井俊二的电影清新中透着唯美的浪漫。"四月物语",顾名思义,讲述的是一个发生在四月里的故事。四月——樱花绽放地正灿烂呐,但对于北海道来说,似乎还搭乘着冬季的末班车,没有太多春的气息。

影片开头的五六分钟,不知是导演的刻意安排,还是为了下一刻的"拨云见日",女主角总是"犹抱琵琶半遮面"。那只伸出火车窗的手,是对家乡的味道的留恋吧;那个到了新环境后的背影,有疲倦,更多的是孤独和恐惧。

女主角叫榆野由松隆子饰演,对她的第一印象是自然加单纯,不施粉黛的她有种忧郁的气质。她很孤独,当她抖落满身的樱花时,我仿佛看见整树的樱花在凋零,像个下着雪的春天。

岩井俊二擅长用意境来衬托意境。

架子鼓与吉他混搭出的音乐有点微妙,从女歌者的歌声中传达出甜蜜的忧伤。榆野一边走,一边静静地聆听,她终于笑了,仿佛遇见了知音,她的眼神中俨然迸发出希望的光芒。但曲终人散场,她依旧孤独着。

每当去便利店,她总是佯装亲切地与老板问候,"你什么时候休息?芽""你什么时候下班?芽"……诸如此类的问题。她真切地盼望着能够与人成为朋友。其实不然,老板似乎也无法适应突如其来的温情,她只好回答"明天·穴休息·雪","六点·穴下班·雪",言简意赅,为了掩盖一丝丝的尴尬。

生日那天,她想逃离一次孤独,于是鼓起勇气敲开邻居的大门,却遭到了委婉的拒绝。大门阖上的那一刻,镜头中浮现的是她哀婉的眼神。没有蛋糕,没有烛光,一个人双手合十,默默许愿——此情此景是如此凄凉。所以后来邻居的突然到来,令她有点手足无措。一转身,空气都静止了——原来不只是一个人的孤单。

"四月物语"不单单只是揭露人性的孤单与脆弱,它的主线还是永恒的话题——"爱"。爱是不可名状的东西,但有时它的力量是伟大的,沉浸在爱里,孤独的人也可以狂欢。

影片的结尾有点黑色幽默,榆野撑着一把破烂的红色雨伞,露出了畅然的微笑——她的孤独在雨中消散了:是爱的奇迹吧。

读风景

罗 昙

生活之味如陈年老酒般,就在那一件件细微琐碎之事沉淀之后弥漫开来。那些生活中你未曾留意过的风景,在《张抗抗随笔》中确是实实在在的动人。

张抗抗以女性敏锐的视角来观察世界,用细腻而真实的文笔来描绘生活。在她的笔下,那些我们未曾驻足观赏或者从未留意的画面却是另有一番风情。

随笔中,张抗抗带我们领略了生活的细节之美。栽花、养花、赏花,这些伺花弄草的活儿在张抗抗眼中却是深情。"椿树细密,桃树葱茏——天色已经灰暗,灯光阑珊,树影婆娑,悠悠地散步去,就有穿过森林的感觉……"不仅如此,常人眼中再平常普通不过的稀粥,经张抗抗闲话一谈却也显出南北味与异国他乡之味来。还有鲜木耳、野韭菜花、梧桐籽,这些东西在张抗抗口中竟被称作"品尝山水"了。

不得不佩服张抗抗的细致。随笔中,张抗抗说:"我们的城市和城市,已经变得越来越像多胞胎了。"然而她还是周全地写下了《一个南方人眼中的哈尔滨》。衣、食、住、行四个方面,她的笔下无不流露着对哈尔滨这个冰雪城市的盛赞。

张抗抗曾在获奖感言中写道:自己的随笔每一笔都有沉重厚实的力量。的确,跟随着她的思绪,我们游走在西施故里,思考着一个女人的悲剧。沉浸在她的世界中,我仿佛品尝到了我从未品尝过的防风神茶,触摸到了童年的气息。

生活中,我们有太多未曾留意的风景。在张抗抗的世界中,我领略了许多。此时,耳边忽然想起歌德的一句诗:我就在你身边,尽管你似乎在那遥远之处。

记　忆

陈　娜

文章可以倒叙，
影片可以回放，
生活却只能回忆。

记忆是一种顽固的东西，
谁也无法将其毁灭，
它可以轻易表达我们的状态，
轻盈流畅而又赏心悦目，
我们经历的一切，
可以换作一种类似舞蹈的表达方式，
只是……
没有重量，没有模式，
没有任何重复。

那些曾经出现的陌生人早已灰飞烟灭，
只是泛起了微微的波澜，
就像平静的湖面泛起的层层涟漪，
我企图阻挡它的粼粼扩散，
然而……
水面仍在波动，
原来记忆是这么的深刻。

爱无解

潘嘉媚

曾经目睹一对来自农村的夫妇因为无钱救治孩子而在街头痛哭,歇斯底里。也许我们会以为他们是在做秀来博取路人的同情,但我却分明看到了他们无助的背影和孩子一次次坚强地擦去母亲脸上的眼泪的场景。天真的孩子,因为太小了,他还无法领会为什么父母的眼泪会擦不干。

当我们还年幼的时候,我们从父母身上汲取他们暖暖的爱。他们乐此不疲,我们理所当然。在外头与小伙伴玩得忘了时间,还记得父母的那一声声遥远又亲近的呼唤吗?看到小伙伴手里新颖的玩具,还记得自己哭着央求父母,却笑着接过玩具吗?有时候,太顽皮、不懂事的我们会惹父母生气。他们"教育"我们,然而即使是轻轻的一拍,我们也会嚎啕大哭。那一刻,我们不知道,其实是我们错了。

忽然之间,我们已长大,昨日还喜欢假装受很大委屈的我们已经变得很坚强了,我们不会轻易在父母面前流泪。他们百感交集,我们却无动于衷。父母的唠叨像空气一样挥之不去。当我们到了一个陌生的环境,我们可能"难以呼吸",这时父母的一句话,一句伴随我们一起成长的话,就可能抚平我们躁动的心。呀!我们还是个依赖父母的孩子。

小草也许永远无法体会参天大树如何伸手触碰蓝天的艰辛,但是参天大树却常常俯瞰着大地,小草偶尔的抬头都会令它欣喜万分。

血色的记忆

——读《南京大屠杀》有感

章 青

　　我们与日本这个民族的关系似乎在两者存在的开始就悠悠涣涣地交织在一起，互为对方发展的依托，但侵占与被侵占的矛盾又从未消止过。南京大屠杀和它所发生的那个年代的那场战役只是矛盾网织的星空下突出又闪亮的一点。

　　与纯如的邂逅，现在想来，可算作人生一大幸事。对纯如最初的理解是大概她也曾怀着和鲁迅一样的心情—"怒其不争，哀其不幸"来祭奠昨天警示今朝。毕竟，赤裸裸地直面一份掩埋于人性中难以想象的残忍是需要多大的勇气，我开始试着去理解她选择结束人生的方式。谢谢她不惜"身临其境"，让这份历史不致被尘封在除中国以外其他国度里的图书馆、档案室太久太久；谢谢她又一次唤醒了我对于那份无论何时何地何人都不该淡忘的酸痛记忆太深太深；谢谢她让我坚定地认为法律会是唯一抵制罪孽再次泛滥的宝剑闪亮闪亮。

　　我们是不该忘记历史，但也须清醒的认识到历史绝不会是一方的独角戏。日本所犯下的罪恶谁都无法饶恕，但隐藏于我们民族中的懦弱，安于现状的中庸以及可怕的自私贪婪恐怕也是导致这场悲剧发生的主观因素吧。关于这一点，纯如在书中不止一次地提到了某某地区"俘虏"远多于敌人，如果起来反抗结局又会是怎样的不同；南京城的人们甚至在日本人的坦克进入城内时拍手欢迎，直到机枪扫射的那一刻才彻底打碎了玻璃美梦。显然，那时的中国人已麻木到了极点，起码的尊严、民族意识早就被消磨怠尽，只求一息可怜的残存。但若我们将亡城的罪责全都归咎于他们身上，那又是大大的不公，几千年的王族统治，无一例外的从兴盛到衰败。即使没有南京大屠杀或许还会有其他的变革，只是这次的改良超出了我们接受的极限，太痛太痛。纯如的死让我觉得不应该有人再成为那段已经逝去的岁月的牺牲品，难道血腥的味道还不够刺鼻？

我们当中的任何一人都无法体会亲历者的痛苦,但我们可以选择用自己的方式去纪念这段红色的记忆,而我只有四个字:认真活着。

汝为中国人,不可不知中国史

——读钱穆《国史大纲》

郭 晶

在中国近代几位"国学大师"之中,著作等本身不是一件难事,但是能做到雅俗共赏的,恐怕无人能与钱穆比肩。钱先生以《先秦诸子纪年》闻名,而后发表的著述中,《中国历代政治得失》印量早已超过百万;而融会他毕生信念和追求的、约50万字的两卷本《国史大纲》,一直是学术界奉为圭臬的著作。

《国史大纲》成作于1939年,正是中国的民族主义在"最危急的关头"终于"爆发出最后的吼声"之际。钱先生从源远流长的中国文化的角度,别出蹊径,终于打破长期以来政治史作为主要脉络的通史惯例,写成了中国第一部文化史角度的中国通史。在《国史大纲》的扉页上,钱先生郑重声明:

"凡读本书请先具下列诸信念:

一,当相信任何一国之国民,尤其是自称知识在水平线以上之国民,对其本国以往历史,应该略有所知。否则最多只算一有知识的人,不能算一有知识的国民。

二,所谓对其本国以往历史略有所知者,尤必附随一种对其本国以往历史之温情与敬意。否则只算知道了一些外国史,不得云对本国史有知识。

三,所谓对其本国以往历史有一种温情与敬意者,至少不会对其本国以往历史抱一种偏激的虚无主义,即视本国以往历史为无一点价值,亦无一处足以使其满意。亦至少不会感到现在我们是站在以往历史最高之顶点,此乃一种浅薄狂妄的进化观。而将我们当身种种罪恶与弱点,一切诿卸于古人。此乃一种似是而非之文化自遣。

四,当信每一国家必待其国民备具以上诸条件者比数渐多,其国家乃再有向前发展之希望。否则其所改进,对其国家不发生关系。换言之,此种改进,无异于一种变相的文化征服,乃其文化自身之萎缩与消减,并非其文化自身之转变与发皇。"

对中国文化的热爱,贯穿了钱先生的生命全程。固然,60 年代钱先生前往美国参观以后,亦称赞"三代之治,不过如此",但是,他对于中国文化的深爱,已经沁入骨髓,难怪他最钟爱的学生余英时在追忆先师的文章中,最广为传诵的就是——"一生为故国招魂"。

《国史大纲》用 50 万字,非常精炼地勾勒了中国文化的发展历程,称其虽"九死一生",但最终得以屹立于世界之东方。其中对于中国、中国人、中国国民、中国历史之间的相互关系,阐发良多,如《引论》中:

"故欲其国民对国家有深厚之爱情,必先使其国民对国家已往历史有深厚的认识。欲其国民对国家当前有真实之改进,必先使其国民对国家已往历史有真实之了解。我人今日所需之历史智识,其要在此。"

格物才能致知。如果我们不能理解何所谓"中国文化",那么"爱国主义"就会沦落为一个口号;如果一个国家的国民,把"爱国主义"当作一个口号,那么这个国家的生命力就会非常脆弱。溯证而上,要使得国家繁荣强大,必须在国民中培养坚实的"爱国主义";要培养这种精神,就必须让国民知晓何所谓"中国文化"。从这个角度理解,钱先生的《国史大纲》不仅是学术史上的一块基石,对于中华民族的明天,似乎更有深意。

文即生命

方　虹

生命是一枝毛笔,必须饱蘸墨汁后,才能写出苍劲抖擞的大字。

那些珍贵的墨汁对雕塑家来说可能是一座座生动的塑像,对建筑师来说可能是一栋栋别致的楼房,对画家来说可能是一幅幅完美的画卷……而对于文学家来说,它们就是文字,普普通通,简简单单,却耗尽毕生精力,终无悔倦。

纵观苏轼一生，几经放逐，却从未放弃。雕花的书楼上，一卷卷孔孟之道。暮鼓晨钟里，般若前尘不尽，茗香暗然盈袖。每一个场景的邂逅，都有独特的情感与文字，而他们的诞生，却是苏轼用一生的旅途经验所换来的。当信仰被纠结，生命的脚步在坎坷的道路上蹒跚时，文字却如金，在辗转山水间，从流离的细沙中被淘出，博大、珍贵。

人的生命，总是需要依托什么才能真正有坚定的信仰存在。古来今往，总是有很多人，把文字奉作他们生命的根本。

"今宵酒醒何处，杨柳岸，晓风残月。"隐藏在烟花柳巷的柳三变，是悲从中来，还是自得其乐？没有人知道，而他依然如故。"人生若只如初见，何事秋风悲画扇？"纳兰性德只这一句，就已才华显现，却让人蓦然更觉悲哀。文字是一只风筝，在一个不自由的人手中放飞自由。"谁此时没有房子，就不必建造/谁此时孤独，就永远孤独。"这成就里尔克一生的诗句，一个为玫瑰而生，因玫瑰而死的诗人。他的文字，总是带着特有的严肃和紧张，饱含生命的深刻定义，让我不得不信服他的生命与文字间独有的血缘关系。

爱左情右，文字却走在生命的中央，它是旅途上的一个背影，虽然若隐若现，却永远都不会失却。它是每个夜晚醒来时，挂在窗边的一盘月轮，让人心头间一触，一瞬间，往事千般流转，繁华，继而淡褪。它陪伴着每一个真心对待它的人，让他们拥有五彩斑斓的空间。

文即生命，这不是我说的，是每一个体会过的人在纸卷上留下的……

回不到过去

丹　丹

我一直都知道，其实你比我聪颖多了。爸妈在萧山的时候，你就独立了，而我，除了向你求助便是嫁祸于你。差了六年的光景，我迈进校门你刚好初一。我们很少一起回家。我每次都看着你的背影消失在毛竹林中，你喜欢把书包搭在一个肩上。我其实很想和你一起回家，因为你是庇护更是骄傲。

　　五岁那年,爸妈把你放在外婆家,带着我去了柳州,开始全家最困顿的日子。不到一年的时间里,我们搬了三次家。那段日子没有你,记忆里却有你。爸爸,这个不喜欢安定生活,喜欢到处飘摇的男人也绝对不会想到他所有的抱负会在生活的压迫下土崩瓦解。后来爸爸不得不戒烟。没过多久,爸妈决定送我回家。你摸着我黑乎乎的手臂说,妹妹的手臂像泥鳅一样。我骄傲地笑了,因为我喜欢泥鳅。

　　你可以住在外婆家,而我只能和奶奶住在小姑家。我很怕小姑家的大公鸡,便用凳子把自己保护起来。所有人都称赞我乖,不黏人的小孩就叫乖么?我也偷偷地回自己的家,敲敲门,想爸妈他们是不是已经回来了。再后来,我在你放学回来的那条必经之路上等你,为了让你闻闻我的嘴巴,你总能准确地说出我刚吃了什么东西。然后我向你讲述我在柳州的日子,告诉你我在柳州新交的朋友,偶尔说几句不标准的柳州话。从我的口中,你丝毫觉察不出爸妈的辛苦吧。五岁毕竟还小,也不懂领会辛苦,只记得柳州的甜品很好吃,却不理解为什么后来吃的次数越来越少。

　　现在想来,除去我们差的六年,除去我不更事的那几年,除去我高中住校的三年,有多少日子是我们一家人生活在一起的呢?爸妈这几年才安定下来,而你却出嫁了。出嫁前的一两年也生活在长春,那个冬天棒冰可以放在钢丝床上卖的城市。第一年回来,你说找不到《卡尔维诺文集》,带回了《火宅》和《张爱玲小说集》。后来你和哥开了书店,原本以为有机会看些书了,却多了两个孩子。想起你怀孕的时候,我很不理智地对你说,姐,你以后再没自由了。你笑笑,我知道期待孩子出生的欣喜比自由重要多了吧。

　　我们的故事确实很少,但也很多。

自强不息

祥 子

读《活着》,本只是为福贵动容,但当它溶入生活,"天行健,君子以自强不息"便浮现在眼前。

8月25号,是大一新生初来学校报到入学的日子。自己诸事完备,但室友们都未至,耐不住寂寞,便决定在学校里逛逛。随步漫走,忽看到前方有个男生独坐在小道旁的石凳上,斜着身,一只红色的行李箱静静地卧在他的脚边,一看便知是大一新生,跟我同类呢。初来此地,人生地不熟,便生出想结识一下他的念头。

交谈之后得知,他跟我一样,来自一个偏远的小乡村,本因学费高他不想来读,但他父亲却坚持,即使砸锅卖铁也要供他念完大学!于是他来了,先是独自在候车室坐了十余个小时,后一直折腾到早上6点半到宁波。到校后,班导告知学费未清,不能正式入学,一看缴费清单,他真的愣了——当初家里给他打的钱全都已经被扣为学费。而他身上只剩80余块钱——正好是他回家的路费。几次出了校门到了公车站,却又折回来了,不愿就这样放弃,为了父亲也为了自己——一生就这么一次大学梦。

6点半就到宁波,马上就来了学校,中饭也没吃。心理上的压力和着疲倦和饥渴重重地压在他身上,让他几乎将要崩溃。吃青草,即使我也是农村来的,但这还是太遥远了……我一时愣在当场。

后来听说事情解决了,他已顺利地开始了大学阶段的学习。也许现在他还只是一株小草,但总有一天,他的头顶会绽放出一朵绚丽的花——他的生命不会再缺养分了——虽然也许在生活上他会缺点什么。

天行健,君子以自强不息。自强不息后身方健,生命之花也将因此而开放!福楼拜曾说:一生之中,最光辉的一天并不是功成名就的那一天,而是从悲叹和绝望中产生对人生挑战与勇敢迈向意志的那一天。我们,正在路上。

以情润心

郑超超

　　每一颗心都需要感情的滋润，亲情、友情、爱情。拥有感情，人的生命才更加完整，一个人才活得有意义……

　　一棵嫩树苗成长为一棵大树需要泥土、阳光、水分、空气……它努力扎根于泥土，吸收水分，采撷阳光，张开叶孔呼吸空气，然后让自己的生命延续下去。

　　亲情是每个人世界里的空气，不可或缺。柳树懂得归根，它的伟大即显与此。用亲情来滋润你的心，用你的心去滋润亲情。毕淑敏《孝心无价》感动了许许多多的人。在成长的岁月中，亲人用他们的笑容、宽容与爱让我们在生命伊始的这段路上幸福地成长。而现在，我们应该慢慢地学会回馈，回馈他们快乐，回馈他们理解，回馈他们爱。在爱与被爱的过程中，生命更充实地延续……

　　友情是温暖的阳光，没有它，世界便让黑色占据更多的空间。我们的生命，我们的世界应该是五彩缤纷的，所以友情是珍贵的。碰到那么多需要跨过的生命中的坎坷，总有伤心难过的时候。长大中的我们渐渐离开父母的羽翼，朋友便在你的生活中充当了必要的角色。心情阴霾的时候，有朋友来陪伴，即使不一定会让你开心也可以为你分担忧扰。阳光是免费的，但如果树枝不努力伸展便会被大树挡住。余秋雨说，友情这件事，比我们想象的要严重得多。让友情温润你的心，让你的心温润友谊。

　　爱情是晶莹剔透的水珠，可以让生命更加有味，也需要用心呵护。爱情需要的不仅仅是感情，还需要责任来维护。一段爱情也许会带来一个和你终身到老的伴侣，而这个伴侣和你创造的爱情是生命的又一种养分。

　　世界最奇妙的东西莫过于感情，而亲情、友情、爱情让生命存在，让生命精彩。每一个普通人都有平凡的感情，没有高低之分，只要你会珍惜你的生活，天地就会是清风明月，柔枝涟漪，细步款款，浅笑连连……

花正开,不识败

赵　璟

真的很少有娴静的心思去聆听陈绮贞在05年推出的《华丽的冒险》。

印象中,那个手拿吉他的人影,随意地晃动几丝长发,干净潇洒地坐在吧台上,淡淡的背景音乐中,突然响起一个女声。记忆里,那个让人觉得空旷、飘渺的声音,就像一株含苞待放的荼蘼,刹那绽放后便涌入大块大块的斑白色调,让人睁不开双眼。

而与声音形成强烈反差的,便是那专辑的封面。用黑色做底色是明智的选择,因为它深沉而具有包容性,而高度纯醇的黑色则更衬托出模糊的人像,隐约得就如她的年龄一般。

在30岁左右摇晃的她带着满脑哲学的思维,数学的逻辑和文学的禀赋,用她的体念和吉他把听到的声音、看到的时间、想到的世界毫无保留地收集起来共同分享。

双子座的她总能把自己虚幻和浪漫携同理智的那一面发挥地淋漓尽致。从《华丽的冒险》开始,她已不再是一个只会呢喃自语、浅唱低吟的小女生。她,温柔地带着倔强和坚持,在成熟与纯真之间不遗余力。

初听《旅行的意义》,便觉得悠远而宁静。配上钢琴和大提琴的中和,让原本单一的音符变得生动而有味觉,那恢弘的故事背景让人不得不想起那些生离死别的爱情:在彼此的旅途中寻找风景,伫足留念,写下一段感伤的文字;与陌生人的一面之缘,在更多的时候学会离别、送行和想象;最后在世界的某一个角落简单消失……

"一句掩饰肯定/掀开以后/不再写入惊喜/走进繁华盛开的森林/她非常想念……"听着缓缓音符滚动的《腐朽》,突然好奇:她的脑海里是不是装着那茂密的森林,有着无边无际的界缘和永无止境的坠落,间或有些许阳光会杀进来?在夜深人静的时刻,我用心去聆听声音的旋律。于是,我嗅到了腐朽花瓣的味道。

不用担心也不用怀疑陈绮贞端出来的音乐大餐,它总会是精致的,华丽的,丰盛的。它就像不带任何颜色的眼镜,只是像耳朵忠实感觉一样,去观望每一时刻的心率变化,去感受她的理智和疯狂,感性和理性。

而那八个月的空闲时间最终是值得放开,值得期待的。它就如一场华丽的冒险:静静地开始,留下炽热的音乐足迹,然后慢慢地收场。

美好的回忆

——23 届洛杉矶奥运会我和中国体操健儿一起联欢

夏　勇

我是 1984 年 5 月中旬以访问学者的身份到美国加州州立大学北岭分校(California State University a northridge)图书馆学习和工作的。由于当时我从来没有接触过计算机,更没有联机编目知识和经验。从 5 月中到 7 月中的两个月,我白天晚上都在学习图书馆给我的资料,所以那时我根本不知道 23 届奥运会即将要在洛杉矶举行。上班时也没有人告诉我,更要命的是我没有电视机得不到任何有关奥运会的信息。

事有巧合,大约是 7 月底的一天下午,北岭分校中国学生会会长王建党(这是我认识的第一个大陆学生)到图书馆来找我,见面就说"你明天下午有空不?明天下午奥运会中国代表团观摩团,要住到我们学校学生宿舍,周传均教授要我们去帮忙,带带路,可能还要准备晚餐做饺子。"因为我是 5 月中旬到校的,学生宿舍没有床位了,我住在离校园不远的一个犹太人家里,第二天吃过中饭,我就到学校的学生宿舍去了。我到时已有不少中国学生来了,周教授还开来了自己带有烹饪设备的旅游车,我们主要是帮忙做饺子。这可以算是我的第一次奥运会志愿者经历。

一天上午,我的好朋友瑷琳(我所在图书馆资格最老的馆员之一),手拿一张报纸很高兴地到我面前说:你看多了不起! 我拿过报纸一看原来是李宁坐鞍马的照片,这是我第一次看到中国运动员得冠军的照片。

8月初,又是一个周末,王建党开了车又来找我了,说是中国奥运体育代表团请我们到一个饭店见见面。我们来到饭店时里面已有很多人,但我一个也不认识,好在那里的规矩是每个人自己都要拿张不干胶胸牌纸,写上自己的名字贴在胸前,这样认人方便多了。王建党先拉我去见了两位在场的代表团副团长李富荣和林丽蕴。李富荣还给我介绍了一位代表团中的同乡,浙江省体委主任,可惜我忘了他的名字了。

中国体育代表团还送给我们一本《中国当代体育》画册,一枚中国首次发行的23届奥运会纪念章。我估计这是中国体育代表团用来送给参加奥运会朋友的,并且还告诉我下午中国体育代表团安排获得金牌最多的中国体操队与加州州立大学北岭分校中国学生联欢,我当时真是很高兴。我们进会场的时候,中国体操队的男女队员都已经到了,队员们也都挂着胸牌。到了此时,我才知道他们个个是奖牌获得者。因为体操男团得了银牌,女团得了铜牌,在我的画册上签名的有一人独得3面金牌的李宁,跳马金牌的楼云,高低杠金牌的马燕红,得银牌和铜牌的李小平、李月久、许志强、吴佳妮、周萍、邹利敏还有教练,老冠军蒋绍敏等,我还有幸与李宁、马燕红、吴佳妮等合影留念。

李宁与马燕红是中国至今进入国际体操名人堂的唯一两个中国男女运动员。当时中国留学生还为体操健儿们准备了一些小礼品,做游戏时作为奖品,大家一起吃点心,玩游戏,非常开心。在这次联欢会上,我还认识了一位同在一个学校学习但一直未谋面的大名鼎鼎的电影明星陈冲。1985年5月,在我回国前,她和王建党等几位学友还在饭店设便宴为我送行。

在洛杉矶,最为紧张激动的奥运会活动是8月8日加州州立大学北岭分校举行的集体观看大屏幕电视中美女排大决战,我心里特别紧张。中国队终于以3押0赢得了金牌。郎平与周晓兰一夜之间成了家喻户晓的人物。那天我都想不起来是怎么回的家,后来周晓兰也到北岭分校学习,我们也成了校友,虽然我们没见过面。

随着中国队在奥运会的表现越来越好,我在图书馆的美国同行包括台湾朋友都对我越来越客气。馆长和夫人要请我去看奥运会的中加水球比赛,馆长特别照顾我的感情,找了中国国旗旗杆下面的坐位。比赛很紧张,当中国队进球时,身材高大的潭尼思馆长就站起来热烈鼓掌,弄得许多美国人匪夷所思。中国队表现不错,还真的以3押2赢了加拿大,真是太令人高兴了。馆长夫妇还特意去海边一个餐馆请我吃了一顿西餐。

人们常说往事如烟,我也已经从壮年变成老年,但24年前在洛杉矶短短15

天碰上的几件小事让我多年后仍然难以忘怀。24 年来中国已经发生翻天覆地的变化,2008 年北京奥运会即将来临,我衷心祝愿中国体育健儿取得更好的成绩,为祖国争光。

成　长

罗　昙

当我不再害怕寂寞,
你说我注定要成长,
而你终将退居幕后。
于是不再握着你的大手前行,
风雨之中学会承担。

当我不再害怕远行,
你说我注定要成长,
而你终将退居幕后。
于是离别不再哭红双眼,
千山万水执着追寻。

当我开始飞翔,
我知道,
我注定要成长,
而亲爱的父母,
你们终将退居幕后……

《狼图腾》读后感

梁昌海

一首献给草原狼的歌,一本赞美草原人的书,一幅描述草原生态的巨幅画卷,只是一切都已成曾经,引人无限感伤、惆怅与失落。洋洋五十余万字的《狼图腾》,虽非字字珠玑,却颇有引人入胜、发人深省之处。同一本书,怯懦者读出恐惧,善思者读出忧虑,从商者提炼"狼性法则",历史学者重新勾勒五千年史家之脉络……可谓仁者见仁,智者见智。几点感悟,辑录于此,与诸位共享。

你的对手有多强,你的能力就有多强,感谢你的对手!书中一个个人狼相斗的例子——撕黄羊、咬马群令人胆颤心惊,整个过程仿佛草原版的《孙子兵法》。蒙古狼太狡猾、太坚韧,捕捉战机组织有序、团队合作、舍小顾大……在年复一年的周旋中,人们从狼群中学到太多:战术谨慎、声东击西。"兵贵神速"、"兵者,诡道也"。在与对手的不断较量中,一个强悍、不屈的狼性民族逐渐形成。如今,孤独的人类放眼望去,草原主人血性渐失,猎狗已成宠物,绿地渐成荒漠。今昔对比,不禁感慨:草原狼,今何在?

人狼共存,和谐之道。俗语云:"前人栽树,后人乘凉;前人砍树,后人遭殃。""天作孽,犹可恕;自作孽,不可活"。一个无所畏惧的民族,一个没有人文关怀的民族会加速生态环境的破坏,更会招致大自然疯狂的报复。所幸,那段时光渐渐远去,而今和谐之风大行,生态保护倍受重视。然,前车之鉴不可不警惕。

血,仍未冷;狼性,依然隐藏。抽走野狼链条的生态环境必然脆弱,抽走狼性基因的民族必然受辱。温良谦恭让的教化让我们的民族变得温顺,近代的积贫积弱让我们的国家饱受蹂躏。在列国争雄的时代,重新祭起狼图腾的大旗,让渐冷的血沸腾,让隐藏的狼性迸发,复我汉唐气象,扬我大国风范,冷静观察,稳住阵脚,和平崛起,"敢犯强汉者,虽远必诛!"

作者并非专业作家,只是"我手写我口,我口表我心"的朴素表达而已。相对于前面生动的描述,最后的"理性挖掘"显得生硬、突兀,虽提供了充分的空间使姜戎(化名)先生淋漓尽致地表达自己的心声,却显示出作者在文字驾驭、章节安排方面的欠缺。然瑕不掩瑜,如林肯所言:缺点很少的人,优点也很少;书亦如此,一本伟大的小说往往富有争议。作为读者,我们尊重姜戎先生的劳动,对其表达的思想有取有弃,读毕心中有所获、有所思,足矣!

湖上闲思

潘嘉媚

《湖上闲思录》是徐穆先生颐养天年之作。他是个历史学家却没有刻录下史诗般的战争场面,他是个历史学家却没有挖掘出历史背后的故事。拿起手中的笔,他用语言记录了一段时光,充溢着辩证唯物主义,透过一个哲学家的心灵深处。

喜欢哲学的徐穆先生。我不十分了解历史,尽管在那个暗无天日的日子里我将哲学史书翻了一遍又一遍。他所坚持的哲学,有着老子"福兮,祸之所伏;祸兮,福之所倚"那样的辩证,也有着荀子"制天命而用之"那样的唯物。他善思与辨,睿智的人永远不缺乏思考,偶尔的想象也显得弥足珍贵。

"人生无所得,只有记忆是人人可以安分守己、不劳而获的,那是生活大意人生惟一真实的礼物,你该什袭珍藏吧。"珍惜生活就是尊重记忆。谁都不想,老了之后,翻着泛黄的旧照片却好像在欣赏别人年轻时的故事,没有历历在目,没有热泪盈眶,只是想不起曾经在哪里,跟谁在一起,那时是下雨还是天晴。

就在昨天,爷爷无端想起18年前生病住院的事情,入夜后仍一个人喃喃自语,不停念叨。似乎记忆匣子一旦被打开,人就难以割舍不去回想,哪怕在心里默念也好。

"湖上闲思"的确很惬意。如果你一口气读完徐穆先生30多年的"闲思",应会觉得脑袋很忙;细细品味,但也不必咬文嚼字,只要领悟到其中的道理,也许你近来正烦恼的事情便会迎刃而解,豁然开朗。

澄明自身

Rory

从一个端点出发,两个人可以走向不同的道路;从一个句子开始,两个故事可以讲出不同的味道。那么在一个林子之中,常常便会百态俱备。就像我们交朋友一样,鸟不常和比自己强很多的在一块儿,是不敢的缘故,也不常和比自己弱很多的在一块儿,是不屑的原因。

鸟尚且如此,就不必说人了。林子大了,就常常冒出一个王者。然而,我是不喜欢的。因为我知道,每张脂尘扑就的脸后面,都有细小的皱纹;每份完美无瑕的爱情后面,都有其庸俗的一面;而每一个心旌荡漾的梦想实现的本身,都伴随着艰辛的泪水。

有时候,人是可以不要锋芒四射的,这并不意味着懦弱,而是一种大智慧。

林子大了,往往也意味着竞争多了,并不是提倡不要竞争,而是觉得仍应该过得朴实一些。假若是我,我便愿意如一剂清流,滑过岩蔷薇,它们便悄然张眼;抚过鸢尾花,它们便滑翔羽翼,而我自身也融合了各种花香,澄澈清明。不愿踏往旖旎繁华的港口,只愿流向平静淡泊的海湾。相信土地永远呼吸,于是有风;相信天空永远多情,于是有雨。一瞬间,生活便显得淡定而富足。

每只鸟都或多或少希望自己成为王者,人亦一样。但是,我们应要学会适度,做自己该做的。一个林子里只能有一只鸟王。

只要我们在行走,时间也会行走。时间与我们是一对伴侣。或许到了垂暮之年,我们怆然回首,会发现时间已在不知不觉中,把我们引向了地老天荒。在广袤的天空下,于细微之处,我们会发现平淡的生命亦是如此可贵,不仅在于他的无邪与无瑕,可遇不可求,更在于它的永不重生。

假若你是一只平凡的鸟,便学会遗忘吧;假若你是一只有信心的鸟,可以尝试飞出那一方小小的天,但切记要适度;而我只愿澄明自身,在喧哗中走过,留下遗世孤独。

当梦想照进现实

方　虹

高中时我听了一首歌,名叫《当梦想照进现实》,那时候,老徐的博客刚红,一切关于她的新闻被传得沸沸扬扬。我就在这样一片哗然中邂逅这首歌:"……鲜艳的花做过梦吗,梦开的花它一样鲜艳吗,有谁真的在乎它,捡起散落的花瓣带回家,那是梦开的花会落泪吧,悄悄的枯萎了……"喧嚣的红尘,在流离的旋律中慢慢淡褪成为隔年的旧色调,稀疏的花瓣被遗忘在阡陌上,成为潇湘口中最现实的写照,它们逐渐被风吹离,模糊成鲜亮的底色,隔离在生命的两岸。

我就在这样一个阳光明媚的清晨,被这样一首离索的歌打动,想着歌里的花和梦,思索着我们曾经希冀的未来,重新凝视着现在,不安、无奈。

童话故事里,那个渔夫打上了一条金色的鱼,鱼说会帮他达成所想的愿望,他和他的妻子一次又一次地扩大自己的梦想,梦想被无限膨胀成为欲望,他们最后竟想成为上帝。最后,这一切一切的结果都只幻化成为虚无,渔夫又回到了远处,现实依旧没有被改变。

梦想与现实间的悲哀很多时候是我们自己造成的。它就像是一只彩色气球,将其吹大的是我们,吹破的也同样是我们。我们总是容易把梦想描绘得很伟大很繁华,可一旦当现实不能与其接轨时,我们就会绝望颓废。

梦想与现实间的伤痕,有时候,也是来自于时间、生命等人类共同的无奈。意大利作家阿利桑德罗·巴里科的著作《海上钢琴师》,主人公从出生开始就在船上生活,船是他的生命,他无法摆脱。有那么一次,他真的下定决心打算走出去时,陆地上的风景却把他即将旅行的心重新收回。他说:"偌大的城市,绵延无尽,并非是我眼见的让我停住了脚步,而是我看不见的,你明白吗?"这是一句让我至今都无法深刻理解的语句,但它却透露了一种虚弱,一种对于现实实在无法把握的虚弱和渺茫。

这是梦想与现实间的另一种悸痛，是残酷的现实本身所决定的一种悲哀。时间，生命，一切可以利用的东西最终只是为了迎合或逃避现实而在等待梦想中提前夭折。或许，这一切注定就是要这样被使用。这是一个永远都不能达到的圆满，就像圆周率永无至尽，我们无法强求，就需要勇敢接受。

当梦想照进现实里，我们彼此都沉浸在共同的迷茫中孜孜不倦地寻找出路。现实是一条必须走下去的路，我们与其一路绝望、哀伤，还不如用温暖着的心一路去收获，去感动……

勇敢表达亲情

陈潇潇

是因为积聚了太多的话想说，才急于在此刻说出口。"孩子，你慢慢来。"这是多少父母的心声。然而反过来，又有多少亲情是需要我们急切表达的呢？

许是遗传，我的感情并不像我的外在那么热烈。传统的中国式亲情，什么都那么含蓄、深沉，更是没说过什么"我爱你"之类的话。

自小便明白您对我的爱。人说您是"爱女成痴"。爱女成痴——让我想到多年前您问我：是否觉得您溺爱我？我斩钉截铁地回答：没有！您也只是笑笑，不再追问。那时的自己，心里埋怨的是您对我的严格和对我的要求。其实哪里严格，不过是您要我从小养成好习惯。这样的言语，有多少孩子长大懂事后其实都已明白，只不过长瞒心底。少时的自己，根本不能体会这样的苦心，才说出一个让我后悔的回答。

可是有什么东西它一直存在，我怎能熟视无睹呢？我知道，向来深沉的父爱一直紧紧保护着我。总爱出事的我没少让您担心。5岁那年的车祸，在我浅薄的记忆里，是您一直陪在病床前直至我苏醒；因我眼睛近视，您成了虚假广告的"拥护者"，相信那些打着旗号的宣传品能治好我；还有您百忙中抽出时间陪我去旅游……可能这些不算什么，但当我回忆起这些生活的点滴时，我真切地知道自己在感动。

　　在我来看,您是个事业上的成功者。从小我不为物质所羁绊。您是我的骄傲,是我童年时代的偶像。想要让自己成为您的骄傲,虽然曾经有人很现实地对我说:你有那么好的家世,干什么那么用功。我竟然开始讨厌这样的背景,因为它让别人漠视了我的努力。我不要活在这样的光环下一辈子……年岁磨痕,不禁笑自己当年的无知。

　　如今,我在大学的海洋里自己闯荡,明白现实的残酷和自己的渺小,可是我的心仍然不服输。未来的路会很艰辛,会荆棘密布,可是我要变强,强大到去保护您。记得小时候,我爱踩您的影子,总以为踩住了您的影子就踩住了您,而现在您的身影已经不能完全包容逐渐长大的我;那时的我还喜欢趴在您肩头听您讲故事,可是现在在温暖的呵护下,我对您那越来越多的白发心酸不已……所以,作为您生命的延续,我想让大家知道,常努力,寄结果于点滴。

　　去年的父亲节,什么也没送您。我知道,什么钢笔、打火机的您都不缺。我也知道您的最佳节日礼物是我的成绩。可是高考的失利让我连祝福的话都没勇气说出口……只好现在补上一句:爸,父亲节快乐!

　　孩子总在慢慢长大,父母却在慢慢苍老。逝去的,常常不只年月,回顾那些日子,有您不曾表达的亲情,有您不曾触摸的勇敢。我们在慢慢走向未来的时候,能不能常表达,常勇敢。

琉璃草年华

高　琴

如果有一天我收到了来自童年的信件
那一定是名叫 AMO 的精灵寄来的
也许是 AMO 躲在信封里
在我展开信纸的时候暴露在我的视线下
轻轻扇动着长在耳朵处的小翅膀

扭动着水母般透明柔软的身体
站起来对我微笑

信里……阳光下是一整个原野的琉璃草
风一浪一浪卷过之后翻涌出漫天的琉璃色泽
我手扯着风筝线一遍遍地奔跑
试图让它飞上天空
空中是数千朵被风捉弄得不明所以的柳絮
和那么多嬉闹着的水母似的小精灵

AMO……AMO……
我童年时唱过那样一首歌我忘记怎样唱的了
我童年时那么喜欢的一条裙子也遗失了
我童年时陪了我 7 年的大狗阿趴
最后在我的泪水中死去了
最后的最后呢
我的童年也和我说再见了

再见……呵呵……再见
童年只剩下一整个原野的琉璃草
和微微发光的模糊的轮廓
曾经的照片发黄了
曾经的胶片发霉了
曾经录下的声音也失真了
琉璃草的年华渐行渐远

在庸碌的街角回首童年
目光与回忆的轻微摩擦
但愿不会生疼挥手告别
但愿留下一张微笑的脸

百年申奥 08 圆梦

鲍慧斐

最是那恒久的坚持

让龙族的血脉沸腾翻涌

幽幽奥运梦在炎黄子孙的心里扎根，生长

1908 到 2008，几次汗水化作虚无

几次艰辛成为无用之功

屡次失望不曾冲淡我们申奥的决心

即使我们的期待一次次成为泡影

抑或是泪水模糊了视线

谁都没有选择放弃

就像百米冲刺，越过了起点就没有回头的理由

最是那无悔的坚持

让国人的力量凝聚、升华

漫漫奥运路在中国的大地上蜿蜒环转

1908 到 2008，几次激情被点燃

梦想几次在希望中陨落

屡次黯然惆怅不曾改变申奥的征途

即使我们的笑容一次次变得僵硬

抑或是我们的努力付诸东流

谁都没有理由停止

就像跳水，站在跳板上就没有回头的余地

百年奥运，08 圆梦

圆梦之年，举国同歆

当岁月划过

戴璐璐

就像现在,她坐在那个属于自己的角落,细数着从指缝流走的岁月,努力想寻回记忆中的自己。可是她的青丝,却飘在支离破碎的艰辛的生活中,霜染白发。在时光荏苒中染白的发丝,再也没有谁能染黑。它永远地定格在那段风雪途中,颠簸在没有料想的隧道之间……——题记

荞麦青青,落红如雨,窗外柳叶绒绒供出一幅田园风光;窗内的人,安然地沉醉在唐诗宋韵里,一支竹篙从周邦彦的烟柳长堤撑到了欧阳修的深深庭院。

而心,恰似一块鹅卵石,慢慢沉到湖底。为何无限春光只属于我们这一代?为何春光中的她步入了迟暮年华?

我怯怯地转身,不敢凝望,怕被"青丝成白发"的哀伤感染,怕被深刻的皱纹刺痛,面对无法挽回的伤逝,我能做些什么?说些什么?现实将我埋葬地哑口无言。

多少风雨,多少沧桑,把青春的发丝染成了悲哀的苍白,把一脸的热情刻画成条条皱纹,只是那宽阔的肩头还继续担负着年轻的幸福。

太远的路途,太长的时间,太多的世事,压弯的脊背,是谁的瘦弱身躯,继续担起这一肩的痛苦,浇灌这年轻的成长?

灰白的纤尘寂寞地飞扬,年代久远的青石板道,两边敞着黑洞洞的半扇门,那粗糙的纤绳嵌入了稚嫩的皮肤,勒出一条深深的印痕,只是我没有勇气回望那艰辛的过往,那是剥开伤口的残忍,是对我的惩罚。

而现在的我,走在现代文明的柏油路上,漫步于校园的林荫道上,逝去的一切已随泪水模糊不清了,我知道,您的内心也是一派澄明、空灵。

"君不见高堂明镜悲白发,朝如青丝暮成雪",古人的感叹怎也竟成了我面对流逝年华的悲哀写照?"迟暮"是那么残酷的字眼啊,令谁都不得已哀叹!

春花秋月、夏雨冬雪、清晨黄昏,还有漫天星辰,总感觉自己成了离乡的游子。多情的月华,无眠的眼睛,望尽了天涯,却误识归舟。零星的灯火,是她吧,灯火阑珊处的那个漂泊的灵魂,等待离家的孩子。

冰心不是说过吗——"家,就是有个人,点着灯在等你"。

网

陈 娜

曾经有一首诗,题目叫《生活》,内容只有一个字——"网"。生活是一张网,他很好地诠释了网在我们的生活中所扮演的角色。

网,充斥着我们的生活,网住了你我,网住了大家。它既是高科技的象征,又能满足大众对无限信息的渴求。互联网是一张不可思议的"网",它可以以方便快捷的方式办成需要耗费大量人力、物力的事;可以在瞬间让你了解到一切你想要知道的事;可以使天涯海角的人进行面对面交流成为可能。于是,多功能的它,已像"堂前燕"一样"飞入寻常百姓家"。

博客,是指记录并展示自己心灵空间,通过真诚的文字,真实的感情建立一个精神交流的网络平台。自由记录,无限表达,每一个个体都有机会成为发光的媒体,它正在渐渐走进人们的生活。博客主包罗万象,真名实姓的中规中矩,匿名者天马行空。书面语和活泼幽默的网络用语各撑起半边天,从一本正经的到纯开玩笑的,构成一个斑驳芜杂的语言生态。博客没有故事,它更像是一部纪录片,记录的是每天的生活,每天的心情,点点滴滴,或欢乐,或忧伤,或愤慨。在某种程度上,它比虚构一个故事更有价值,而现实也往往比虚构更能打动人。博客可以成为一种个人的身份符号,因而也就可以成为一种个人品牌载体。但博客不是一粒神奇的药丸,不能指望它有立竿见影的疗效。只有真实、坦诚,博主才能从中获取回报。阅读一个博客和阅读一份报纸是不同的,读博客,是在读文字背后的那个人。

生活是一张网,"圈子"正在变成我们的另一种身份标志。圈子世界,让我们无所不知,无所不晓。这是一个张扬个性的时代,我们都可以不用那么在意别人的眼光,可以更彻底地忠实于自己喜欢的人或事,把自己的喜欢大声说出来。这是一个圈子时代,互联网络是如此四通八达,分类又是如此五花八门,搜索引擎只需你输入一个词就能把你带到你想去的地方,甚至可以穿越时空。

在我看来,网络是把双刃剑,精华与糟粕同在,一半是天使,一半是魔鬼。你呵护它,里面就可能冒出一个灯神来,使你如愿以偿。然而,也有一种可能是你打开的是一个潘多拉魔盒,给你带来无尽的灾难,令你沉溺其中,不能自拔,甚至坠入深渊。木子美让我们知晓了博客这个新生事物,这个可以畅所欲言的发言平台。但是,同等程度的,它向我们开启了另一扇门,一个赤裸裸的诱惑的世界。如何权衡? 在于我们自己,面对诱惑,我们应该保留一份理智和思考。

生活是一张网,网住了酸甜苦辣,网住了悲欢离合,网住了……

窗外的风景

方　虹

生命中的许多片段,犹如苦楝树模糊的花影,在人生逐渐逝去的春光里,氤氲成一幅朦胧的画,在某个特定的时刻悄悄舒展在心头……

夜晚,这个城市华灯初上,我徜徉在梧桐浓厚的阴影里,看着远方光亮处熙熙攘攘的人群。一首简单的诗突然弥漫在心头:"你站在桥上看风景,看风景人在楼上看你。明月装饰了你的窗子,你装饰了别人的梦。"在这人头攒动的街道里,繁华绮丽是不可遏制的景色,吸引着成群的人们令他们乐此不疲。卞之琳的窗子就在这街角的某个深处,可今夜又会有多少的"你"去留心观望?

生命是一趟太快的地铁,当我们还在车上四处寻找适合自己的座位时,它已代替我们过滤了窗外无限的旖旎。而当我们终于悔悟并茫然若失时,它却无情地告诉我们人生即将到站,前方已经没有风景。而被滤过的景色却往往是我们众里寻觅而不可得的。

我们的这一辈子,总是感叹自己得到的太少,殊不知,其实是我们放弃的太多。撇去其他的因素不提，我不是很喜欢夸父追日的举动，为了一个自以为是最完美的结局而一路苦奔，到最后却白白浪费了沿途的诸多风景。这个结果其实是很可悲也很可怕的。

记得有句广告词说：人生就像一场旅行，不必在意目的地，在乎的是沿途的风景和看风景的心情……在人生的旅途里，我们要学会偶然邂逅。或在杨柳依依，烟雨江南里，低眸抬头间，邂逅一处亲切的绝美风景，或于灯火阑珊，蓦然回首时，不经意间，邂逅一束意味深长的幽然目光。这些零星的画面终会在你的心底定格成一幅幅老照片，一旦面临似曾相识的情景；它就会自动跳出，像浪潮般拍打心海，泛黄的细节或许不复追忆，但总有感觉会弥留，或哀伤，或惆怅，或兴奋，或感慨，呼应着先前的情境，让心灵再次惊涛拍岸……

而人生就在这处处风景，处处留心中慢慢充实，慢慢繁华，直到苍老。这才是生命的原色，这才是真正的绝美。

父爱如许

洪共祥

农历的七八月正是农家收割稻谷的时节，也是一年中最热的日子。正所谓：赤日炎炎似火烧，它恶狠狠地炙烤着大地，好似以大地为砧板，欲将世间万物都烤成焦炭。

午后三点，暑气渐消，稻田里已有一家三口在劳作了。只是到底小孩子稚气未消，见日头还这么大，外头尚热得紧，心中首先便有几分不情愿，只是不敢违抗父亲——父亲可是很凶的，自己从小没少挨过揍，不得已才出来一起出把力。磨磨蹭蹭地正割着，忽地一不小心竟将左脚大拇指割开了老大一口子，血顿时涌出，儿子一时愣住了，可却也不敢告与父母。大抵母子心连吧，母亲立即就发现了，忙找东西想要给儿子包扎，并告诉了他父亲。一会儿母亲找来的竟是一个极脏的塑料袋，一个在灌溉时顺水漂来，积在稻田里的塑料袋。母亲用那袋子帮儿子把那受伤的拇指包起来。父亲却是怒道："你这死东西想着割一下自己就可以回家去玩了是吧？给我在这里站好，割到了也不可以回家。你就给我站在这里晒太阳，看着我和你妈割！"

父亲一向严厉，儿子虽然心里当真很委屈，很伤心却也不敢违抗父亲的命令。儿子放下手里的镰刀站在一边。

也许是心里难过，怨气郁结，血行不畅再加上暑气太重，儿子没站一会儿，竟是有些中暑了，虽然有些躬着身却也尽力站直了。没一会儿，却是越发没劲了，手开始慢慢滑下，儿子赶紧将手提起一些尽力支撑着。父亲终于开恩让儿子去旁边阴凉处休息一会儿再回来。儿子听话，去旁歇了一会儿感觉体力已渐恢复，身体已无大碍又赶紧回到田里，帮着父亲和母亲一起割稻，直至晚间归家。

许多年后，儿子已经上大学了。寒假放假回家，晚上陪父母聊天，给父亲敲背时，父亲说："崽啊，其实有很多事，我一直都没跟你说起过。当年去割稻，你脚上被割了一下，我却骂你不愿干活故意割自己一下好借口回家休息，还叫你站在田里。你还记得吗？其实，我知道，谁会故意去割自己一下啊！我其实是想让你记恨我罢了。那几年我心脏病恶化，身体很不好。我以为自己将不久于人世了，你很重情感，我那么说，只不过是怕我死后你们经常想起我，怕你们伤心罢了。"

儿子自然是记得的，只是不敢明说，只推说是忘了。其实儿子倒并不曾因此责怪或怨恨过父亲，只是偶尔回想起时，感觉父亲以前当真是严厉。听父亲这么一说，儿子心里一时堵得慌，眼睛里感觉有点湿湿的，轻轻地摸摸父亲的背，虽然瘦，但是，很暖。

故事是朋友讲给我听的，那个儿子便是他自己。那天我正因件小事与父亲吵了一架，听罢，心里竟是有些酸溜溜的。我想，或许父亲正是因为爱我呢！

刺绣的女子

何晓凌

　　我以为,世界上最美丽的人儿,是那会刺绣的女子。

　　刺绣的女子,眉宇中总是荡漾着脉脉温情,双目顾盼间灵性四溢,连手中冰冷的针都附着了生气。

　　古时的中国女子多会刺绣。刺绣的女子仿佛天生有古典完美的鹅蛋脸和乌黑飘逸的长发,发梢能够拂及精巧的绣架,拂及正绣一半的鸳鸯,随性带起一阵阵撩人的香。

　　刺绣的女子,她与琴棋为伴,以书经为友。

　　闲暇间,抚琴烹茶;尽兴处,咏诗诵词。她是多情又寂寥的,她会在三月的烟雨中痴痴期盼流水的信,在四月的春风里埋葬尚未腐败的落英。刺绣的女子,也曾托着红腮看着铜镜中的自己发呆,读着《红楼梦》随黛玉浅笑浅颦,触着窗棂边的青苔落泪。那泪蒸发在苏城的春季里,滋润了老墙上的藤蔓,它沿着青砖黑瓦肆意地攀爬,延伸到女子的绣架上,痴痴地对着她笑。

　　一枚针,在与锦缎年年月月的摩擦中,变得光亮无比;而刺绣的女子,在针线月月年年的穿梭中,长了皱纹,白了云鬓。当她脱下青春的霞帔,连四季都将失了颜色。

　　回望来路,红尘繁华、萧索落寞她都走过。却总还是会有一两个女子,在斜阳残霞下细数带有暮色的云朵,只因那云,是她毕生所绣。

我读顾城

俞丰穗

诗人的悲哀在于：也许现实中的雨，都能将他融化

——题记

顾城是黎明与黑夜的孩子。

清醒的时候，他像黎明一样，充满着扫除阴暗的希望。他向城市撒播露水的种子，在大地上画满迎接阳光的窗户，在每一桩篱笆上缠上欢乐的长春藤，在海边招呼清晨醒来的孩子。

迷惑的时候，他像黑夜一样，沉醉在自己半醒的梦中，遨游天马行空的国度。他像隐忍的孩子一样躲在秘密的角落，他像灌了酒的农夫一样沉默不语，他像提剑的骑士一样远离人群。

他是爱与残酷的孩子。

他是爱的孩子，因为他高尚、纯洁、天真、不羁、自尊……他不满俗尘的纷扰，他爱一个远洋上的冷清小岛胜过一百座喧嚣繁华的都市。

他残酷，因为他忍心以一种极端惨烈的方式结束他所爱之人的生命，又随即惨烈地告别这个曾经使他欢喜过的世界。

他也是我最爱的诗人。

我最爱的诗人，总是戴着裤管帽，眼睛清澈得不染纤尘，即使不再年少，也永远都是一副未经尘世的少年模样。

我最爱的诗人，读你的诗一直到深夜，仿佛听到你灵魂深处的一声声咏叹。我始终相信，你的诗将在时间的金沙中，永生。

我最爱的诗人，不管你的灵魂此刻身在天堂或是地狱，不管你的灵魂充盈着一如既往的纯真还是生命最后一刻的血腥，我都将为他祈福。我始终相信，一位能写下一篇篇温暖心灵诗章的人不会是至恶之人，只是现实太过残酷，而

诗人又往往陷入命运残忍的玩笑中不可自拔。

　　幸好还有诗,时隔多年,重读着诗句,依然触动心弦。幸好还有诗,他因而不曾远去。

奥运·龙吟

郑　龙

奥林匹亚的风与火
从历史的沉淀中复苏
携着人类文明的气息
展开旅途
征服斯堪的那维亚
穿越英吉利海峡
不论浩淼无垠的太平洋
还是最接近死亡的撒哈拉
都无力阻挡她前进的步伐
04,奥运回家
08,梦归中华
来自奥林匹亚的风与火
踏上了东方神州的土
江河奔腾的水
顿时欢欣起舞
橄榄枝抚平曾经的伤
和平鸽衔来新的希望
圣火与巨龙交汇的刹那
无限光芒在宇宙间迸发
雄伟的长城不再寂寞
巨龙的崛起———一触即发!

骄傲中国心

潘嘉媚

100 天之后,北京奥运会开幕。

100 天之后,中国将导演一出竞技盛宴。

100 天之后,世界将为中国而欢呼、喝彩。

火炬境外传递了 16 个国家和地区。这段旅程虽然艰险却彰显了我们的民族凝聚力。分裂分子在为摧毁奥运而绞尽脑汁的同时,华人华侨以及海外同胞们为点燃和平、友谊之光而努力奋斗着,不是刻意的安排、策划,只是一份单纯的中国心使然。

加油,中国!

和平年代的战争可以没有大规模的硝烟弥漫,但往往更具残忍,因它是对民族自尊心的折磨和考验。美国炸毁南联盟的那一刻,我们的民族自尊心在燃烧。虽然最终是以和平方式解决的,可心里的阴霾永远挥之不去。奥运会来临之前,某些国家纷纷捏造谣言以阻碍奥运会进程。想说何必呢? 流言蜚语最终会被事实所吞没。不管它们是高估了自身还是低估了 13 亿中国人乃至 60 亿世界人民判断真假的能力,最后它们都会为中国而鼓掌,没有理由,是时代所趋。

One world,One dream,不只是一句口号、宣传,更是时代的标签。某些国家其实大可不必这样,中国从不曾想过要称霸世界。中国总是以友好的方式与世界招手,希望大家都是朋友。如果你们横眉冷对,我们当然也不会屈就。13 亿中国人也可以骄傲地活着,唱响属于我们的歌和梦想。

加油,北京!

当世界都把目光投向北京的时候,北京正期待着隆重的"重装上阵",期待着掌声响起来,期待着友谊升温。

在这之前的岁月里,我们从未感受到如此强烈的民族凝聚力。试想当五星红旗在奥运场上一次次优雅地升起时,也许我们会不禁湿了眼眶,俨然我们已站在场中央……

奥运印象

高 琴

一张张执着而坚毅的脸庞,一颗颗刚正而炽热的心灵,在高高飘扬的奥运旗帜和中国国旗下,相得益彰。

奥运,让13亿颗中国心骄傲,让全世界人民心跳,让千万个民族心驰神往。奥运的旗帜,飘扬在每一个民族的天空,每一个热爱运动的人眼里,每一个火炬顶端燃烧着的火焰中。

奥运给祥云一双翅膀,让承载奥运精神的云朵开始全球的旅程;奥运给北京一双翅膀,让古城的文明翻涌向四面八方;奥运给中国一双翅膀,东道主端庄的姿态,为世界人民开启了解中国的玄门。

中国国旗与奥运旗帜共同飘扬,红色与白色,五环与五星,交相辉映,熠熠生辉。

虽然也有困难,有阻挠,有分裂,有非议,有污蔑,有歪曲,但全世界追求和平中国、和平奥运的呼声响亮,热潮高涨。每一个华人坚强捍卫祖国尊严的行动让我们自豪,每一个国家送来的支持和鼓励都让我们感动。奥运让我们更爱世界,奥运让我们更爱我们自己,奥运让我们看见了我们民族的凝聚力和追求和平的向心力。

中国端庄的姿态依旧镇定自若。奥运,一定会在一个和谐安定的环境中成功举办。中国人民已经准备好了微笑,全世界具有奥运精神的人们已经准备好了欢呼和掌声,无数热忱的心,正热切地期待着。

感　恩

小　月

　　我们现在似乎正越来越强大,可以让腐朽化为神奇,可以让沧海变成桑田,仿佛一切的问题在我们手里都可以像在一团乱麻里找到头绪,然后迎刃而解。但是在病魔面前,我们还是和几千年前一样的绝望与无助。面对这种离开方式,我们就像面对着排山倒海的岩浆和火山灰,只能看它们沉沦下去,我们手里的仙女棒再怎么挥舞也变成了徒劳。疾病似乎是以极夜的黑暗席卷一切而去,带走盛开或者含苞待放的生命,却不问我们愿不愿意。一起生活的人昨天还在陪着我们一天天数着流逝的日子,转眼就被抽离了我们的人生,于是我们哀叹说好携手同行的日子就留下了形单影只的回忆。我们在一起穿越明明灭灭的时间过程中,走得最急的永远都是最美的时光,有的人站在暗处就再也没有走出来。

　　我们因此悲痛、抱怨,然而,万物生生不息。因为花朵有凋零的一天,所以看见种子破土时我们才觉得欣喜,因为万物都会死亡,有限的生才变得有意义。事实上,即便我们知道这世界上每天都有新生,每天都有离去,却不可能预测自己的未来。昨天已划入历史的尘埃,明天还潜伏在黑暗里,被阳光照亮的就只有今天而已。只要活在每一个今天,明天的未知就不会困扰自己。

　　而将昨日与明天衔接起来的,只有感恩。哪怕每个月省下一元,爱心,仍会无限的扩大,因为我们从来不是一个人。也许表面上我们看不到它的用途,可当它救人之以生命,又有谁能忽视呢?

　　这样的想法让我学会感激每一天的生命,无论谁在这一天来到,我并不宽阔的疆域,无论带来的是铺天盖地的欢笑,还是彻夜难眠的泪水。哪怕你在我的日子上留下的是黑色,总好过让日子一片空虚。你就是距离我亿万公里之外的来到我面前的人,哪怕只是为了来打我一个巴掌,我都要先谢谢你这份跋山涉水的艰辛。

经历了那么多的人,那么多的事,聚聚散散,分分合合,我知道,以后还会有。这终究让我学会感恩。

我观网络

戴璐璐

初醒时
网络是一条无形的线
虚拟的空间没有边界
再清醒
终究明白梦是假的
没有颜色
没有声响
才选择虚中带实的网络
寻求希望的寄托
断线后
才恍然,泪是能品尝的
因为不相信真实的梦境
才闯入虚拟的世界
开始的如此真切
抽离的这般干脆
那是个孤独的孩子

推开封锁的天窗

执着地拟一个世界

和陌生的气息擦肩

我只是一个过客

你也是个过客

但我却成为自己的主角

我在自己的世界撒野

一群游荡的灵魂

一面栖息在黎明的门牌边上

一面还依然站住在黑夜的梦怖之中

一群网络中穿梭的人

一面扮演虚拟的角色

一面还原真实的自我

将一半灵魂

侧身过渡给了你

匆匆掠过

初见是繁华耀眼

然后光环散尽

一个很孤独的人

一个很安静的下午

一杯涩涩的茶

浸不湿晒干的玫瑰清香

有人轻轻告诉我："网络很浅，孤独很深。"

有人寂寞地呐喊："离开网络，我们还剩什么？"

品读刘墉

Angeline

窗外那明亮的上弦月一点一点地升上来了，入水的清辉透过静谧的香樟树婆娑的枝叶，洒在我的脸上，洒在我内心那一片封存的四亩方地。这样的月光，加上一盏清茶，最喜用来读刘墉的文字。他的文字温润如玉而又深邃入里，跋涉千里来与我相遇，在最初和最后的月夜。我尤喜欢他的《花痴日记·冬之篇》。

第一夜　前言·小寒

看着月亮慢慢地缺慢慢地缺，缺成文章里每段文字的温和。翻开第一页，映入眼帘的是"回忆的冬季"。他说"湖畔是最适于沉思与观想的"，于是依莱克瑟丝湖而居，他便无羁无绊地写成这本书。待到从书中的花园走出时，我仍是我自己。写梅，便有了"'奇'，便要奇特，卓尔不群的雄奇；'逸'就有自由，放情潇洒的风流。"和他一起剪梅，我开始慢慢触摸以前从未有过的心思。

第二夜　大寒·立春

谁翻乐府凄凉曲，风也萧萧，雨也萧萧，瘦尽灯光又一宵。今日的月儿呀，蒙上了一层黑色略带感性的冻结了的云色，落在宽广的林荫路与弄堂上，让人莫名地感伤起来。他开始讲"天思与过客"了。大地孕育着四季春秋，也迸发着狂风暴雨。各式各样的天思，纵先不云其好坏，若是无法消受这天思，或随波逐流，或转瞬即逝，皆为过客。再绕下去，便说到了"年轮"，读"年轮"而知树，读"发轮"而知人。

第三夜　雨水·惊蛰

未若柳絮因风起，飘零的情节是这样的浓郁。月牙儿又何尝不是如此？何时何处是归期，只道是"我是人间怅客"。看到"惊蛰章篇"的时候，没有来由地欣喜。不知为何，打小就是喜欢这个词的。我们总喜欢看他们历尽千山万水而至最后相拥，却对一开始就甜蜜的生活淡淡然。周而复始，却依旧百看不厌。

矛盾的结合体,是惊蛰,也是人。

第四夜 春分·清明

今天的月忽远忽近,月光如水水如天。只因尘世的琐碎,生活的纷杂,才破坏了它的清碧透明。春分到了吗? 一恍惚的时间,在他的文字中,看到了翠绿,看到了嫩芽,一切一切绿的希冀。然而紧跟而上的清明,却让人不得不开始缅怀过去。还记得似甘苦涩的清明果么,还记得不温不火的清明雨么,还记得那些已逝的与未逝的人的约定么?

四月夜,走过一个冬天,走过一段人生,四年八年或是十年以后,我是否会依旧如此清晰地想起当初青涩的我以及那么热爱着的文字吗? 应该会吧……

平淡中的美丽

陈 娜

《小鞋子》整部影片没有华丽的色彩,没有惊心动魄的悬念,没有炫目的画面,也没有魔幻的电脑特效,有的只是那份淡淡的真实和涓涓细流般的恬静。电影采用了自然的手法来传递爱的信息。整部影片始终充满着一份暖暖的爱意与美丽,在苦涩、酸楚中蕴含着丝丝温情。

一双已经破的不堪入目的粉红色的小鞋子,在一双粗糙的手中,被一针一线地缝补着。开头的这一动作干净利落却给人以冗长的感觉。正是这双破鞋折射着人性的善良,生活的美好。在哈里的那双炯炯有神的大眼里,始终有一种倔强的光芒,这种倔强使哈里始终保持着对生活不懈努力的激情,也诠释着他的善良与纯真。他对妹妹的关爱,对父母的体贴,对学习的执着,无不发乎内心,出于自然。

电影从孩子的目光和心灵折射出了社会的现实和生活的艰辛,但从孩子身上却看不到丝毫对生活的埋怨和对命运的哀叹。生活的艰辛在他们身上却没有产生任何扭曲性的摧毁作用,他们开心地生活,充满希望地生活。正如康德所说的"美是无功利而产生的愉快。"美不掺杂任何利害关系,一双新鞋,爸爸的一次工作机会,这些都足以让他们欣喜若狂了。他们的追求不存在功利性,不存在对别人的伤害,更多的是从中体现出来的关怀,其中所表露出来的美丽,不得不让人感动。"美是真、善内容的感性显现"。李泽厚的这一观点便很好地诠释了这一点。

其实,生活的美并不抽象,就像那宁谧的夜色中突然跃入的一抹亮色,让人惊喜,让人久久不能平静,让人浮想联翩……细节里的美感不一定是艳光四射的,犹如玉石里那些自然的纹理,可以柔缓,可以张扬,可以粗犷,可以细腻。但是,有一点是根本的,就是接近于透明的自然和质朴。电影里的哥哥和妹妹那种相互依靠和关爱的感觉,父母对孩子的那种爱却无力支撑的感觉,整个社会环境的视角全在一种完全自由和放松的细节里。虽然出身贫苦,但兄妹们却依然会不时地爽朗地开怀大笑,这是最弥足珍贵的。影片又名《天堂的孩子》,此刻我才懂得它所表达的深刻涵义。

兄妹俩在巷子里飞快地进行那熟悉的"交接"动作,阿里穿梭在狭窄的巷子里的瘦弱背影,被校长抓到后委屈而又难过的哭泣,妹妹收到哥哥为了安慰她而送她的那支笔时欣喜而开朗的笑容……影片感染了走进它的每一个观众。在浮光掠影的现实世界中,人们蓦然发现了简单质朴中蕴藏的人性永远珍贵的美好。

在简单的画面和平淡的生活中,人们体验了已经被忽略的另一个世界。在哈里的背后,我们可以清楚地看到他们对自己信仰的虔诚和知足,哈里父母的善良,老师和身边其他人的宽厚,兄妹俩的天真与善良……这其中表露出来的美丽,不得不让人感动。

人生一个圆

谢　菲

嫩黄色竹片架起的走廊蜿蜒曲折地横在湖面上,稀疏的莲叶在脚边漂浮着,还有竹叶水灵灵的绿色和一大片干净的天空,而我们的笑靥也洋溢在这蓝天下,这湖面上。

　　曾经也坚持活着就该有个性,就该刚直不屈,曾经也坚信生活一定会如想象般美好。当所有的泡影幻化,当所有的华丽辞藻苍白无力,当所有的信誓旦旦随波逐流的时候,终于看到了生活,原来那不是一个鲜血淋漓的过程,那是一种成长。于是我们变得成熟了,才懂得认真生活是一种享受:早晨为家人煮一锅粥,大家聚在一起看看报纸,吃吃早点是一种幸福,出门旅行是幸福,打个小盹儿也是幸福……原来简单才是幸福。

　　正如竹子,柔软的笋尖却可以破土而出,这本身就意味着莫大的勇气。在今后每一个成长的环节中都会褪去一层竹衣,变得更顽强也更美丽。笋尖是可爱的,竹子才是美丽的。有人说,成熟是因为经历了许多,才知道用什么方式处理什么问题。经历许多,才使生活丰富了,才使思想厚实了。有些东西不必强求,有些东西也不必抗拒。这才是成长。

　　春天来了,才听到竹笋破土的声音,虽然轻微却惊醒了一个我自己编织的梦境,在那个梦境里我用冷漠来拒绝温暖,用颓废来拒绝光明,把自己包裹得很严实,却还发现伤痕累累。不是不知道伤害,只是希望自己的成长更简单。不是没有伤害,只是不去计较罢了。原始的,最简单的生活应该像一滴露珠,即便掉入眼睛也只是让我们看到的世界更澄清透明罢了。

　　只不过,生活还不应该就满足,至少学会争取。为了那些爱我们的人和沉淀的泪,我们学会了成熟不只让我们变得恬淡,也让我们懂得世界的物质性。

　　人生是一个圆,终究会回到原点,只希望我们的弧度可以包含更多。

携　手

张　乜

　　我们总是喜欢说沧海桑田、海枯石烂。于是,当灾难来临,我们笔尖的那些词语,化为悲愤,隽永而大气,不再是一纸文书,散发出奇异的文化幽香,沁着中华之心脾。

2008年5月12日14时28分,一场8级大地震在中国四川汶川发生。那些以秒计算的时间里,高楼夷为平地,五彩化为黑白。成千上万的人,哭着的,笑着的,在那一刻停止了呼吸。那刻之前,也许陌路,也许仇视,那刻之后,却也泯然,却也相拥。中华,这样的字眼,在这些天里我是如此深深地感到她的力量。每一个在她庇佑之下的人,纷纷伸出援助之手,化腐朽为神奇,化阴郁为明媚,相信并行动着:阳光总在风雨后。有的孩子失去了父母,有的父母失去了孩子,当知道有无数的人想要收养那些孤儿的时候,想必最隐忍之人的心也会因之脆弱。

那阳光下极清晰的情感,留住提炼了的过去。虽然我们能够证明历史,谁又来证明我们自己? 也许曾经,我们迷失在寻找凝聚的道路上,也许曾经,我们停顿在左右团结的小径边。可是,这些日子的我们,奋力拼搏,毅然向前,当我们蓦然回首,已是身在历史之中。于是,这段历史,期年之后,再被人提起之时,我们也能透过其看到我们的团结与凝聚。

不间断地,总会听到吃得"太好"的前线记者被谴责,捐得"太少"的各类人士被声讨。可是,假若我们将宽容融入团结凝聚之情中,会不会其实也是对他们的更深的一种鞭策,对逝者的更好的一种宽解? 四年、八年,或是数十年之后,婴儿已过而立,中年重逢花甲,又余何物? 尘埃么? 唯有那种精神将持久地存在着,予以后人以鼓励与警示。

所以,让我们携手,让亡者泯然逝去,让生者坦然而活。

我们一直在一起

鲍慧斐

一声剧响,在中国的平地上响起了母亲沉重的叹息声,声声啼血不忍闻,千万句撕心裂肺的呼喊在废墟中湮没。然而在废墟的寂静中,隐匿着生命的痕迹;在成河的泪水中,彰显着我们的凝聚力。

08注定是荣誉与灾难的一年,在我们的心中,有对灾难的阴霾,也有对举国鸿运的憧憬。汶川,一个平凡的县城在这次的灾难中,俨然成了全国人民的焦点。昔日的恬静,昔日的安详一朝殆尽,在如死灰般寂静的土地上继续回味着昔日的"风景这边独好",多么地令人肝肠寸断。

一幅幅令人心碎的图片记录着此刻我们的同胞遭受的灾难,一双双稚嫩的小手在生命的最后关头依旧表达着对生命的向往。祖国母亲饱经沧桑,岁月的沉淀让她在灾难中日益坚强,自然的巨变让她在变更中逐渐成长,流过的泪日益清澈,淌过的汗水日益深沉。她,挺直腰杆,保护着自己的儿女;她,争分夺秒,探询着生命的迹象……

灾难折射出可贵的亲情、爱情、友情,还有那互不相识的人的互相关爱。我们的武警战士,深入抢险在抗灾的第一线;我们的主席、总理在前线不眠不休;我们的同胞,慷慨解囊,诚心祈祷……一个为保护孩子牺牲生命的母亲,一个为保护爱人幸免于难的丈夫,一个坚持到底不放弃生命的孩子……我们的心灵充溢着暖暖的色调,我们的眼泪已不能承受,直至决堤。

我们为死者默哀,短短的3分钟,在静谧的环境中,心系灾区,心系为拯救生命不懈努力的医务人员们,还有我们可亲可敬的总理和武警战士。

当眼泪微笑了,我们还有理由哭泣吗? 当祖国母亲日益坚强,我们还有理由怯弱吗? 当我们在一起,我们还有理由害怕吗?

奥运·志愿者·微笑

郑超超

有一个梦,由我启动/把汗水融化成满脸笑容/海阔天空,我是阵风/把旗帜飞扬到南北西东

嘿呀,嘿呀/谁不为人性的光辉感动

嘿呀,嘿呀/我的心就是个光明火种

每一个人,一样有用/自告奋勇,不约而同/忘了自己,宽了心胸/我是明星,点缀天空

有一个梦,由我启动/把汗水融化成满脸笑容/海阔天空,我是阵风/把旗帜飞扬到南北西东

嘿呀,嘿呀/谁不为人性的光辉感动

嘿呀,嘿呀/我的心就是个光明火种……

周华健的一首《我是明星》道出了奥运志愿者的形象。稚嫩的童声,快乐的笑声。自告奋勇,不约而同。一支支热情的、团结的志愿者团队,一颗颗对奥运的真挚的心,一群这样的志愿者们用他们的微笑为08年的奥运奉献着智慧和力量。

一提到奥运,年轻一代便充满着激情,年老一代便充满自豪,而共同的是都充满着对08奥运会的期待。也许这一年将风雨交加,也许这一年将注定坎坷崎岖,可是只要是中华的心,总会这样紧密相连。无数志愿为08奥运无私奉献的人们,立志用微笑装扮北京,迎接圣火燃烧的庄严时刻,为中国的08加油。

梦想与荣光,希望与辉煌,奥林匹亚的圣火将在这里点燃。五千年的国度,古老的城墙,焕发着青春与激昂。是谁拨弄爱琴海岸悠扬的竖琴,穿越千年文明。和平之神护送燃烧的光芒,来到这里。北京,十三亿中国人承载梦想的地方,融化成竞技与爱的海洋。用微笑拥抱奥林匹克,用热情亲吻奥林匹克。奥运五环紧紧相扣,奥运北京梦想起航。

"志愿者的微笑是北京最好的名片""微笑·承诺·文明礼仪"是刻在五种颜色的志愿者微笑圈上的话。"微笑"在志愿圈上嵌着,伴着的是戴着志愿者微笑圈的志愿们的微笑。"萍水相逢,都不平庸/每一个人都是英雄/所有光荣刻在心中/来自内心我的笑容"。志愿者的笑容不仅仅是一种笑容,他们的笑容承载着每一颗为奥运加油的热情的心。

每一种颜色的微笑圈都代表着不同的承诺,但是有一个是相同的:承诺微笑。他们时刻铭记着微笑的承诺。

为奥运加油的不仅仅是火炬手、火炬护跑手,更有的是处于志愿服务战线的那群人,他们用自己的行动,用自己的热情,用他们的微笑,表达着对奥运的支持,对中国的支持!

一个个笑容,一名名志愿者,都在为奥运加油!中国奥运志愿者们的微笑伴着08奥运,时刻在为奥运加油,时刻在为中国加油!

让梦想启航

潘嘉媚

李安，一个这样优秀的华人导演，一个内外兼修的儒雅之士，凭借《色·戒》延续了其《断臂山》后所创下的辉煌，收获过亿票房的同时，他所得到的荣誉可谓众多电影人的梦想。

在这个商业片"横冲直撞"的电影市场，李安始终坚守着自己的一贯风格，他性格中的内敛儒雅，不张扬而又含蓄也正是他电影风格的写照。他总喜欢用胶片刻录下一个社会走过抑或行进中的故事。没有特别宏大、壮观的场景，有的只是擦肩而过，一转身的距离。且不论外界对其电影素材的各色评价，就仅仅从一个电影人之梦想而言，他是成功的。在自己的梦想路途上，他为其洒水播种，让其馨香芳华，给无数正在那条路上行驶着的影人们指明着方向。

李安是个大智若愚的人，他是中国把现实与自身的电影梦想完美结合的为数不多的导演。三十年代的张爱玲用笔记录了一段阴谋下种植的的缠绵悱恻的爱情。翻拍《色·戒》，是李安的一个久远的梦，七十年后，他用影像重拾心底的那份单纯的喜欢。捧着金马"最佳导演奖"，李安很坦然："《色·戒》上映后，经历了上百、上千个访问，每当被问起拍这部片的初衷时，我都能答得头头是道，但我想在这里说明一点，其实我也不知道为何会选择翻拍《色·戒》……我要感谢张爱玲。"无论何时，他总是这样的坦然温润，像是一块靛青的玉石，只为心中的那一个也许并不大的梦而静静守候着。

梦想是七彩的，尽管现实可能充满黑白。手掬小小的梦想，也仿佛无形的力量，酝酿出青春的张扬。梦想毋需载负太多现实的重量，不然它无法历久弥坚；梦想需要与现实碰撞才会擦出不曾有过的火。电影艺术一开始总是宣告对青春的祭奠，没有现实的负担。后来慢慢开始慢慢蜕变，剥落了自己一层层的坚韧的外壳。就是现在，梦想变得微不足道了。

其实，我们还来得及为青春敲纪念章。

好水泡好茶

张若丽

深刻记得一句话:"一位好的读者是好水,一份好的作品是好茶,好水泡好茶,如此才成就了一壶清香馥郁的茗饮。"于是每夜倚靠软枕,轻翻书页品读文字的时刻,原来正是在酝酿着心头的那一壶茶香萦绕的好茶。

古来感慨于"黛玉葬花"的文人骚客颇多,偏偏有我这样一个小女子,自以为是地认为此举并无如此惊天动地的必要,只要拥有了一份细腻至极的怜爱,葬花不过只是遵循着心境而为,更是慰藉了内心的愁苦。

我的枕边书,便是那本《当时只道是寻常》。对于我,原因很明了,我爱极了纳兰容若这位百年之前几乎为完美化身的才子,爱极了用他那一颗敏感固执的心刻下的句句诗词,人们称之为纳兰词或饮水词。也因为书中安意如恬淡潇洒又略带凄美的文风,两者如此完美的结合,着实令我"目不忍离,手不忍弃"。

钟情于纳兰词,他的词即是他的写照,却偏偏显得那样格格不入,他应该是所有男人羡慕甚至嫉妒的对象,拥有显赫高贵的家世,惊人眼目的才气,贤淑大度的妻子,现在更拥有他本人所并不知晓的千古流芳。如此种种,几近完美的人生拼图,他本该心境坦荡,诗词之作大凡也该是歌颂美好讴歌青春之作,可恰好相反,词中满满的意境偏是愁心漫溢,恨不能收。如此反差,总让我禁不住要揣摩他的心情,是高处不胜寒,还是锦绣丛中,心境荒芜?

暂且不论纳兰有过如何的人生遭遇,从我眼中看到的他的形象,是秋日黄昏,残阳如血的深深庭院中,有一位清瘦的身影,倚立栏杆,目光惨淡。如此形象,是拜读诸多他的词作抽象而得,安意如说他是作茧自缚,以至郁郁不乐。而我却深刻懂得,大凡在文学上有极大造诣的人,多半是内心凄苦,只有习惯于孤独,才会逐渐深刻,逐渐成熟,也才能够硬生生将自己推入创作的旋涡之中。

于我,多少个夜晚翻开书本,一篇篇词作的品读,合上书本仍然清醒的思索之后,开始越发懂得可以追寻着文字,慢慢滋润内心的干涸,许多原本残忍和尖锐的事物原来也是可以从容理解和接受的,并不需要太急迫。

夜,已如此静,合上书本置于枕边,蓦然嗅到清透的茶香已满满盈盈充满整个睡梦。

一本书的思考

饶　群

于枕边,摆放几本书,或诗集,或小说,或杂文,临寝之时,就着一席灯辉映着的寝室细细地品读,这已是我已久的习惯。

青春年少的时节,总喜欢捧着一本本汪国真、徐志摩的诗集心醉神迷。后来,不知怎的迷上了路遥,枕边便不时地更换着路遥的作品,《平凡的世界》《人生》或是《在困难的日子里》。然而现在还一直在我枕边读了一遍又想品第二遍的就是《鲁滨逊漂流记》。

二十八年,一个令人惊讶的数字,而他,鲁宾逊,就在海上漂泊了二十八年。这是我看过这本书后最大的感触。初到孤岛的他是绝望的,他说:"我整天悲痛着我这凄凉的环境,没有食物,没有房屋,没有衣服,没有武器,没有出路,没有被救的希望,眼前只有死,不是被野兽所吞,就是被野人所嚼……"但是,慢慢地,他独特的个性体现了出来,对生活充满希望,不再整天沉浸在自己设计的悲观中,开始一心一意地安排自己的生活。他曾经这样说道:"我的脾气是要决心做一件事情,不成功决不放手的……他没有助手,工具不全,缺乏经验,所以做任何事情都要花很大的劳力,费好长的时间。辛勤的劳动换来了令人欣慰的回报,他最后变得有船用,有面包吃,有陶器用,有种植园,有牧场,有两处较"豪华"的住所……

这一切给了我太多的思考与遐想。我们或许前方道路崎岖,但是地球永远是圆的,迷途后还会是起点,一切可以从头开始。或许前进的路上会有重重阻碍,可是却有"山重水复疑无路,柳暗花明又一村"。

此时的我们需要一种鲁滨逊般的自信。自信是一片阳光,驱散眼前的迷雾阴影。此时的我们需要一种鲁滨逊般的勇气叫"飞蛾扑火",向荣誉的桂冠,勇敢前进,永不放弃,发现奇迹的可能就是你。此时的我们需要一种鲁滨逊般的坚持叫"为伊消得人憔悴",只有坚持乘风破浪,才能发掘另一片新的"大陆";此时的我们需要一种鲁滨逊般的期待叫"破茧成蝶",舞台上,我们绝对已经不是一条毛毛虫,期待着,给心灵鼓舞与慰藉。终有一天,我们会羽化成蝶。总有一天我们会摆脱困境,走向光明。

坚信着,我的人生也会随着这本书而起航,勇往直前,搏击惊涛骇浪通向成功的彼岸。

殇汶川

洪共祥

蜀山巍巍,泯水盈盈。星驰俊彩,哺天地之灵气;地灵人杰,聚日月之精华。鱼凫蚕虫,披荆历棘,以有古蜀之荣;昭烈玄德,倥偬戎马,始有蜀汉之辉。莘莘几世之耕作,攘攘几世之繁华,世以誉之"天府之国"。

呜呼!天降奇祸,川崩地裂,昔之秀美河山,今尽归于混沌。疮痍满目,有土皆尘,有水皆浑。坍塌枷身,裂骨摧髓。呜呼人子,百喊不闻;干霄啼泣,裂人心魂。朝起同窗相伴,暮至阴阳阻隔。青山含喊,岷江泪血;千色凝重,万民深沉。闻者肝肠寸断,见者血泪沾巾。萧萧芳树失色,恻恻杜鹃无音。悲兮,神州之不幸;愧兮,万民之水火!

汶川之殇,华夏之痛,举国同咽。祥云涌霄汉,慈爱在人心。十万天兵齐降,主席履险赈灾,总理躬身指导。不惜倾尽举国之财,只求保得一人平安。炎黄子孙慨然襄助,献血捐款,扶危拯绝;亿万同胞心齐一鼎,祁福灾民,天佑中华。天地不仁,以万物为刍狗;华夏有情,将爱心浴蜀中。

哀蜀川之灾,心如磐石在卧。才微力薄,谨以心香一瓣,恭祭数万亡灵安往莲邦之国。君已去兮,尔等当使老有所安,幼有所长,不屈巴蜀,山川再绿。安往!

呜呼!伏惟尚飨!

近悦远来，江流有声

梁昌海

"大学者，非有大楼之谓也，而有大师之谓也。"可珍讲堂 5 月 29 日的夜晚注定属于浙江大学大师郑强教授。群情振奋的场面，经久不息的掌声，淋漓尽致地诠释着理工学子的热情。郑教授理工论道，娓娓道来，游刃有余，3 个多小时似在一瞬间，令人回味无穷，获益良多。演讲既有切中肯綮的理性剖析，又有感人肺腑的感性流露；既有令人久久思索的追问，又有令人捧腹大笑的调侃，睿智的理科思维中不乏亲切的人文关怀。本次演讲，妙言警句俯拾皆是，撷取几点，与诸位共享。

"一个学不好自己专业的人是没有话语权的"，热爱你的专业！专业是你未来成就自我的基石，专业无好坏，只是你走上社会的一个标签。问题是：你是否具有和标签等同的内容？当你的专业学习达到一定高度时，你会发现很多学科都是相通的。如果一味寻找最大最美的稻穗，往往曲终人散，徒留遗憾。在动摇、彷徨的时候坚持、努力，与你的专业守望相助，跨过去，路无限。

"能够考入大学，只能代表你们高考成绩的领先，这一步领先并不意味着你们未来会步步领先，更不意味着你们将永远领先！"这是郑教授给浙大同学的忠告，又何尝不适用于理工的学子？人与人的竞争是长时段的竞争，大学只是人生一个驿站而已，未来的路还很长很长。人生之竞争不在于你在某时某刻走上前台，不在于你曾经取得的外在荣誉，而在于你的韧性、耐力和长久的学习精神。若如阿甘的不懈和坚持，谁又能担保下一个领先的不会是你？

当代大学生应具备强烈的爱国主义情操和沉重的忧患意识。科学无国界，但科学家有国籍！为什么犹太人不计代价在阿拉伯民族的虎视眈眈下构建他们的弹丸之国——以色列，虽遭围剿，矢志不渝。因为这个流浪的民族吃够了没有国土的苦头。身处繁华都市的我们，是否还曾记得"安而不忘危，存而不忘亡，治而不忘乱"的古训？郑教授在激情四溢的演讲中流露出对教育的关注，对创建一流大学的思考,对创新的另类反思,对民族命运的思索,对国家外交环境的忧虑……这组成了一个高分子教授的精神世界。"国难当头时,支撑我中华民族的,是深山密林中二炮的导弹兵,绝非是京城里、黄浦江边开着宝马、奔驰的百万富翁!"诚哉斯言!

其他诸如读书不为稻粱谋,教育目的在铸就精神,大学之大在大师的真知灼见。虽老生常谈,却同样发人深省。

言近旨远,近悦远来,江流有声,断岸千尺。初听讲座之感应如是。

瞬间的永恒

陈　娜

灵感是一个很玄的东西,总是在我毫无准备,最束手无策的瞬间,倏地在我的心湖略过,如同神话当中的女神,带着眩目的光辉,突然降临在我的眼前。于是,便有一股神奇的力量推动着平静的湖面泛开朵朵涟漪,那是一种创作的冲动。

在那一刹那,如果能安静地坐下来,将心中汹涌的热情用文字挥洒在洁白的稿纸上,会是一种多么美好的感觉。然而,往往就是那一刹那不经意间从指缝中溜走,没有留下任何的痕迹。

是的,那份美妙,那种热情在瞬间徘徊,给你惊喜,也让你遗憾。

当我因心中的灵感而激动不已时,它正以无法计算的速度离我而去,飞速而过。在以后的时间里,任凭我如何虔诚地搜索、祈求,那女神也不肯再露脸一次。摄影当中也有同样的感觉。猝不及防地找到一幅动人心弦的场景,也许只因慢了一秒钟,片刻前还在眼前的画面已消逝得无影无踪了。不难想象,布列松的决定性瞬间理论让多少人为之感动!在那瞬间,体验美的东西是从视觉到内心的转变,是由表层到深层的过度,它与那些物质化的经历不同,但同样能成为生命当中不可磨灭的一部分。生命中有些东西,往往是在瞬间突然有了感觉,却因为没能及时捕捉而失去,但你不得不为之努力。就像飞蛾扑火,明明已经注定了扑火的结局,但飞蛾从来都是一如既往地继续前行;就像划破天际的流星,虽然只有一刹那,但在虔诚的祷告者眼里,它的光辉伴随希望永不消失。瞬间即是永恒,因为在那一刻,他们已经完美地实现了自己的价值。

在我们的生活当中,又何尝不曾遇到过这般来之即去的美丽瞬间呢?也许你会在一次平淡的旅行当中偶遇一条令你终生难忘的河流,也许你会因报纸上某个角落里的一条消息改变将来的人生道路,也许你会在一个生日聚会中邂逅一位女孩,而她或许会成为你生命的全部……

瞬间的美是华丽的,是珍贵的,是一种极致的美。无论是拖着长长的尾巴划过天际的流星,还是喷薄着炫目光彩跃出海面的红日,都释放出了他们的激情与生命。也许上天总是有意或无意地将某些美好的东西毁灭给我们看,而当这种美以生命和尊严作为代价时,就显得弥足珍贵,格外能打动人心——因为它不仅创造了瞬间的震撼,也创造了永恒的记忆。

在平静的日子里拥有一颗时常可以感动的心,随时捕捉生命当中的美丽瞬间,不会错过,也不会放过,让每一个美丽的瞬间成为永恒。

爱,永远在一起

罗　昙

生命的历程亦如植物的生长,滋养我们生命的养分不是阳光,而是如阳光一样明媚温暖的爱。生命中不能没有爱,就像生命中不能没有阳光一样。

初读《妞妞,一个父亲的札记》就被感动得一塌糊涂,竟在人来人往的书店潸然泪下。

妞妞是一个孩子的名字。她是一个一生下来就被判定患有癌症的孩子,一个刚有了一点光便永远沉入黑暗的孩子,一个只活了十八个月却尝尽了成人都无法忍受的疼痛的孩子,一个聪明乖巧深得父母疼爱的孩子。妞妞的诞生使初为人父的周国平对生命有了全新的感受,他感叹道:"对于男人来说,唯有父亲的称号是神圣的。一切世俗的头衔都可以凭人力获取,而要成为父亲却须仰仗神力。"他这样形容妞妞的到来："你如同一朵春天的小花开在我的秋天里。为了这样美丽的开放,你在世外神秘的草原上不知等待了多少个世纪?"

然而初为人父新鲜的喜悦就被突如其来的噩运冲刷地荡然无存,妞妞患有恶性肿瘤。死亡如同一个卑鄙的阴谋,已经把这个毫无戒心的小生命团团包围。魔鬼玩弄了一个简单得无以复加的乘法,悄悄给这一切加上了一个负号。亲子之爱是世界上最稳定,最专一,最持久的爱。"它是生物性的,却滤尽了肉欲;它是无私的,却与伦理无关;它非常实在,却不沾功利的计算"。

妞妞确实是乖巧的孩子,当双眼因肿瘤而疼痛难忍时她对自己说"勇敢,勇敢!"仿佛额头磕着桌脚时对自己的鼓励一样。结局终于到来,肿瘤病发了,沉睡两天的妞妞在1991年11月7日的黄昏离开。一年后,父亲周国平从失去妞妞的没顶悲哀中挣扎出来,写出了给爱女妞妞的这本书。

再捧读这部书时,却是在枕边灯下了。细细品读,除了感动,亦有些许顿悟。我们中的大多数尚未体会过"树欲静而风不止,子欲养而亲不待"的悲凉,更无从体验为人父母痛失爱儿的绝望。只是,为人子女终有一天会走进父母百年归老的悲伤中。所以,更多时候,我们拥有爱的同时要学会珍惜。

妞妞走了,父亲的爱也永远与她相随。

"一颗泪珠掉在你的脸上,绽开一朵睡莲,你在梦中甜甜地笑了"。在经历了疼痛之后,让我们放开那些已挽不回的过去,继续向前走吧。因为爱,永远在一起。

年轻的战场

上官巧灵

人的一生,难免要经历几许的波折,迷失在青春里。生活的色彩,在迷惘中褪去。几次努力挣扎着想要挣脱现实的惨败,末了,才发现心有余而力不足,也罢,便将所有烦琐撂在一旁,任凭自己自生自灭,混沌地生活……

随手拾起路边一颗被潺流遗弃的鹅卵石,光秃秃的身躯,孤独的影象,让人怜惜。然而在炎炎烈日下，却依旧折射出万般光芒，熠熠生辉。原来潺流并未遗弃鹅卵石，他给了鹅卵石更广阔的空间，让她学会如何自立、自强、自信，展示自我和规划将来。我也该是这样幸运的一个人，曾一味地在彷徨中彷徨，却到底寻觅到永远的知己——戴尔·卡耐基。

应该怎样描述他呢？像水，灵动；像石，坚定；像剑，魄力十足；像树，直冲云霄；像阳光，温暖有活力。不，这些都还不够，只有当你和他长时间地相处，他才会将自己的特质一层层绽放在你面前，你才能真正地了解他的美，他的内涵，被他的种种吸引乃至感动。这是一种发自内心的尊敬和赞美，不加任何修饰，真实，朴素，却不乏表现我对他真挚的热爱。

"生活并不会放弃任何人，只有人才会放弃生活。不要轻易地向失败低头，扬起笑脸，昂首阔步，这才是你应该做的"。戴尔·卡耐基的每一件作品都传承着这样的理念。人就是这样擅于忘本的动物，最根本最基础的东西往往不懂得珍惜，却自命不凡地幻想着那些不可能兑现的空头支票，殊不知，在刨开了这层根本之后，就能发现埋藏在地底下无价的"珍宝"，一种真正意义上对生活的透析和感悟。

曾一度怀疑自己，像走在沙漠中寻找绿洲，无论做什么梦，都没有结果，被人看轻。唯一的资本就是年轻，站在这年轻的战场，拿勇敢和执着把命运的锁打破，从不低头，更精彩地活。年轻赋予了我蓬勃的朝气，我渴望生活，渴望阳光。梦想在每次醒来的早上敲打我的心房，告诉我成功的道路还很漫长，我要把握每次机会，沉淀所有的温柔与坚强，彰显年轻的异样，冲破捆绑，走向胜利的远方。

站在这年轻的战场，不管怎样，如何受伤，伤了又何妨？至少我很坚强，我很坦荡。

站在这年轻的战场，从迷惘到坦然，一路走来，一路阳光。

理发师

Angeline

一直很喜欢杨德昌先生的电影。纵如今已逝,他所留下的电影依旧是美好且温暖的。《理发师》可以算是他的最后一部影片吧。我是在那样一个温暖的天气中欣赏的。

这样的日子,冗长的时光,总让人觉得暖白色的空气似乎是停止了流动一般。偶尔停顿的感觉,让人莫名地想起在理发店里的时光。

假若天气晴好,阳光又不过于明媚,透过香樟洒落下来的温度刚刚好,这样的午后,便喜欢沿着新华路一路地走。路很长,如此的漫无目的,眼光便常常四处流转。偶有一回,眼光划过那家店,心里便是一动,于是,驻足,转身,向它走去。

很多时候,当人摘下眼镜,看不清这个世界,思绪便也会随之模糊。剪发的时候,周围一切的边缘都太柔和,唯一看清的便是理发师的手。看过很多理发师的手,大多细而白净,没有长长的指甲,看着镜子里那随意舞动却又让人安心的手,煞是好看。看得多了,便想:日复一日,理着不同的头,理着那么多人的青春,那么,他们自己的青春呢?原来,很多人,可以改变别人的路轨,却触摸不到自己的。

去得多了,与他们便开始熟络起来。每次到的时候,也会有人亲切地打招呼"你来啦!"偶尔客人太多,便喜欢在那里翻翻杂志,与他们闲聊几句,以打发等待的时光。聊得多了,慢慢开始知道,他们大多都是外地来的,有的迫于家境,有的迫于出路,大多都曾有过一段张扬的青春,却鲜有真正喜欢理发这一行的。

想到这一点,不论是那时 17 岁的我,还是如今站在青春尾巴上的我,都会顿住,莫名地感慨。想起《蓝色大门》里,许克柔望着张士豪骑着单车的背影。风鼓起他的衬衣,阳光照在上面半透明。这便是青春么?张扬,充满活力,虽然偶尔也会心酸忧伤。也许十年,二十年以后,他会因为她的温柔和善良,而拥有一个美好的家庭。也许十年,二十年后,他会因为周围一切的转变,而开始变得世俗、功利。谁又知道谁呢?

模糊的印象似乎总比清晰的要来得好些。于是,戴上眼镜后,便也会发现剪得不如意的地方。但是,生活就是这样,好的,不好的,都在其中。

守望幸福

潘嘉媚

中国人民在巨大的灾难面前,在最危难的时刻,总是生死不离。

——题记

1978年唐山大地震使整个唐山几乎夷为平地。三十年后,8.0级大地震依然震得山崩地裂,然而,中国人民众志成城筑就了一股坚不可摧的力量——全体中国人民俨然是一家人。

5月12日,当四川这个天府之国潸然泪下时,全国人民纷纷递上温暖的手绢。

隐约记得那天深夜,同学的同学打来电话说:"地震了,操场上坐满了人"。彼时,他在陕西,而不是受灾最严重的四川省。第二天,地震的消息铺天盖地,但大部分人只知道四川地震了,具体有多严重人们还不得而知。通过报纸、电视、广播、网络人们才了解,这是场空前的大地震。

很多学校在地震中应声倒下了。有些学生不曾选择,只得无奈地离去,只留下那只沉重的书包和那本没读完的课本。这触目惊心的一幕幕,令我们感慨万千。庆幸的是,有些学生带着老师们的祝福和期望,顽强地活着。我想他们会一辈子心存感激,会永远记得在自己年少的时候曾踩着老师的肩膀,看到了希望。教师是伟大的,当他们选择把生给予学生的那一刻,未曾退缩,未曾挣扎,未曾眷恋,这无私的爱足以感天动地。

5 月 19 日 14 时 28 分,全国陷入沉默

在短短三分钟的默哀中,我们感叹时光飞逝。因为三分钟里道不尽我们的祈祷和祝福。我们领悟中华伟大的民族精神,"一方有难,八方支援",领导人几句简单的话语,掷地有声;最可爱的人民子弟兵日夜守驻灾区;不管贫穷还是富有,献出的是同一份爱心。

08 年还在继续,中国大地已荆棘丛生,然而,我们的民族是坚强的,尽管苍老了许多,但仍精神矍铄。民族精神生生不息,引领人们披荆斩棘,中国一定可以度过难关。

对于明天,还有众多未知的可能。不管未来有多困难,我们都将携手,迎难而上。

幸福是一段旅程,它不是终点,所以我们一生都在追求着幸福。如今,中国大地笼罩着沉痛的悲伤和希望的憧憬,我们更应守望幸福。

如果墙会说话

赵　璟

改革开放三十年敲响了中华民族的历史的强音,浙江这个"鱼米之乡"也脱胎换骨,焕发出迷人的风采。——题记

如果墙会说话,
它会不会告诉我们这三十年前的历史?
当低矮的房层不再是怀旧的台门,穷困的衣食不再是血肉的地狱,贫瘠的山丘不再是停滞的代名词,而阡陌纵横的鱼米之乡也不再是浙人梦中的奢望。

听见隔墙有人在轻声地问:
是谁给了泥墙这般颜色?
又是谁给了江南水乡这般生气?

是谁让嘉兴的南湖披上了嫁衣？
又是谁让浓缩的城村延展出精华？
是谁让悲哀的枷锁化为了尘土？

如果墙会说话，
它会不会告诉我们这三十年中的渐变？
瞬息万变的风云三十，融入了那润物细无声的河姆渡文化。

静静地把耳朵贴在石灰墙上，耳闻：
西子湖畔的朗朗书声，
镇海炼化的隆隆响声，
油轮启航的呜呜巨声。
各种各样的音符汇聚在一起，让尘土飞扬的弯曲小道演变成商业的混凝土，让破旧曲折的小桥流水延生出跨时代的长桥卧波。
瓯江之滨，仍然汽笛雷鸣，
北仑码头，依旧船来贾往。
而环城的绿茵，却多了几分少妇的温柔和娴舒；
雨后春笋的百年树人，则散发出更多育人的瑰丽和沁香。

如果墙会说话，
它会不会告诉我们这三十年后的如今？
白手起家的草根浙商，
用吃苦耐劳的品质雕塑出睡地板效应。
于是，细雨里民营玫瑰开始扎根土壤，春雨中轻工胭脂开始盘桓山林。
一丝希望燃烧出一片骄阳；
一根枝叶开创出一方世界；
一席农田植株出一个信念。
而一点智慧凝练出了一种浙江精神。

三十年的春华秋实，凝聚成万丈光芒，打开了人们禁锢已久的心扉，
照耀着东南之滨这独一无二的圆舞曲。
三十年的冬暖夏凉，汇聚成一阵春风，
开启了腾空东方的时代巨龙，苏醒了钱塘江潮沉睡百年的波涛。

如果墙会说话，

它一定不会忘记告诉我们：

因为感动，因为喜悦，因为幸福，我们将目光穿梭时空，回溯到那个被叫做历史的地方，

因为责任，因为雄心，因为虔诚，我们把视线穿越墙面，憧憬着那个被叫做未来的梦想。

习惯的力量

陈　婷

《习惯的力量》是由美国畅销书作家杰克·霍吉撰写的。这本著作的书名来自于古罗马著名诗人奥维德的诗句："没有什么比习惯的力量更强大。"

该书短小精悍，篇幅虽不长却道出了真谛，剖析了"习惯"在每个人生活和事业中表现出来的强大的力量，并告诉我们如何利用这种力量，最终获得成功。透过笔者的描述，我看到的更多的是其创新独特的思维方式及其读后给读者的深思。

你有没有过这样的经历：你开车前设定了自己的目的地，却不知不觉行驶到别的地方。就拿我来说，原本每天上班是走同一条路线，而最近一段时间，途中因为施工经常导致交通堵塞，于是，我有意识地为自己规划了另一条行车路线。然而不幸的是，我还是很多次走上了拥堵的老路。这种"走老路"的习惯，便是潜意识作用的结果，就像是我的自动导航员。

可以看出，改变习惯才是问题的关键。我们要有意识地与潜意识进行沟通与交流，再对它进行必要的培训，最后才能生成一套新的潜意识的运行程序。从一定意义上说，今天世界上最先进的运输系统的设计，或许是由两千年前两匹战马的屁股宽度来决定的。历史惯性的力量是多么的强大，要冲破由惯性形成的规则又是多么的艰难。

突然想起好多学弟学妹问我英语学习的方法。其实我90％的肯定他们在

问我之前定已咨询或者看过相关介绍英语学习方法的书了,那为什么还是不厌其烦地继续问呢? 主要就是我的回答能起到"安慰剂"的作用,我想说的是这个过程中他们缺乏的不是怎么学而是一种坚持不懈的精神,这才是本,英语中有句名言"Nothing in the world can take the place of persistence"。我一直坚信着,一分耕耘,一分收获,辛勤劳动的果实是最甜的。

最后,有一段话与朋友们共勉,也当是我对这本书的阐释——有志者,事竟成。破釜沉舟,百二秦关终属楚;苦心人,天不负,卧薪尝胆,三千越甲可吞吴。

拥抱生命,痛并快乐着

胡波波

当万籁俱寂,星光闪耀在天空中,手电筒微弱的光在黄色的纸上缓缓移动着。那是高二的晚上,躲在被窝里,品尝三毛的文字,与她一起异地遨游,一起感受人世间的酸甜,羡慕着三毛那多姿的生活。自从那一年开始,我的枕边总是放着那本《三毛精品集》。

痴迷于三毛,总感觉她是我一个似曾相识的友人;陶醉于三毛,她的故事如此令人羡煞。在那段忧郁的日子里,面临高三紧张的生活,压力犹如密织的网压抑着心灵。就在那时,三毛带着她的故事走进了我的生活。

三毛是个感情极其丰富的人,她做的事常常被认为极其疯狂,但这也正是她的可爱之处。大胆的她,竟然用指甲油给沙哈拉威人补牙,用葡萄酒灌醉回教徒的母羊解下衣胞,尽是干些令人啼笑皆非,令人捏把汗的事。可是在笑过之后,却又有些温暖的东西在心底流淌着。三毛也是个心地极其善良的人,她了解苦难的沙哈拉威人,她用自己的智慧为那些看不起医生的贫苦人免费医治,尽管她并没有专业的知识。透过三毛的眼睛,我对这世界多了一份认识,一份理解,我的梦境也常常显现出广袤的撒哈拉飞扬的尘沙,多难的沙哈拉威人。

三毛看到了世界的精彩,而她本身的故事也同样令人感慨。未婚夫的猝死,她只身飞回西班牙,重逢苦守他六年的荷西,破碎的心被爱一点点愈合。幸福的甘霖，浸润着三毛干涸的心田。敏感的她，喜欢预知死亡。可是上天却先夺去了她最爱的人的生命。无数次醒时，枕巾被打湿，无数次回绝朋友的邀请，独自一人舔着伤口。我长长地舒口气，人世间就算有再多的痛苦，就算心已承受不住压力，我们也要相信，生命还是有希望的。对于生，我们没有理由选择放弃。

有句话讲，文如其人。是的，三毛的文字，正是她生命的抒情诗。每个夜晚，枕边的长诗在我耳边悠悠地低吟着……

秉烛时分

徐佳佳

"到天黑时分，我便去拉上长长的落地窗帘，捻亮柔和的灯光，一同享受简单的晚餐。"

原来，晓风和我一样都是喜夜的女子啊。

一灯如豆，点亮一室绯红色的温柔。

在那些凄冷的夜，我总是那样的清醒，思维异常清晰，在夜色的掩饰下，做着孤独的舞者。

有人说邂逅一首好诗如同在春之暮野。而在我看来邂逅一首好诗正如同遇见了冥冥之中注定的那个人，她的一颦一笑再熟稔不过了，只是末了还会黯然心动。在席慕容的诗中我总能感到生命的躁动，我想她是懂得生命的，才会对生命爱得这般虔诚。

"让我遇见你/在我最美丽的时刻……在你身后落了一地的/朋友啊那不是花瓣/是我凋零的心"那样的生命，那样的美，着实让我心悸。

思想，总是喜欢在黑夜里迸出火花。许地山在一本《空山灵雨》的集子中有言"生本不乐，能够使人觉得稍微安逸的，只有躺在床上那几个小时。"而那本集子也正是在他"睡不着时，将心中似忆似想的事，随感随记；在睡着时，偶得趾离过爱，引领我到回忆之乡，过那游离的日子，更不得不随醒随记。"

而张爱玲毕竟是张爱玲，正如她所言"因为懂得，所以慈悲"。她是懂得男人的，就像她笔下的长安，"这是她的生命里顶完美的一段，与其让别人给它加上一个不堪的尾巴，不如她早早结束了它。一个美丽而苍凉的手势……"再怎样地恋恋不舍，只消一个手势，就此打住。

从张爱玲走向亦舒，只觉得现在的小女子，多了份独立与理性。在经历了爱情的痛苦和挣扎后，我们看到了一个独立的亦舒。"现今还有谁会照顾谁一辈子。那是何等沉重的包袱，所以非独立不可。"

在夜深人静时，我总看到这样一个女子，在落地窗帘的背后，捧着一盏咖啡，清瘦的脸颊，蓦地，露出些许笑容，影子被拉得好长好长……

"生命的真实和意义不在长短，顿悟和升华往往产生于昙花一现的瞬间，而夜晚恰恰是梦幻和感念的美妙花期。"

在那凄冷的夜，只消一本好书，一盏清茶，一点烛光。做一个倔强的独语者，那样的灵魂是可爱的。

重拾生命的希望

——读《人性的优点》有感

王　琼

当一个人孤独地行走在凄美的沙漠时，心中难免会渴望绿洲；当一个人默默地蜷缩在黑暗的角落时，难免会渴望安慰；当一个人无助地消逝在深秋的夜幕时，难免会渴望关注。戴尔·卡耐基的《人性的优点》就是我的绿洲，使我的眼眸里再也没有饥渴的目光，在我神伤时给了我安慰，在我没有来得及关注它时，它却关注了我。

卡耐基先生列举了一个个发生在我们身边的小故事，短小精悍却意味深长，这些哲理在帮助人们学习如何为人处世，帮助人们如何获得自尊自重，获得勇气和信心，以及帮助人们克服人性的弱点，发挥人性的优点，从而获得事业的成功和人生的辉煌。昨天的成功与否永远是过去，明天还未来临，担忧它干什么？因为我们学会了用我们的优点改变忧虑的习惯，寻找到快乐的方法，探索到成功的道路。

生活就像流水，不断地在变动，每一个新面貌都是丰富的。偶尔有落叶飘下，有时是一场骤雨，一阵强风，但一切终将会过去。《人性的优点》时刻提醒着我们疲倦时给心灵放个假，在阳光灿烂的日子，把对大自然的热情装进行囊，呼朋引伴，一路高歌，到山间寻觅古老的传说，到海边驰骋自由的幻想，到摩肩接踵的人群中挑战激情，到荒芜人烟的静谧中思索人生。人性的本真是一种美丽的平常及一个闪光的过程，犹如盛夏里我们酷爱清风。卡耐基先生因为对人性的深刻领悟和洞察，才能引领全世界成千上万的人掌握了成功的方法，走上了成功的道路，过上了美好的生活。

我觉得这样的书，是应该放在枕边的，每一次的复读，都会有新的感悟，体会到我们没有理由生活得不快乐。小小的故事，隐含这巨大的哲理，为我们消除烦恼，改变自己对生活的消极态度，我们的人生也将随之改变。让我们精力充沛地投身于生活的每一天，创造一个个生命的感动，重新拾起生命的希望。

亘古的主题

高　琴

不管是兵慌马乱，或是国泰民安的年代，无论是封建专制，或是民主共和的背景，不管是以举进士，察孝廉，科举制或是高考制度择优纳贤，无论是兼爱，非攻，尚贤，仁爱之心或是法制天下是社会思想主流，奋斗，是亘古不变的主题。

祥和而沉稳的中华民族，走了几千年的历程，已经习惯将艰辛当作磨砺，将风雨视为洗礼。如果狂风肆虐，会吹灭一个楼兰古国，却会吹得中华民族的烈火熊熊如柱。如果猛水泛滥，会同样引得中华人民的眼泪溃堤，却不能冷却中华民族重耕故地的炽热的心。即使沉默千百年的黄土地突然无情地暴怒，摧毁了无数鲜活的生命和巍美的建筑，依然无法带走每一个留下来的人那坚持奋斗的执着意念。古有哀兵必胜，在困难挫折面前的民族必然是坚毅而强大的。

每个人在某个阶段某条道路上都会扮演一个小孩的角色,孤独,无助,又无能为力。不管外表如何伪装,心灵其实脆弱得不堪一击,可能被浓重的夜色压碎,也可能被紧张的空气挤得窒息。总会有人在这时呼喊那亘古的主题,奋斗啊,奋斗!心灵深处有股力量在崛起,是奋斗给我们一个明晰的方向,我们不再迷茫,是奋斗传递我们一种力量,让我们勇敢而坚强。奋斗似乎有镇痛的作用,那是因为它把我们的目光从过去引向未来,从困难引向希望。

每个民族也都不可能不遭遇任何坎坷,从不经历坎坷的将是不堪一击的弱者。中华民族之所以是个历史悠久,精神绵延的伟大民族,是因为在我们走过的漫长的历程中,满布坎坷。面对坎坷,奋斗是我们唯一的出路,我们从未沦丧过自我,因为我们从未放弃过奋斗。滚滚历史长河中,中华精神涤荡得愈发精粹动人。如同今天的我们,颤抖的大地吞噬了我们无数的兄弟姐妹,却没有磨灭我们坚决奋斗重建家园的决心。在灾区接受磨难的你们要奋斗,不能放弃生活,不能看轻生命。在期待着中华雄起的我们要奋斗,让每一道力量的细流,汇聚成波涛滚滚的长河。在接受着各种历练的中华民族要奋斗,你一定会给世界一个惊喜的表现!

奥运之门

方　虹

2008,你是否听过这样一首熟悉的歌曲在时刻唱响:"……我家大门常打开,开怀容纳天地。岁月绽放青春笑容,迎接这个日期。天大地大都是朋友,请不用客气。画意诗情带笑意,只为等待你……"2008,这是一个注定不会平常的年份,我们在经历了汶川的巨大悲伤后,携起手来,用灿烂的微笑和博大的胸怀去迎接来自五大洲的每一位"亲朋好友"。

奥运会,它不是一个简单的运动比赛,在它的背后,是一种精神和信念的投入。就像一个优秀的作家,他并不是凭借写作技巧和文辞的堆砌,而是靠丰富的阅历和渊博的知识来获取读者的认可,在这个世界上,每一件事情都有共通之处。一个运动员,如果他学不会真正热爱运动,而只是希望靠娴熟的技术和机械的表演来牟取荣利。那么我想,他肯定不能达到自我的最高峰,甚至可能一败涂地,让观众失望。而相反,如果他用顽强的信念和不灭的激情来灌注他的运动事业,那么,无论结果怎样,这样的他都会受到人们的敬佩。2008 年,全国人民盼望以久的赛事——男子 110 米栏小组赛,刘翔没有像往常一样飞起。就像事后新浪网所及时更新的那样:"刘翔离开了,他一歪一斜的背影留给全世界一片惊愕。那一瞬,空气都凝滞了,人们甚至发不出一丝遗憾的叹息,满场只有静寂。当刘翔退赛的消息从鸟巢的广播里明白无误地播放出来时,更多人根本来不及伤心。"刘翔因为脚伤严重,遗憾地离开了田径场。新闻发布会上,教练孙海平哭了,记者哭了,场外的观众也哭了。我们无法确切感受刘翔的感受,只能想象着他顶着巨大的精神压力和剧烈的脚伤疼痛,在最后一秒选择放弃。而有时候放弃,远比坚持来得更为痛苦。在这个消息发布的两个小时后,各大网站和论坛纷纷做出了反应,我看到成百上千的人们聚集在一起鼓励着刘翔,中央卫视也随后打出了"向刘翔致敬"的话语。这就是一个真正运动员所具备的品质,他用一种顽强的精神和对运动全身心的投入,赢得了人们的尊敬,即使他没有参与比赛。

顾拜旦曾经说过:"正如在生活中最重要的事情不是胜利,而是斗争;不是征服,而是奋力拼搏。奥运会重要的不是胜利,而是参与。"奥运会是一个过程,结果或许并不是那么重要的。

"……我家大门常打开,开放怀抱等你。拥抱过就有了默契,你会爱上这里。不管远近都是客人,请不用客气。相约好了再一起,我们欢迎你……"正如《北京欢迎你》所唱的,让我们一起打开中国的大门,让世界的目光都聚集在这片古老美丽的土地上。奥运会,它所传承的精神,将时刻成为我们前进的一种动力,让我们不断接受成功和失败。

奥运北京

罗　昙

岁月流转，
无数日夜的翘首期盼，
从洛城到雅典到北京，
流转百年的眷恋凝聚民族的热忱。
那奔腾的火焰，
投射五千年沧桑的黄色面庞，
焕发出青春的魅力与激昂。

古老的土地，
在全世界的注目中，
炫动着激情与梦想，
盛放一段不朽的传奇。
不同的语言，不同的文字，
共同书写和平友谊篇章，
同一个世界，同一个梦想。

圣火点燃的那一刻，
五环承载华夏儿女的梦想，
坚守"科技、人文、绿色"的承诺，
迈出"更高、更快、更强"的步伐。

每一次热泪盈眶，
是因为拼搏和奋进的力量，
让鲜艳的五星红旗一次次高高飘扬，

让光荣的义勇军进行曲铿锵奏响。
"加油"是最好的语言，
呐喊出激励与祝福，
同一个世界，同一个梦想。
奥运中国！
奥运北京！

十一，华丽的生日歌

赵　璟

在爬满甲骨文的钟鼎上，读他童年的灵性；在布满烽火的城墙上，阅他青春的豪华；在缀满诗歌与科学的土地上，览他壮年的成熟……

——题记

慢慢五十九年的路程，亦长亦短。在想说不能说的辛酸里，我们看到他曾经屡弱的命运，在圆明园烧灭的废墟里，我们看到他曾如一滩污水般的冥暗，但因坚忍的毅力，他并没有沉没。这一切的灾难不能阻挠他奋勇前进的脚步。在亚细亚的东部，宽厚的肩膀，托起了高山大海，将炎黄子孙揽于怀中，用野草和小米喂养饥饿的生活，用芳草和土砖修复残缺的岁月。一位位伟人，从中山先生到毛主席，再到小平爷爷，他们用自己的身躯支撑民族的血肉和骨骼，用饱经沧桑的眼睛指引暴风中的风帆。

沿黄河的源头顺流而下，敲响那天安门前铜质的编钟，浑厚而清亮的声韵由远及近，穿越五千年的悠悠岁月，穿越五十九年的缤纷花季。还记得瞿秋白手中的那束野花，焦裕禄窗前昏暗的油灯；忘不了方志敏身上的那块补丁，孔繁森雪原上留下的串串脚印；更忘不了在汶川地震中万众一心的感动，北京奥运十七天里一次又一次的突破。

我们没有遗忘那些在乡村，辍学孩童渴望的目光；没有遗忘那些在城镇，下岗女工无奈的诉说,但我们坚信更有改革的迭起浪潮,会迎来下一个世纪磅礴的日出。在这个金黄秋季里黄金般的早晨,我们以岳飞的一阙《满江红》,以文天祥的一腔《正气歌》,以鲁迅的一声《呐喊》,以朱自清的一道《背影》,以奥运的一首《我和你》,唱响他坚毅的脊梁与骨气。唱响他不屈的尊严与神圣,唱响国歌和冉冉升起的五星红旗,唱响千百年来朝朝暮暮的激情,唱响他五十九岁华丽的生日歌。

仰望蓝天,"神舟飞船"太空穿梭;俯瞰大地,"三峡工程"旷世奇伟。在和平与发展的东风中,我们将以千年的蕴含和积淀,以五十九年的扬弃与继承,走出国人最风光最风情的步伐,走出中华民族最壮观最灿烂的方阵!

兄 弟

罗 昱

记得某篇评论说,有的电影看一眼剧照就折服,比如文德斯的《帕勒莫枪击案》。有的电影人拍的电影你永远是要去看的,比如伍迪·艾伦。而有的电影看完了观众就被自己折服,这让我想起了那部《太极旗飘扬》。

《太极旗飘扬》是有韩国"电影之父"之称的姜帝圭导演二零零四年的作品。这部在韩国电影界极获盛赞的影片讲述了一对兄弟的手足之情。一九五零年,朝鲜南北战争爆发。本来其乐融融的一家生活从此大变,镇泰与镇锡两兄弟被迫参战。哥哥镇泰为了让弟弟镇锡早日复员回家读书和照顾家人,在战场作战异常勇猛,屡获战功,数次受勋,希望借此换回弟弟回家的自由。然而一系列的变故让镇泰所做的一切变得徒劳:未婚妻被枪毙、误以为镇锡被烧死。镇泰绝望地加入共产党。最后,两兄弟在战场相遇,哥哥为了保护弟弟死在战场,弟弟得以逃回家乡继续生活。

影片的开头弥漫着一种难以言说的肃穆和沉痛的悲伤。五十年之后,弟弟镇锡重回当年的战场与哥哥的尸骨相认。五十年了,哥哥在这静静地躺了五十年,连姿势都没有改变。此时,已是花白头发的弟弟镇锡抑制不住悲伤:"你答应过,回来做完你的鞋子。但是你在这里干什么啊? 我已经等得太久了! 你发的誓怎么办?"镇泰与镇锡之间血脉相通的兄弟情,纵使战争残酷无情,纵使阴阳两隔,也抵挡不住思念的聚首重逢。

《太极旗飘扬》没有拘泥于意识形态的冲突,在残酷惨烈的战争中简单地演绎情浓于水的兄弟真情。上世纪五十年代韩国简陋的街道上,兄弟俩人驻足于一双意大利皮鞋前,哥哥说以后要做出这样的皮鞋。贫穷并没有使他们退却,相反更坚定了他们追求美好生活的信心。哥哥送给弟弟的一支钢笔承载了一家人的希望。兄弟两人各咬一半的棒冰展现了兄弟间的绵绵情谊。

亲情是最美丽最朴素的情,它和我们血脉相连,它和生命相始相终,它是停泊在心灵深处最温柔的港湾。成长于这个年代的大多数 80 后们,不曾拥有手足情深的幸运,只是,我们还来得及感悟。

花开的季节

杨 滟

春雷阵阵,捎末春的讯息,
微风缕缕,流露夏的思念。
在这花开的季节,演绎缤纷的世界。
星光点点,铺开秋的画卷,
白雪皑皑,偷窃冬的容颜。
在这热烈的青春,留下难忘的足迹。
昔日的梦乡,停满多情的蝴蝶。
而今——梦已远逝!
成长的少年,开始旅途的跋涉。
相信——路在远方!

不管我们长成参天的大树,还是低矮的灌木,
都将以生命的翠绿向您致敬!
因为这是一个花开的季节!

我读青春

谢　菲

一柄寒烛在沉重的圆木旧桌上晕出一纹纹微黄的光圈。铅印的字体在火焰中央傲然跳跃:

在小小的范围中我们看到精美;

在短短的尺度内生命可以精粹。

而这最美好的一瞬;

需要我们一点点地积蓄而成。

完整的生命里没有一帆风顺,成熟的品性来自于磨砺与修养。摔倒了要勇敢站起来,流血了要平静抚平创伤,眼泪流下来了笑着抹去。

中国是个极其温柔的民族,倘若我们不够坚强,如何站在世界的东方而无愧于天地呢?

掩卷而思,"青春"棱角分明。记得"再长久的一生,不也只是,就只是,回首时,那短断的一瞬"。一瞬便是永恒,青春——那短短的一瞬,在苦难和幸福中盘旋,即使是一秒之差,你都可能跌宕起伏。而生命却在一顺中精美、精粹——如果你有勇气做到的话。

一袭华美的袍

"我发现我不会削苹果。经过艰苦的努力我才学会补袜子了。我怕上理发店,怕见客,怕给我缝试衣裳。许多人尝试过教我织绒线,可是没有一个成功。在一间房里住了两年,问我电铃在哪我还茫然……总而言之,在现实的社会里,我等于一个废物。"——张爱玲

徘徊在字里行间,我为一个特立独行的生灵狠狠哭泣。天才的生命也总有

残缺。

　　在现实的生活里,她寸步难移;在思想的空间中,她仍备受折磨。没有疲惫,没有妥协,没有放弃,她在混沌的现实里寻回自我:看"七月巧云"听苏格兰,享受微风的藤椅,吃盐水花生,欣赏雨夜的霓虹灯,从双层公共汽车上伸出手指摘树巅的绿叶。

　　生命可以收回附属于我们的一切,但收不回我们追求自我的勇气。生命可以摧残过程中的梦想,但停止不了我们追逐的欲望。

　　于是即使"爬满了骚子",生命还是一袭华美的袍。

月　夜

王贝蒙

星垂平野阔,月涌大江流。

——杜甫《旅夜书怀》

　　夜,静谧的夜。夜风正紧,晴朗的夜空,星光抬眼可及。在繁星的簇拥下,皎皎空中的明月轮,洒下洁白的月光。而月光则透彻了薄如蝉翼的流云,就这样丝丝缕缕地垂落人间,盈盈地覆盖了大地,似轻纱,似薄雾。又好似镜花水月,那摇摇欲坠,一触即碎的离愁别绪。

　　独自一人漫步在幽香小径。曲径通幽,花木深处,曾几何,浮世尘缘。此时此刻,没了白天的嘈杂与喧嚣,周围的一切都已落尽繁华,同我一起歆享这靡丽的夏夜。此情此景,也全当只换作了心头对梦中美好景致的无限热情。

　　"春江潮水连海平,海上明月共潮生。"这是怎样的一幅美轮美奂的景象。闭上眼睛想象一下,在海天一色无纤尘的天边,一轮明月带着一丝淡淡的娇羞,从海天相接的地平线缓缓爬起,又不时地扯过几片薄薄的云彩遮住半身,这犹抱琵琶半遮面的娇羞却呈现出另一番迷人的景致。

　　回想过往,每逢月圆之夜,总喜欢躺在院子里,欣然望着银河中的月公主和她的臣民们向人间洒下璀璨的光华。月华如水,轻轻地覆盖在我黑色的瞳仁上,如此委婉,令人动容。

到今日我才发觉,孩童时代的我是如此的依恋那迷人的夜色。冗长的白昼才离去,夜就迫不及待地拉开了他华丽的帷幕,大地上仍然残留着白天的余热,不远处低矮的草丛里传来夏虫的鸣叫,空气中弥漫着淡淡的花香。从此,月亮在我的心中便变得愈发的神秘。我臆想着有一天能踏上那片秘土。

这是我小时候的梦想,遨游浩瀚而又美丽的太空。但梦想与现实往往是有差距甚至相悖的,因为这个社会是如此的现实,现实到难有梦想的立足之地。就好像曾幻想去一个世外桃源,过与世无争的生活。深邃的树林里铺满经冬未扫的厚厚树叶,疏朗的枝条筛下雾一样飘曳的阳光,左手边是我屋顶铺满金黄稻草的小木屋,华丽而又温馨。右手边还有一条弯弯的小河,宁静的如同旷世已久的童话。

生活那么近梦想那么远,但我心自有方向。我不会在感伤中迷失我自己。

儿时一起疯过闹过的邻居小伙伴们,如今都已各自长大,沿着不同的生活轨迹,奔向无法预知的未来。彼此之间却已是行同陌路。但我想,我应该是哀而不伤的,即便不能天长地久,曾经拥有也就知足。我拥有过那样一段纯真快乐,近乎完美的童年,仅是回忆就足够美好,还有甚不满足。

既然无法挽留,也就莫要强求。这对我来说也算是一种莫大的慰藉吧!

在海天相接处
宣泄自己的激情
在写满朝霞的天边
镌刻青春的痕迹
浓浓的笑意
在此刻化开
成为难以忘怀的记忆
也许,这就是青春……

致恩师

鲍慧斐

依稀记起青涩的岁月
是您用温暖的双手牵着我走过
温柔的眉梢，微笑的双眸
在我成长的轨迹中留下深深的印记
您说，孩子不要怕
您说，要快快长大
一二三四五，在心里默念
最难忘却的是您，敬爱的老师
在岁月的港湾中，我们长大
在红烛的照耀下，前路温暖明亮
谆谆教导化成丝丝敬意
点滴汗水升华无数感动
三尺讲台，您播种希望
办公桌前，您指点迷津
恍然想起懵懂的年月
是您用慈祥的脸庞指引我跨过
哲人般的思想，母亲般的无私
在我青春的驿站中留下隽永的回忆
您说，前路很宽广
您说，青春应绚烂
在教室里我咀嚼您说过的话语
在心里我沉淀您睿智的思想

最可敬的是您,慈祥的恩师

在岁月的洗礼中,我们明智

在您的指引下,我们起航

敬您,在斑驳的岁月中牵起我的手

敬您,在求学的道路上赠我以明灯

青葱岁月,点滴感动

茫茫学海,勇于作舟

此情此景,难以忘怀

寥寥数语,以敬恩师

师 说

方 虹

记得小学时常常会做一道语文题目:"春蚕到死丝方尽,蜡炬成灰泪始干",这句话是形容谁?那时候,我总是照本宣科写下答案:老师——甚至连诗句的内容都不甚明了。

初中的时候,老师让我们看一篇文章,题名即为《师说》。课上,她念一句,我们跟读一句,直至念到"嗟乎!师道之不传也久矣!欲人之无惑也难矣!",她突然停了下来,问我们:"你们有谁将来想当老师的?"大家面面相觑,班级顿时陷入一片死寂。她望了望平日积极的我们,竟没有一人作答,便咳嗽了一声,继续将课文领读下去。老师,这个我们天天不得不与之打交道的职业,在那时大家的眼里,似乎总是那么呆板无趣,不值一提。

高中毕业后,大家都纷纷去向了远方。某日,我偶然遇见一个久违的朋友,提起以前上课,他总是喜欢和老师顶嘴时,桀骜不逊如他那样的人却粲然一笑,淡然道:"那都是过去的事了,现在想想,那时候还真对不起老师。"想他一年之内竟有如此大的转变,我不禁大感意外,却听他又道:"刚开始因为分数的关系,不得已进了师范学校,我还十分恼火,但久了,却慢慢发觉老师这个职业是一项很伟大的工程。它就好像是一个播种机,看着播下的种子到初春的时候发芽了,心里欢喜异常,不是因为种子的回报,却是由于付出的那一份快乐。渐渐的,我就觉得,其实做老师挺好……"。朋友朴质的表达,让我的心感动了很久。我们年轻不甘的心,总是希望付出就能得到回报,孰不知,付出的本身也就是快乐的所在,有时候,平淡,也是幸福的代名词。

姐姐大学毕业后的第一年,被分配到一个很偏远的海岛上去教书。那是个很偏远的地方,没有电脑,电视是唯一娱乐的工具。孤身的她,白天给孩子们上课,晚上则守着厚厚的一叠作业本、教案。我们都问她,那样待着是不是太无聊。她点点头,告诉我们:"有时候是会感觉很无聊很机械,但小朋友们总有方法会让你不得不感到快乐和感动。"她告诉我们,孩子们总会在每一堂课上做出一些不平常的事情,和他们在一起,就是和一群最不寻常的人在一起,每一天都会充满未知。他们尊敬她,听从她,甚至把她当作一种信念来坚持。"这是任何职业都不能得到的礼遇,也是最充满信任和爱心的一个古老行业"。她说。

人的一生之所以绚丽温暖,是因为许多人、许多事给了我们底蕴,给了我们光泽,给了我们色彩,给了我们力量。而老师,在这一切当中却充当了一种色彩的底色,成为了一种力量的支撑。它虽然平淡,但在施露者的眼中却是幸福而光辉的,它虽然普通,但在我们的心里却是伟大而特殊的。

"春蚕到死丝方尽,蜡炬成灰泪始干",以前不曾理解的句子,现在几乎人人能懂。而老师所包含的意义,已经超越了传道,受业,解惑,成为一种贡献和不计回报的象征。我多想回到多年前的那个午后,当老师再次问到:"你们有谁将来想当老师的?",会有一个坚定的声音告诉她:"我愿意",并且,这个声音应该更响亮,更众多,如同坚毅的宣誓,汇入到一种精神里去。

9月10日,教师节,无论是谁,都不应忘记,在浓得化不开的秋意中酝酿着的这个充满思念与感激的节日,让我们在此一起怀念,一起感谢,一起祝福,道一声:老师,您辛苦了……

美丽的大脚

罗　昙

很多年前,看过一部电影《美丽的大脚》,记住了乡村女教师张美丽的那张饱经风霜的脸。

在西北孤僻贫瘠的山区,有一个叫做张美丽的乡村女教师。她的丈夫因愚昧无知而犯法被枪毙,后又失去孩子的张美丽为了村里的孩子们不再愚昧下去开办了一所乡村小学。在北京过惯养尊处优生活的夏雨报名成为一名志愿者来到偏僻的小乡村。原本平静的小山村变得躁动起来。山村以外的世界让张美丽与孩子们感到困惑与茫然,山村贫穷而乏味的生活让城市里来的夏雨感到辛酸与难熬……

张美丽在孩子们心中是最可爱的,他是孩子们心中最美丽的人。她把学校里的每个"娃儿"都当作自己的"娃儿",把青春无悔地奉献给孩子们。为了学生,为了学校建设,她因为来了有知识的老师而欢欣雀跃,也能为买一台电脑而猛灌一瓶白酒。人性中最为可贵和永恒的母性在这个乡村女教师身上体现得淋漓尽致。这样的"母亲",这样的老师,谁能不为所动?

张美丽深知没有教育的痛苦。为了见丈夫最后一面,她背着两岁的孩子奔跑在寂寞的黄沙中,沙扬数米不见人。这样的苦楚只有自己能懂。张美丽老说自己不成功,没有什么事情是成功的,她希望"娃儿"们以后能成功,能像城里的孩子一样。

《美丽的大脚》全片弥漫着淡淡的诙谐,可这背后却有无尽的酸楚。从把"千里迢迢"念成"千里召召",到将皮衣水洗,从给电影配音到学驴叫。影片的诙谐引发的是对教育的思考和对乡村教师个人命运的关注。这里没有城市校园里喧闹的画面,有的只是质朴的情节,孩子们将穿过西北恶劣的气候,慢慢变得成熟。

父母给了我们生命与怀抱,而老师的谆谆教诲让我们学会成长。九月今秋,收获与感恩的季节,祝福老师收获美丽。

8月,炎热尚未消散的时节,我们就这样相遇在理工。相遇,意味着我们远离过去,踏上新的路程;相遇,意味着我们告别年少,在探索中成长。相遇,带给我们崭新的青春,带给我们成熟的给予,带给我们四年不可或缺的时光。

相遇,在那别离时

单　旋

相遇总在离别时,告别亲友,告别青涩,带着几分忐忑和期待,在如火的八月,相遇在理工河畔,开始另一段故事。用岁月为纸,以经历为笔,书写连绵的画卷,时而犀利,时而婉转,新的驿站,收获新的感动。

青葱岁月,已在时间的笔下沉淀,懵懂童年,已成记忆的一个篇章,用新的回忆纪念消逝的喜与悲。华灯初上,照耀着理工的小径,稚嫩的柳絮,诉说着离别的情愁,在琥珀般的月色中,总飘扬着思乡的淡淡情愫。

烈日下一张张年轻可爱的面孔,淌着汗水,橄榄绿的军装下,一个个稚嫩的身躯与炎热抗争着。那一句句口号,在集体的宣誓中,仿佛跳动的音符,有种坚毅的力量包含其中。彼时,思乡、退却、逃避,这些懦弱的字眼显得太过苍白,一首首军歌尽情宣泄着内心的蓬勃,统一的服装下亦有着同样的心情。

和着黎明微微的亮光醒来,在朝霞中洗漱、集合,在哨声中成队,在操场上踢着正步,整好队伍,数不尽的汗水,挡不住的阳光,也有那瓢泼的大雨,一切,仿佛都难以让人掌控,只有迎合它,适应它,才足以让自己坚持到最后。累,也许这是很多人的心声,苦,也许让人抱怨。可是在最后,那一列列整齐的方阵,那一声声有力的呐喊,都足以抵御所有的艰辛与困难。军人的气节,军人的热血,都在那一声声口号和命令中得到展现。服从命令,听从指挥,这就是军人的天职。

拉歌的独特滋味令人难忘,在军营里,这特有的娱乐方式,不仅加强了战友间的感情,也营造了良好的氛围。在08年的夏天,奥运余温未消,新生们也在队伍中发光发热,热血沸腾,年轻的脸庞让人感到灼人的气息,那是一种永不言弃的气息。

军训生活是短暂的,是大学生活的一个插曲,在四年的岁月中,理工这片土地沉淀了多少稚嫩,也升华了许多对人生的态度与为人处事的方法。刚跨入大学这座象牙塔的新生,就像新鲜的露珠,等待有心人的采撷,清澈透明。在求学的路上,你们走进了一个新的驿站,也许觉得前路陌生,也许为未来忐忑不安,但记住,跨过一个坎,就有了一份淡定的心境。

没有什么不能克服,也没有什么值得逃避,伴着亲友的祝福而来,在亲友的期待中成长,在师友的鼓励中向前,这一路上,值得感恩的人太多太多,所以不用害怕什么,总有一个宁静的避风港等待着你们。

在新的道路上,有不适,有担忧,相遇总在别离时,豆蔻年华的你们,生命中有一万种可能,在理工起帆,在暴风雨中成长,也许会有受益终身的收获。看着月明,想起家乡,想起妈妈慈祥的笑脸,在理工的土地上,希望你们有一段美好的故事,也在未来飞得更远。

转　身

忧止符

一转身,那个动人的身影不见了,哪怕是匆匆一瞥也是不可能了。一转身,我已和过去告别。在那个花开花落的季节,窗外玉洁冰清的玉兰花恣意绚烂,花意正浓,而我也期待辉煌。在都市,在大街,在超市,在乡野,在人流聚散的地方,我经常有这种感受:转身,就是永别。而终究是这一转身,我已面对新的人群,新的生活。

走进浙大宁波理工学院时,夏天正施展着她最后的威力,空气中充满着炎热与躁动。在湛蓝的天幕下,我们随着学长们的指点,行走在校园中,心中充满着初来乍到时的喜悦与悸动。对我来说,这里的每一处都是新的:新的建筑,新的校园,新的面孔,还有未来将要展开的新的画图。未来对于我们来说这么的不可预知,而我们现在要做的就是把握现时——接下来的军训生活令我刻骨难忘。第一次像战斗的勇士般面对太阳的炙烤与风雨的洗礼。这期间,哭过、笑过、沮丧过、感动过,而所有的这一切,一转身似乎印证着爱因斯坦的那句话:苦和甜来自外界,坚强则来自内心,来自一个人的自我努力。

也许生活就应该这样归于平凡与忙碌,上课、考试、社团活动,我们身处其中,乐在其中,从这样的生活中收获与感悟。贝多芬曾经对他的学生说:人得非常努力地弹琴,这样你才会确认自己根本不会弹琴。所以不断地尝试与努力可能换来悲伤的结果,但是我们要明白这一点——人生是享受的,也是残酷的。这更注定我们要一生耕耘。

旭日一转身变成落日,青丝一转身变成白发,爱情一转身变成了婚姻,今日我们的一转身变成了明日的辉煌、悲伤亦或是绝望?在这个加速旋转的世界上,似乎很难找到完整的、纯真的、可靠的、恒定的东西,来安定自己的心。我所能做的只有追寻……

歌赞中华

方　虹

是谁,在静谧的时间里奏响了古琴悠扬的旋律?是谁,在浩瀚的空间中唤醒了编钟清越的灵魂?左音右韵,浩浩荡荡,穿越喜马拉雅,川渝盆地,依傍着长江黄河,从祖国的阶梯上蜿蜒而下。于是,在河之洲,在水之湄,在山之阳,在海之滨,五湖四海,回声不绝,共汇成亿万炎黄子孙的共同问候:祖国母亲,生日快乐!

从东方明珠的绝世独立,再到跨海大桥的无尽延伸,从黄河壶口经久不息的惊涛激昂,再到珠穆朗玛千年不变的雪海苍茫,我的祖国啊,她有着无与伦比的高山巍峨,海纳百川,激流澎湃,波澜壮阔。她有着惊为天人的容貌和气质——孔子、庄子、荀子、墨子,《四书》、《五经》、《春秋》、《史记》,百花齐放俊俏了几个春秋。黄帝内经天工开物,本草纲目农政全书,迸发出思维的火光。尧舜文王孔孟先贤,昭示着华夏浩浩的大德,唐宗宋祖成吉思汗,演奏出帝国雄壮的凯歌。我们的祖国母亲,你是那么的美丽和伟大!

曾经金戈铁马狼烟四起的山河,曾经饱经沧桑战火洗礼的土地,在共和国礼炮响起的那一刹那,全都成为过去。祖国啊,我的祖国,你用你那坚强的脊柱,为我们撑起了一片新的天地。让我们用董存瑞手中的炸药包,狼牙山五壮士义无反顾的背影来歌颂您的坚韧与顽强,阐述您的灵魂与精神;让我们以鲁迅的一声《呐喊》,以朱自清的一道《背影》来体现您不屈的脊梁与骨气,道明您的尊严与品格。当第一面五星红旗冉冉升起,那胜利的旗帜,在朗朗的空中迎风飘扬,全世界都看到了,中国人民从此站起来了?选这历史凝聚了宏伟、智慧与不屈不挠的精神,这气势慷慨激昂,筑起了一座丰碑屹立在世界的东方。辉煌的纪元,开天辟地,我们再一次站在世界的舞台上,指点江山。

五千年的历史底蕴,五十九年的不断探索,改革的浪潮不断推进,我们的生活从来没有像现在这样宽广、辽阔、刚强、红火。每一寸土地中都不断透露出新鲜的气息。这是一个除旧立新的祖国,这是一个沸腾上升的祖国,这是一个如日中天的祖国。

这是一段注定要在丹桂飘香、金秋十月才能唱响的旋律,这是一篇注定要在秋高气爽、百舸争流的盛世里才能书写的华章。龙的故事虽已沧桑久远,方块字的方正,却正在留下新的传说,就让我们用最朴实真诚的心在这个不平凡的十月里,对祖国母亲道一声生日快乐吧!

记忆中的摇滚

石　好

我一直坚信,在音乐当中,摇滚最能表达一个人的情感。只有在摇滚中人们才能忘记现实中的受伤和残酷,用摇滚宣泄自己,张扬自己。音乐,摇滚是神圣不容亵渎的!

关于以往的摇滚,我的记忆并不是太多。最早接触的摇滚乐队应该是 Beyond 吧。我喜欢 Beyond，从开始到现在，一如既往的喜欢。Beyond 的光辉岁月已去了，但那些熟悉的旋律依然会在我的耳边响起。Beyond 的成就是任何一支乐队都无法超越的。关于 Beyond，我们只有沉痛地将以往尘封，只留下他们的音乐，永世流传！

摇滚似乎总是以乐队的形式出现，从唐朝、黑豹、零点、动力火车，到花儿乐队、新裤子，以及五月天、信乐团。我以前并没有刻意去聆听摇滚乐，只是机会来了，便在摇滚中沉醉自己。虽然如此，我还是很喜欢摇滚，崇拜那些在台上放声大喊的摇滚歌手。

花儿乐队前期的创作几乎全是摇滚乐，而且带有纯摇滚的味道。在他们的《幸福的旁边》和《草莓声明》中，有许多值得关注的作品。虽然当时他们还是一群孩子，但他们的敏锐的嗅觉将自己的懵懂和彷徨都写在了音乐中。他们需要解脱，需要释放，在摇滚中，他们做到了。除了乐队，摇滚乐中也有单打独斗者，象许巍、汪峰、张楚等等。

许巍的音乐我很早就有所接触，他也是进入公众视野最多，最为公众关注的一位了吧。我想说的是汪峰和张楚。我感觉汪峰的摇滚乐像一个成年人，而对于张楚，余杰曾经说过"他是一个躲着布道的布道者，一个不愿抒情的抒情诗人"。没有阔达，没有站在一定的高度很难明白张楚。如果仔细分辨他们的音乐的话，你就会从中体会到这一点。汪峰的音乐有一种成人的稳重与成熟，而张楚的作品则带有一种孩童般的幼稚和幻想，这仅是从他们的音乐内容和嗓音中体会到的，无关他们的音乐成就。我比较喜欢张楚的风格，落寞中带有坚强，一个人唱，不在乎观众的掌声。我想真正的摇滚乃至音乐就应该如此。也有人说张楚更像一位诗人，因为他的歌词。我想更是因为他的气质，像海子。尤其是他的那首《姐姐》，像极了海子的《日记》，同是写给姐姐的话，同是寂寞地诉说自己的孤独。

关于以往的摇滚，有太多的回忆是值得我们去永久珍藏的。如果音乐是表达内心的媒介，我只有请你倾听摇滚。

寻　找

MarineChu

八月未央

九月早已悄然而至

当岁月在指尖滑过

如丝如脉

刻下了瞬间的永恒

九月

九,恰似永久的久

甬城烈日依旧

风雨无常

我们沐浴着阳光下雨滴汗水的协奏

迎着风雨寻找感动

当时间敲开梦想的窗棂

俯拾清晨的点点希望

是岁月在告诉我们

穿越如梭的岁月

前进,寻找

秋天的童话

潘嘉媚

关于秋天的电影，能想到的就只有这部老片子。1987 年。故事发生在纽约，秋天。

整部电影并没有什么激烈的冲突，都是淡淡的。淡淡地开始，淡淡地结束。女主角钟楚红非常漂亮，男主角周润发很落魄。两人的相遇变得很奇妙，像是注定，又似措手不及地来临。

时间稳稳地走过春和夏，却总喜欢在秋天绕个圈。兴许会回到原点，抑或会有不一样的发现。不管是哪一种，希望都不要有伤害，因为树叶都开始凋零了，花儿也跟着凋谢。

每个人都在为生活不停地奔波忙碌着。活着，就必须要有目标和希望。

当周润发带着希望奔跑在大街小巷，内心洋溢着的喜悦似乎把过往的一切都推翻殆尽了，恨不能张开翅膀飞翔。虽然事实也足够令人沮丧的，但是只要不放弃，还拥有期待的勇气，我还可以是我。希望她永远不会抛弃选择她的人。

秋天不算是最美的季节，她没有春天那般朝气，夏天那般热情，冬天那般冷暖自知。但她却拥有多数的歌咏者。在这个多愁的季节里，童话也不是遥不可及。秋天，适合童话上演。你可以主宰。

既然是童话，公主一定不离王子。不管中间经历多少曲折、兜转和别离，那都是为增添美好结局的戏剧性和证明幸福是多么的来之不易。请好好珍惜。

总感觉周润发笑得有点颓唐，但我知道他是发自内心的。美丽的钟楚红终于摆脱了"花瓶"的称号。影片的结尾来得有点突然，却也在情理之中，是该结束了，没有拖泥带水，可见导演是个善于把握节奏的人。他们都是某个"童话"的塑造者，在现实生活中，可能是你，可能是我，也可能是他。

秋天，适时让童话上演。

白水游

杨 颖

我听到了白水的声音。我以一颗倾听的心走近了白水涧。我认识它已经很久很久,在书中,在那些钟情于她的文字里,我仿佛早已看见了她的风采和神韵。

今天我终于走进了她,我知道一路风尘是真实的,但我还是恍如在梦中,那种亦真亦幻的感觉已经很深很深了。站在白水涧的脚下,我不知道是我拥抱了它,还是它拥抱了我。

到达白水涧时天已黄昏。旅途有些劳累的我们,有的怯于白水涧的高度,已经没有多少攀登的兴致了。但我的耳畔仿佛有一种声音,让我没有了疲惫,让我的心激动起来,我想那一定是白水的声音,我听到了它在呼唤我,我对自己说我一定要上去。沿着白水,我要去找寻那一场心灵的悸动。

信步向前,过了悬桥便听到飞瀑鸣响在山谷里,如征歌鼓角。昏暗中,隐约可见"龙潭双叠"四字挥洒在湿漉漉的崖壁上,两挂瀑布临空飞舞,飞银碎玉,飘飘洒洒……落至岩脚汇成一潭悠绿,顿时间酿成一派洋洋洒洒的风度;吹澜的清风,带来了袅袅的雾意,人在雾里,朦朦胧胧,情趣盎然,陡然如醉……

谁言"溪水无情"?可这一弯白水,涤荡在山涧。每一滴水声,都扣动着人的心弦。近听白水,水声嘈嘈杂杂,那是它的声势;远听白水,水声悠悠扬扬,那是它的韵味。竹海里听白水,恰有一份惬意。白水的悠然之音,一滴一滴渗透在竹叶的沙沙声里,燃生出一曲天籁之音。当双脚轻踏在那光滑可鉴的古道上,隐隐地,仿佛能够感觉到,水滴儿,丁丁冬冬地,滴落在青石板上。仿佛一位伊人正用指间,轻扣着历史的门扉。恍惚中,我好像看到了鉴真,听到了禅语呢喃。

山顶有风,是晚来风。风声和着涧水的声音,让白水涧更加迷人了。迎风而立站在白水仙桥上,看着沿涧而居的白水人家,感觉自己变成了一位白水仙子,在关注着人间的幸福。如果白水洞的水真的有灵,我想掬一抔入怀、入唇、入目、入心,给自己洗一个漂亮的容颜,濯一颗清澄的心灵。知道容颜是生来就有的模样,心灵是自己的修养,我对白水真的只能是一种触动过的感激了。

"来了来了总流连,走了走了还挂牵……"。夜幕降临时,不得不挥手告别白水。悄悄地我走了,正如我悄悄地来。我挥一挥衣袖,不忍打乱白水的音律,不忍打破这份自然的宁静。

坐在时间的缺口上

方梁翡

如果时间如记忆般永恒,那么我该微笑,还是哭泣;如果时间如时间般腐蚀,那么这是欢城还是废墟。

——题记

白驹过隙的一瞬间,我抬起头,感觉岁月正随风吹散,不禁掩面叹息,内心漾起的是一丝欢喜和怀念。抱膝俯着去缅怀那段不可回首的过往,岁月如烟,但我却记忆犹新。

记忆是一条星河,没有烟花的灿烂,也没有烟花的短暂,它总是默默守护着属于自己的那份宁静与永恒。享受时间的洗濯。记忆并没有风化,也未变得沧桑,它反而如同酒一般,愈久愈甘醇,18岁的我对这感触颇深。选择一个鸟语花香的艳阳天,好好理一理自己的记忆,把潮湿的的心也拿出来晒晒,躺在绿草地上细细品味自己的童年,花季与雨季,自己也仿佛又重新回到了过去。一幕幕往昔的镜头是如此熟悉,那些过往的琐事是如此甜蜜。因为有了时间,回忆变得珍贵;因为有了时间,回忆变得甜蜜;因为有了时间,回忆不会风化;因为有了时间,回忆如此绚丽。

有些事只有岁月才能读懂,这绝不是夸大时间的作用,也不是深化记忆的深邃,父爱就是一个很好的例子。

父爱如同一粒种子，播种在我们幼小的心田，沐浴爱的洗礼，它一直没有破土，直至我们长大，它才开始发芽，开出第一朵花。再经过漫长的一段日子，它才结了沉甸甸的果实。不懂事的我们也许有过对父爱太多的误解与疑惑，但是满腹的怨恨还是会被岁月打败。不错，有些记忆只有经过时间的洗礼，才变得如此明朗，如此耐人寻味。

坐在时间的缺口上回忆，回忆那些让我们欢笑抑或伤心的往事，回忆自己这 18 年来坎坎坷坷的人生旅程，回忆我们经历磨难，破茧成了蝶的成长历程。日历撕去一页又一页，年轮添刻一轮又一轮。近日寒流骤至，无事倚栏深思。望着窗外枫叶飘落，又一夏的回忆将被我珍藏……

运动，前进的力量

方　虹

从米隆的眼里，回望力与美的线条：在一个微妙的转角，力量被凝聚，手中的铁饼在这一刻盛放着整个生命的张力，犹如一张被绷紧的弓，即将义无反顾地划向远方。而此刻，掷铁饼者保持着与雕塑者一样的表情，只需最后一刻的聚神、瞄准、发力，掷铁饼者将创造出一个新的纪录。而米隆，这个存在于雕塑背后的大师，也即将完成一件堪称完美的作品，震撼人世。这就是运动，它是隐藏在生命背后的双重创作，以一种不容质疑的力量前进。

运动之美，在于它本身凝聚了生命全部的力量，在为希望和荣誉而战斗时义无反顾。它是另一种呐喊，是另外一种爆发的姿态。这种美丽，犹如夜晚腾空的烟花，在绽放的那一刻，强烈耀眼，震慑人心。他以永恒之姿存在于短暂的一瞬，但在生命不断行进的过程中，却又一次次绵延不绝。一向以"绅士运动"著称的斯诺克，虽然免不了与其他运动项目一样，有辈出的新人参与。但在如今的斯诺克赛场上，我们仍能够看到"常青树"史蒂夫·戴维斯，"台球皇帝"亨得利的身影，他们仍坚持着与新人同台竞技。尽管岁月已经带走了他们太多的东西，但他们依旧执著于自己的梦想。每当看到他们俯下身，目光如炬，倾尽全力去击打母球时,我总是禁不住感动。那一瞬间的击球,仿佛凝聚着他们职业生涯所有的经验,技巧甚至是精力,无论是输是赢,他们都无所畏惧,拼尽全力去守护,去拼搏。运动的美丽,在他们身上闪烁着耀眼的光芒。他们曾经创造了历史,并且在今天,即便如罗尼·奥沙利文这样毕加索式的天才在场,他们身上所爆发出的能力也依旧支撑着他们,去继续他们曾经的奇迹。正是如此,海浪不断被风掀出高潮,他们也不断创造着世人难以打破的奇迹。

生命,是一场马拉松。它代表着,我们可以选择在疲倦的时候慢慢前行,但绝不能停下来逗留片刻;我们可以选择以接近行走的速度奔跑,但绝不能永远维持这个速度。从我们接受选择的那一刻开始,我们就注定只能用一个奔跑的姿势前进,并且在适时爆发出生命掩藏许久的美丽。而这份美丽,它被掩盖在循环往复的日子里,一切都只是一个瞄准的过程,而唯有为运动时那瞬间所爆发出的光芒所吸引,并不断持之以恒地付出努力的人才能最终诠释出运动深刻的涵义。

正是由于这永不止息的运动的节奏,生命翩跹旖旎,波澜壮阔。虽然不知花开何时,但花骨朵仍然经历忍冬酷夏,将所有绽放时的美丽祈愿藏在深处的花蕊里。待到花开那一瞬,收敛的能量里汇聚了无数的宏愿,一一被释放,而人们也将在这尽情展示的美丽中,体味到根植在生命深处的那种运动之美。

邂逅那一片宁静

——游五磊山之感

鲍慧斐

在蜿蜒幽深的石径上,邂逅了这座在时间长河中静谧的秀丽之山。绿意深秋,在五磊山上,一棵棵茂盛的树和那峰回路转的绮丽形成了一种无与伦比的美丽。

泉水在一片深绿中回味最原始的感动,竹林红枫,青苔石径,回环的石阶,别有一种曲径通幽的意境。拾级而上,一派深入心底的静,只有流逝的水有一种真实感,那种自然的美却是我们向往已久的,也是心存遗憾的。放开心怀感受这种寻找终点的感觉,我有着一些期待,也有一些忐忑。林间疏影打在石阶上,稀稀落落地,还有偶尔投下的阳光的影子,一切在光影的微妙组合下,别有一番风味。生于斯,融于斯,也许曼妙无边。

深山藏古寺,佛教名刹五磊古寺就深藏在五磊山谷中,一派安宁之意,不食人间烟火,但却生机无限。氤氲的香火,钟楼、鼓楼遥相辉映,还有寺里来往的僧人,一派淡定安乐。佛光普照,没有靡靡之音,梵音自深入人心。

没有鸡鸣狗吠,却在阳光下瞥见黑狗以天为盖地为庐的悠然画面,没有什么破坏这时间的断点,让人心生一种世外桃源的错觉。继续往前走,上千年的三角枫静静守望着,没有刻骨铭心,却饱经了上千年的沧桑月明。时间在这犯下了一个永恒的但却美丽的错误。初识的我们,没有讶异,更多的是品读,猜想千年历史的沉重与它的历久弥新,看它的根紧紧抓着大地,那种深入灵魂的归属感,恰是千年缠绕的命运。这些都足以令人暂驻,去感受,去回味。

也许当一切归于平淡,我们会忽略那喧闹后的余味,只是我们抹不去记忆里偶尔划过的一丝感动,一丝惊艳,五磊的山,五磊的水,还有深山中那种怡然的生活方式,在现代文明敲打的边缘,归于原始,归于平淡。脑海中回味着宁静以致远的气息,邂逅五磊山,邂逅深入灵魂的那份宁静,在记忆的断点里,以静串起我们心中的悠悠情愫。

海岛两重奏

俞丰穗

一座桥连接了两座小岛
如同连接了两颗相生相息的心脏
他的呼吸是因为她的欢笑
她的叹息是因为他的无措

飞在桥上空的海鸥都是他派向她的使者
驶过桥下方的船都带着她给他的回信
他们之间隔着一片年代悠远的海
只是因为桥的存在拉近了彼此的距离
然而还是不能近身
于是永远是初恋
或许他们在期待一场天崩海裂后的奇遇
两条同时入网的鱼
是一对年轻的恋人
他们本决定在春季回暖之时
拥有好多小宝宝
在清冷的海水中
建立温暖的家
他们本可以在冬季到来之时
贴身沉入深深的海底
藏于广漠的黑暗中
陷入对于来年的漫长等待
归于无边无际的沉睡中
感念彼此的体温
想象着彼此做过的梦
海鸥划过
为他们唱响离别的挽歌
她吐出的白沫和他的汇在一起
在阳光下折射出一道光环
那是一个关于来世的约定

且旅且思

徐晶璐

黎明拂晓,睁眼便拉开窗帘,心里随即一喜。虽是阴天,但地已干,丝毫不会影响我们的行程,这学期记者团的第一次集体活动,去慈溪的五磊山采风。

车沿着盘山公路一路蜿蜒,眼前逐渐明朗起来,而我们的采风目的地五磊山也慢慢揭开了她神秘的面纱。沿着山石小径拾级而上,团里的孩子们开始兴奋,巍巍俊山,巨岩奇树,小溪流水,清幽的环境让我们豁然开朗。

"我们拍全家福啦",在一个凉亭里,一大团人聚在一起,对着镜头露出甜甜的笑容,那该是发自内心的笑吧,一次次微笑喜悦的心情表露无遗,那一张张年轻的脸庞让我看到了活力,那种深入骨髓的朝气在这秋日里也闪着光芒。思及此,我也由衷地笑了。沿路都洒下了我们的欢声笑语,在蜿蜒的石路上,每一次前进,每一次欢笑,在时光的流逝中,显得那么明媚可感,在那片静静的山水中,我们体验了最自然的快乐,也收获了彼此真挚的友谊。

一路攀爬,忘却时间,转瞬已到正午,在农家乐里,十几个人围坐在一张大圆桌前,大家可能都饿了,纷纷为彼此夹着菜,一个大一新生说:"好温馨啊,这样好有家的感觉!"是啊,这样的情景,很多人会有这样的感觉吧,而这个感觉是这次采风,这个记者团带给我的。

两年在校报的生活,看着校报成员有人离开,又看着一个个略带羞涩的新生因为对新闻的热爱走进记者团,融入校报这个团队。每一次,校报就像是一次新生,有了新的成员,有了新的组织结构,但校报总是在找寻新闻的路上保持着那份不变的不断向前超越和突破的活力。就像这次的活动,当大家努力向上攀爬的时候,那种感动和喜悦都洋溢在每个人的脸上,那种对前路的希冀,对此次旅行的期待,都让每个人心生快乐。

也曾担心,这次采风活动时间是不是太过仓促,午餐是不是太过简单,不知道大家玩得开不开心。然而旅途回来的路上心里开始释怀,或许采风只是一次集体活动抑或只是一个形式,而从中透露出的我们这个团队的凝聚力和大家齐心协力共同向上的默契才是最让人值得留念和珍惜的。

又是一季温暖的秋,怀揣着满心的喜悦,校报记者团走进了绮丽的五磊山。感受浓浓的秋意和大自然的那份宁静,同时,也享受集体出游的快乐。旅途归来,我们细细整理文字和相片,珍藏这段美好的回忆。

我的瓦尔登湖

赵丹丹

当我们在喧闹的生活与充满压力的工作之外无法开辟一处栖息之隅时,一本《瓦尔登湖》是通向宁静的最便捷的选择。

人们选择宁静,往往并非从内心本质的需求出发而是被迫选择。感情纠葛,事业挫折,这些使人把宁静当作暂时的驿站,韬光养晦,蓄势待发。当那些疲惫的记忆褪去,他们又会离开宁静继续追逐喧哗。这不是用狭小的斧头在湖边砍削木料,倾听冬天的湖水咳嗽声音的梭罗想传达的。"当一个人把他想象的事实提炼为他的理论之时,我预见到,一切人最后都要在这样的基础上建筑起他们的生活来。"若把梭罗的这句话中"事实"替换成"宁静",那也是成立的,同时意味着:宁静的理念存在于每个人的头脑中,却不是都能感同身受。在劳碌中,那些仅仅是夜晚徘徊在脑中的"宁静",在反复的构建中渐渐成为逻辑化的,具有哲学意味却疏离现实甚至形而上学的东西,已经渐渐远离而触摸不到。而他们大部分的生活都是为这个飘渺的终点而忙碌。如朝九晚五的白领计划着假期去西藏却总是被推迟,学生们日期不连续的日记与随笔。

诗意栖居,庄子、禅宗、陶渊明。人们对宁静的理解往往遵从几个范本,这些本不是俗套的,可人在世俗的忙碌中解放出来又投进被世俗所理解的宁静。那些本不俗套的哲学意味被各种解构与诠释弄得沉重起来,人对轻盈的渴求已因禁在文字表层的意义中。"采菊东篱下,悠然见南山"在现代生活中已然是想象中的景象,而它作为每小时三十元的茶座包厢中的话题使谈论者彼此得到想象中的满足感。这世界很多意义都被架空了,咬文嚼字的读者苦冥诗句中的意象却在释负后赞叹诗意的宁静与美。而一百多年前的梭罗在表达他与自然的肌肤之亲,那些细微到可以忽略存在的东西,与那些思辩串联成一个整体,牵一发而动全身,像旋律一样成为有序的组合。

各种评论常拿梭罗与陶渊明类比,我认为梭罗体现出更多的责任与现实。独善其身者并非没有兼济天下的念头。但凡人出世的原因,往往并非避世,而潜在的意愿中想尽己所能绘出另一个世界图景。无论本雅明,柏拉图,莫尔,还是陶渊明,或虚构幻境,或以因过于宏观而超越现实的框架来描绘。这种绘制以现代性,政治,哲学等等为载体,却少有拿出自我经历过的例子证明。"说什么天堂,你侮辱大地!"精致而理想化的世界描绘容易被打碎,它已然失去底托注定飘渺。梭罗不是一个纯粹的隐士,"生活是这样的可爱,我却也不愿意去修行过隐逸的生活,除非是万不得已。我要生活得深深地把生命的精髓都吸到"。事实证明,梭罗在瓦尔登湖生活了不到两年,又回到他曾批判的社会中。生活是如此可爱,即使它所存在的根基是让人不舒服的。"我宁愿社会疯狂地反对我,也不疯狂地反抗社会",一个现实的人会接受它并试图把它描绘得与自己生活的同样可爱。

《瓦尔登湖》以比论文更谦恭的态度提倡的是一种"借鉴",而非模仿。正如作者列举的原始人的供需方式,仅仅是告知我们释下生活中不必要的,出于虚荣目的,被嵌套入无尽的劳作循环的东西,而非如某些主义因现代的局部内容提倡以原始对抗现代的一切。"步行是比乘车更快到达目的地的方式,因为乘车得先挣够车费。"现在的经济学困惑于一个问题:人拥有的财富比往年增多,快乐指数却降低了。我们在收集各种房产信息对比价格,想买路易威登的包却又四处打听哪家商场价格最低时,是否考虑过有无必要呢?

这样一个小湖,因以它命名的书而让游客趋之若鹜。写意的力量是如此强大。可我们因缺乏观察力而对一个载体所承载的东西的关注转移到载体本身。游客因他的身份而让自己与真实的宁静接触限定了时效;他自然无法同时看到六月的鸥鹬与冬天的赤松鼠。他会在书中循迹着自己看不见的东西,强迫自己与诗意的句子共鸣以挖掘自我这迟钝的能力。还有少数的质疑生活是否被诗意欺骗的人。我相信,如果有心中那一股宁静的不竭源泉,我们所见之物,人工湖、沉重色彩的木地板、修剪整齐的冬青树,都可以以它们的名字成为抒情的载体。

惟有宁静,才以致远。

母亲的爱

洪共祥

　　父爱如山,母爱如水,父爱总像大山一样巍然而立,似清风流水般的那则是母亲的爱,人的成长离不开父爱和母爱,就如鱼儿离不开水一样。

　　母爱如水。水总是那么的轻柔酥软,轻轻地将你环绕在其中,然后轻轻地承受着你没心没肺的一切。并不是所有的水都是露在地球表面的,还有一些地下水,也许她们不懂得如何冲破那一点阻隔,不懂得如何温柔地把你融在怀里。但是,她们静静地滋润着你身边的花花草草,让你生活的世界变得那么多姿多彩,那么姹紫嫣红。或许偶尔的,她露出了一点,在地表上亲吻了你一下,可是也许,过了一会儿,你就忘了。些许年以后,想起从前的点滴,也许你终于会发现,那份暗藏在地底的爱是那么的深沉。

　　那一年他七岁,眼见着春节将至,父亲却并不提起给他置备新衣的事。小孩子过年要穿新衣那是万年不变的定理,可他千盼万盼却是盼来了父亲的一句:今年你就不用买新衣服了吧,旧的那件皮衣外面擦擦干净了不也跟新的一样嘛!他委屈啊,可是并不敢向家里要新衣,父亲生不得志,平日里严厉得紧,说不定还会说他不懂事打他一顿。

　　一眨眼大年三十就到了。年三十倒没什么,反正家乡有些小孩子年三十不穿新衣要留着大年初一穿的,他吃了年夜饭依旧和小伙伴们玩得昏天暗地才回家。大年初一了,吃了面(初一早上只能吃面,不能生火做饭是我们那边的习俗)那些小伙伴们一个个都穿着漂亮的新衣服,兴高采烈地玩闹着,快活得像群小麻雀一样,他却只能缩着脑袋,悻悻地在一旁看着。因为他过年也没有新衣服穿,他是另类,他只是一个被神遗弃的孩子。

　　那年正月初一他就整天都待在了家里,父母问他为什么不出去玩的时候,他就回答说不想出去。吃了晚饭,姆妈忽然把他叫进房间里。"把这件衣服换上吧!小孩子家过年了新衣服也没一件。我们大人也就算了,小孩子怎么成啊！"姆妈手里拿着的是一件崭新的新衣服，新衣服！他那一刻感觉自己真的像是从天上猛地掉进了幸福的海洋。"你爸过年了新衣服也不给你买一件，我反正从来也没钱的，前面到隔壁小店里给你赊了这件衣服，等我以后有钱了再慢慢还给他们。"

许多年后他跟我说他这辈子活到现在收到的最好的礼物就是姆妈的那件新衣服了，姆妈木讷低调地活了一生，平时并不知道如何去爱他，但那一次，他真正感受到了姆妈内心里对他深深的爱！

颂西风

——读雪莱诗有感

单　旋

你的诗句纷飞在那个萧索的秋季

沾染了一丝忧郁，携带着一抹暗香

纷飞的诗句藏匿在各个角落

看云卷云舒，了然于心

你为西风歌颂，在阿尔诺河畔

看流水自是无情，观西风飘逸自如

你是被西风拖起的一片枯叶

你是随西风飞驰的一片云朵

倔强，敏捷又高傲……

分享着西风的冲动和自由

但你又无力地任岁月的重负压倒，掩埋

呷着你的诗句，美好浪漫

畅游在绿野阡陌，风起云涌的河畔

不曾见你当年的风姿，只是，我知道

你已留下你挥之不去的痕迹……

青春旅途

——读《十八岁出门远行》有感

墨　迹

　　《十八岁出门远行》作为余华的成名作，没有他的其他作品那样充满暴力与血腥，但确实是一部让人感到困惑的迷幻小说，作者用一种冷静与默然的笔触体验迷惘的青春，无常的人生以及荒诞的世界，给读者预留了一个思考的空间，却让人难以琢磨，回味无穷。我把它来回读了几遍，从迷惑不解到略知一二，写下了这篇感想。

　　青春，在水木年华的歌声里，是一扇关闭的窗，外面是美丽的图画；是一扇打开的门，追逐的珍爱，握紧的幸福，短暂得像落花……青春，在余华的笔下，是梦一般迷惘、离奇、荒诞、混乱而又充满了一种不可逃脱的宿命感！

　　梦　境

　　小说自始至终都充满了一种令人难以捉摸的情境：司机从态度粗暴到友好，汽车突然抛锚，司机认真地在马路中央做广播操，农民抢苹果、车窗玻璃、轮胎、木版——一场奇怪的浩劫，"我"莫名其妙挨揍，司机站在远处朝"我"哈哈大笑……一切令人宛若是在梦境中，迷蒙出奇、漂浮不定、怪诞无常而又不可思议。是"我"发生了混乱，还是世界发生了混乱？是"我"脱离了世界，还是世界欺骗了"我"？

　　莫言曾把余华称作是"当代文坛上第一个清醒的说梦者"，认为《十八岁出门远行》是一篇"条理清楚的仿梦小说"。既是"说梦"，那就无妨说得荒诞些。作者感喟生活的无奈，拾掇了一个个离奇的片段，凭借生活的本色叩击读者的心扉，然而却用近乎冷漠的语言，产生了梦一样的美丽。

　　迷惘

　　余华曾说："人类自身的肤浅来自经验的局限和对精神本质的疏远，只有脱离常识，背弃现状世界提供的秩序和逻辑，才能自由地接近真实。"这段阐述无疑可以作为对《十八岁出门远行》的恰切注释。余华正是用一种"说梦"的方式,生动地揭示了世界的荒诞无常和青年人在这种人生面前的深刻迷惘。

"我在路上遇到不少人,可他们都不知道前面是何处,前面是否有旅店。" "现在我根本不在乎什么旅店。我不知道汽车要到什么地方去,他也不知道。" 何其迷惘!那是年轻人的通病!他们不知道自己前面的路,他们也不在乎自己 的远方,只管漫无目的地生活。作者以一个清醒的陈述者,显示了一个迷惘的 青春世界。

还 原

"所有的山所有的云,都让我联想起了熟悉的人。我就朝着它们呼唤他们 的绰号。" "车窗外的一切应该是我熟悉的,那些山那些云都让我联想起来了另 一帮熟悉的人来了,于是我又叫唤起另一批绰号来了。"那些云,那些山——若 隐若幻的过去;那些存留在记忆深处的人与事——似真似假的世界⋯⋯一个在 60 年代出生的男子,记忆中的过去是阴暗的。尽管如此,他依然把他的记忆还 原,却充满了作者的辛酸与无奈。

正如余华说:"写作使我拥有了两个人生,现实的和虚构的,⋯⋯这些中短 篇小说所记录下来的,就是我的另一条人生之路。与现实的人生之路不同的 是,它有着还原的可能,而且准确无误。"

追 求

余华前期的创作用语言建构了一个充满暴力、血腥和死亡的阴暗世界,文 中弥漫着荒谬与绝望。尽管在《十八岁出门远行》中也有暴力,但却更多地看到 了追求与希望的影子。

"旅店"——在作者的眼中就是"我"人生的目标与心中的梦——"公路高 低起伏,那高处总在诱惑我,诱惑我没命奔上去看旅店,可每次都只看到另一个 高处,中间是一个叫人沮丧的弧度。尽管这样,我还是一次一次地往高处奔,次 次都是没命地奔。眼下我又往高处奔去。"这就是青春的初旅,生命的初旅,即 使充满了沮丧,即便伤痕累累,依然一次又一次努力地尝试、奔跑。"我一直在 寻找旅店,没想到旅店你竟在这里。"无数次的苦苦搜寻,"旅店"就在自己的心 里。迷乱与温馨并存,也许在余华的这部作品中,他正在努力尝试着,追寻着自 己心中的那个"梦"。

古老的钟声

影 子

时针与分针在十二点完美相拥
月华与星辉伴着钟声撒落银霜
用年华谱写的乐章华丽奏响
那空旷明亮的教堂午夜未央
是谁开始依风浅唱
诗经里关于幸福的那一方
遗忘所有悲离苦痛
让回忆回到回不去的地方
未曾预见的幸福
犹如掌心的纹路
无人知晓它通向何处
究竟牵绊了谁的脚步
当黑夜吞没钟声
当你我抬头仰望
天秤倾斜的那一方
载着我们沉沉的梦想

捕捉和谐的音符

方梁翡

　　山的沉稳,水的灵动,方能在山水相依时展现出如诗般的永恒;花的艳丽,叶的嫩绿,方能在花叶相拥中迸发出那一瞬间的精彩。"春去花还在,人来鸟不惊",这是一幅人与自然和谐相处的绝妙诠释,蓝天、白云、碧水……

　　在古希腊神话中,海洋女神忒提斯举行婚礼时,向诸神遍发请贴,惟独忘了"不和女神"厄里斯。厄里斯为了报复,抛下一枚写着"属于最美的女神"的金苹果,引起天后赫拉,智慧女神雅典娜和爱神阿芙洛狄忒的争端,最终导致惨烈的希腊与特洛伊之间的战争。试问,古今中外,因为不和谐发生的灾难有多少啊?

　　亚洲大陆,曾是华南虎栖息地的大片森林被田地、房屋取代,濒临灭绝的华南虎如今只能在自然保护区里进行人工圈养,从它无助的眼神中你能感受到和谐吗?

　　黄河,被誉为我们的母亲河,哺育了千千万万的华夏子孙,如今却面临着断流的危险,望着这世界大河的萎缩,你能感受到和谐吗?

　　是的,这种不和谐的音符在世界各地出现,它打乱了历史的步伐,染黑了造物主的画卷,于是听不到和谐音符的人们在大声疾呼。

　　孔子云:"忠恕行则仁德昌,仁德昌则天地和,天地和则万物兴。"

　　孟子云:"天时不如地利,地利不如人和。"

　　陶渊明在"采菊东篱下,悠然见南山"中寻觅到闲适淡远;王维在"明月松间照,清泉石上流"的优美意境中找到精神慰藉;朱自清在月下的荷塘美景中偷得片刻的宁静和欢乐……

　　将相和,则强敌不敢窥伺;

　　师生和,则讲学相长;

　　乡党和,则息讼罢争;

兄弟和,则黄土生金;

……

生态需要和谐,人类需要和谐,社会需要和谐。所以让我们共同捕捉和谐的音符,为我们可爱的家园献上一曲和谐的交响乐吧!

拾遗旧忆

戴璐璐

记忆中的童年是在外婆的打骂中连滚带爬地碾过去的,那是一段难忘的记忆,是谁为我烙下的印,十几年的风雨洗不净的铅华,轻轻抖落在香草丛中,习惯性地散发童年的芳香。

这么多年过去了,外婆的严肃脸孔总是清晰地浮现在我脑海,外婆生气的时候,眼角的皱纹凝成一朵绚烂的花儿,瞳孔炯炯有神,盯得我直打哆嗦。外婆的手很粗糙,像古老的黄土地,岁月中的沟沟壑壑浮现在上边,一条条深青色的经脉横亘其中。外婆的这双手挖过野菜,拿过锄头,缝补过前辈与晚辈的衣服。但是外婆的手轮廓很美,那种古典的美依稀可见,我一直暗暗可惜,原本用来触碰琴棋书画的双手,被一个时代毁灭了。

外婆的竹条永远不会手软,她从小就告诉我:自己做错了事就要承担下来。也不顾我的眼泪乱飞,竹棒几次重重地落在我的手掌,那时我的手掌三天两头有浅红的条印。这也便一次次地在我的童年烙下回忆。回忆总是美好的,回忆里没有恨,是被过滤得最简单最纯净的那一段,散发着茉莉花清香的甜,溶解在追忆路上,洋溢着纯真的幸福。

8岁那年,妈妈把我接回去,我就偷偷把厨房门后的竹条带回了家,藏在我收藏记忆的百宝箱里。就如同后来,竹条成了我回忆外婆与童年的信物。

外婆心灵手巧,能做很多美味可口的食品,小伙伴们就很喜欢屁颠屁颠地跟着我。外婆最喜给我和小伙伴做南瓜饼吃。外婆做的南瓜饼松脆香甜,实实在在的味道,就像我和外婆的感情,浓浓的,看得到,感觉得到。

　　记得有次,外婆做了一盘南瓜饼,交代我说:很快要吃晚饭了,你先吃一个,其他的分给小伙伴们吃,记住啦,不许偷吃。但那时我正饥肠辘辘,闻着香喷喷的南瓜饼,我狼吞虎咽地躲在角落,把小伙伴的那份全独吞了,想起那时的情况真类似猪八戒吃西瓜。

　　回去的时候跟外婆撒谎,南瓜饼和大家分享了。可是吃晚饭的时候,由于吃撑了,根本吃不下饭,嘟哝着嘴。外婆也知道了我独享南瓜饼的事。毫不客气地一把抓起我,像老鹰抓起无助的小兔子,把我丢在门外的草地上,手上开始挥舞她的竹条,竹条没停下来。我歇斯底里地大哭起来,不是害怕,是为自己的行为羞愧。

　　"做人要知足,不能贪得无厌,更要学会分享。"后来这句话一直跟着我成长,深深烙在我的岁月中。

　　长大后,我跟外婆一起外出,发现外婆走路都跟不上我了,背驼了,人变矮变瘦小了。想起小时候,外婆能轻而易举地把我追捕回去。我知道外婆年纪大了。

　　在上一辈的苍老中,我就这样长大。我成了他们的延续,走他们未走完的路,做他们未完成的事。看着一代又一代的背影,溶解在竹条的印象里,溶解在黄土地上。

　　冬日湖光,镜头捕捉每秒时间的碎片

　　发黄的过去和模糊的未来

　　所有随汗水蒸发的青春

　　都在快门按下的瞬间

　　凝结成渺小闪光的一点,拉成长线

　　扩展成记忆里平静的湖面

　　填满一年与一年间的空隙

醇香午后

罗　昙

下午三点,阳光拉长了尾巴,空气里飘送着秋天零落迷离的香气。这样的秋日午后,我开始听一首歌《Let's start from here》,歌手是王若琳。

很多人并不熟悉王若琳,因为她才发行第一张个人专辑《Start from here》,曲风也不是大众路线,而是温暖鲜活的爵士风情和充满美国西部浓厚的蓝调味。这张中英文专辑中十七首曲目,王若琳在专辑中翻唱了耳熟能详的 80 年代红遍全球的英国新浪漫乐团 Spandau Ballet 在 1983 年推出的经典单曲《True》,以及 Billy Joel 在 1976 年推出的单曲《. ew York state of mind》。另外专辑中还收录了最为人熟知的《I love you》,以及王若琳的创作曲《Bada Bada》、《Lost Taipei》以及《Stage of Flying》等众多好歌。

王若琳慵懒却感性的磁性声音被夸耀为有如“入夜后的一杯红酒”,细细品尝,连心都醉了。听过王若琳演唱的人说她的歌声是深深的一股暖流。这位被称为十几年来华语乐坛最值得期待的“新声音”说自己不擅言词,但如果歌唱可以如此吸引人,又何需言词修饰?

听王若琳的音乐,视觉上通常都会联想到“熟女”、“老练”的画面,而事实上演唱者却是个花样年华二十岁的“小女孩”。这样的成熟与经历有关。穿过岁月,仿佛看到十六岁的王若琳在深夜的现场酒吧表演,与乐团在父亲的指导下在录音室里尝试录制不同风格的曲子。乐坛有许多的歌手、艺人,但王若琳属于另一个领域,她可以用简单的吉他伴奏,唱出另一种撼动。幸运拥有这种天赋的人被称为“音乐人”。她的音乐适合静静聆听,安静地演唱,却能收获最精彩的掌声。

一个属于醇香的下午只因为有她“咖啡般香浓,红酒般醉人”的浓厚歌声,很醇很浓,好像她在《Lost in paradise》所唱“I'm lost in paradise”。

又是一年春来到

方　虹

　　关于春天，我想了很多的意象：杨柳堆烟，杏雨梨云，雨丝风片，莺歌燕舞。春天，带着自然清新的气息，恍如一个不谙世事的少女从时光深邃的长巷中逶迤而来。"又是一年春来到，柳絮满天飘。暖风轻扬，桃花红了，榆钱串上了梢。是谁碰碎了翡翠桥，染绿了小村庄。牧童换上了新衣裳，黄鹂也笑弯了腰"。一首歌谣，让人蓦然心动。春，盛载着人内心的宏愿，在万象更新中如约而至。

　　春天，这是一个我们并不陌生的词汇。"天街小雨润如酥，草色遥看近却无。最是一年春好处，绝胜烟柳满皇都。"古人的一声轻吟，就这样把我们带离了白雪笼罩下的城市。或许没有人能够准确的说出，春天到底是什么时候来到我们的身边。只是风在湖面上掠过，于是一池春水尽皱，雨在土地上飘落，于是嫩芽破土，杨柳堆烟。

　　围绕着春天，许多情感会繁衍而出。最初是那一份对于春天的由衷喜悦："春色满园关不住，一枝红杏出墙来。"春天的深深庭院，到底还是锁不住那份从心底弥漫而出的对于自由的渴望。与叶绍翁并肩而行，走在清香飘逸的黑瓦白墙下，心中的澄澈与潋滟的水光山色相映成辉，春色在阳光的渲染下让人由衷感到幸福与温暖。

　　浪漫的春天情调最终抵不过自身现状的困窘，于是，在那一抹灿烂后，总会有那么一两行诗句记录下此去今年的寥寥寂寞。"浮生长恨欢娱少，肯爱千金轻一笑。为君持酒劝斜阳，且向花间留晚照。"诗句不长，却一语道破人心。生活在樊笼里的你我他，无论正是处在"春风得意马蹄疾"的人生得意时分，还是游离在"楼高不见章台路"的低潮阶段，都总是被困在围城里，我们每一步都踏在是与非矛盾的土地上，而快乐也从来不会纯粹。

　　又是一年春来到，二月有风，三月有雨，四月花开无尽，而在此间你我的微笑，才是这不断轮回季节中永驻的春天。让我们为春，为自己，干一杯。

撤去冬日残留的最后一丝寒意
在暖阳下诉说新生的喜悦
生命的希望,脉搏的跳动
那深入灵魂的活力与美好
在明媚的阳光下
吐露着蓬勃的气息
春,已经来到

手挽年华

　　烟花三月,草长莺飞。红红与绿绿,尽是江南好春处。

　　微微仰头,45 度完美视角,以最熨帖的方式去膜拜,醺然欲醉的迷蓝碧落,云丝缱绻。人生最好,天地万物皆有其运数,而我,只有静静守望属于自己的那片明媚。

　　佛曰:一叶一菩提,心似琉璃。释迦祖在《金刚经》中亦云:人生有为法,一切皆梦幻泡影,如露亦如电,应作如是观。那么,我是否可在三千红尘中只取一瓢饮淡然烟岚?

　　曾经浮华,曾经童话。人之一生,无所谓得失。心香一瓣,愿为佛前清灯一盏。流年,岁月,韵华。终究,将你我抛弃在这尘世间。

　　那么,何不好好活着?拼尽全力,呼吸,欢乐,痛楚,生存。活下去。这,就够了。然而贪婪的本性忍不住浅笑,回眸,将记忆风干取出。恍惚间可见少年喧嚣,明亮得足以灼伤今昔自己的肆意阳光,以致于伤口也有琥珀色月光流淌。所有的美好,所有的记忆,是单行的铁轨,一去不复返。人生,是不可回首的旅途。

　　亲人,挚友,爱侣。不可失去,永久存在的是心底的那一份温存。

　　许过五岳为之轻的诺言,誓下三生轮回的海誓山盟,可惜谁都忘了最最多情又最最无情的是时光。所以,不要再妄想回头。可惜吗？是呀,毕竟,那是最美好的自己。连自己都忍不住要欢喜微笑的自己。

　　浅浅弯起唇沿,把自己的身影交付给这一场华美的人世,甚好。纵观人世千百事,手挽年华笑沧桑。

咏　春

燕　子

　　总是来不及缅怀

　　新的感动却又如期而至

　　当最后一丝寒冷被暖阳驱逐

　　当那份独特的孤冷被温暖替代

　　临末冬日,别有一分韵味

　　残雪消尽,逝水流年显得明媚

　　暖春莲步款款,捎来绿意红妆

　　无需缅怀,侧耳倾听

　　自有一番风味藏心间

　　无需哀伤,屏息以待

　　别有一番滋味供品味

　　柳枝依依,飘去春的思念

　　青草萋萋,携着春的祝福

　　新生的喜悦,在大地上俯拾皆是

　　鲜活的生命,在跳动中富有朝气

　　一切在静待生命的热烈

　　静静守望属于自己的另一幅完美画卷

　　春,始于希望

　　春,孕育希望

　　妙不可言,自留滋味于心间

惜别岁月

杨　滟

细数从指间溜走的岁月
缅怀,珍重,难言心中苦涩
也曾驻足回望,拾掇记忆
也曾潇洒挥别,另觅甘甜
只是,流逝的岁月无法重来
讴歌一曲,难掩心中酸楚
聆听梵乐,自得于心
一曲一调,透露哲理
把握时下,感恩一切
希冀未来,紧握年华

书　怀

金　珍

一径,曲折迂回,方可激神旷之向往。
一澜,潮起潮落,方可叠动心之鸣想。
一书,伤恨悲叹,方可显惊世之豪壮。

书者，所以广闻增识解惑也。无书，人不以立，国非以存。天高地迥，不觉宇宙之无穷；月圆或缺，不识盈虚之有数，怎奈人乃井底之蛙也。读一好书，如与贤者共话家常，似与圣人秉烛夜谈。

余观乎《苦菜花》，其文约，其辞真，其情深，悲感盈于胸中。中华儿女多情，只生不逢时。值国家危亡之际，热血青年爱武装，有志而不可止也。母心系国家甚于子女，纵万刀架于项上而不露一字，母不惮死，奈何以死惧之？子志在报国，不因酷刑而改色，功名利禄如何诱？于是乎，四万万人齐抗日，同心同德一戎衣，锲而不舍，拼得百万头颅，终把乾坤力转回。

太史公曰：人固有一死，或重于泰山，或轻于鸿毛。其言然矣，母顾大而忘小，子勇战外敌，天地动容。

纵观历史，爱国多悲苦。陆放翁乃宋之诗人也。其生于乱世。北之金人频频进犯，而国积贫累弱，迫以南迁。少随家流，饱尝辛苦。十八师从曾几，身受其言教，爱国而忧民，二十便立"上马击狂胡，下马草军书"之志。无奈君上昏聩，战势每况愈下。观其一生，仕途坎坷，终不得用，然其不自弃，呼"位卑未敢忘忧国"，其情令后人愧也。杜少陵亦然，其沉浮世态，荣辱人生，命运多舛，却视国家为生命，以民生为己任，虽屈于草堂，仍唱"安得广厦千万间，大庇天下寒士俱欢颜"。

英士，能复得乎？

余实好命，养于乐世。老者不饥不寒，黎民无须争于衣食，庠序盛行。然是福也，亦是忧也。

常闻忧劳可以兴国，逸豫可以亡身。吾等青年切不可荒于戏，毁于随，玩物而丧志也。今强国之任已负于吾身，振兴中华迫在眉睫，吾不担何人可担！兴国三分，二分为德，一分为才，德才兼备，以德治国，以才强国。

余以为，若使智者尽其谋，勇者竭其力，仁者播其惠，信者孝其忠，万众一心，众志成城，则中国必立于世之巅而不落于他国之列也。

此乃余细品《苦菜花》之所得。为母者，为有胜利多牺牲；为子者，视死如归终不悔。非常时期，国人尚有此志也，安宁之世，吾孰能逊于前者乎？

歌声与微笑

——观《放牛班的春天》有感

潘嘉媚

　　春天不仅意味着万物复苏、姹紫嫣红,候鸟一路向南,它更是一个友好的季节,我们大可以欢天喜地,穿红戴绿。所以人们总是习惯用"春天"来形容美好,代替开始,讴歌希望。

　　一群叛逆的孩子,一个暴虐的校长,当他们遇见仁慈的校监,整个校园奇迹般地度过阴霾,迎来了春天。

　　校监马修善良而不失严谨。他懂得人的尊严,因而慈悲为怀。他是个不成功的音乐家,不苟言笑,然而却执着于音乐能使"坏小孩"转变,给人带去快乐的信念。自然而然,同学们都成了小小合唱团的一员。每天的必修课就是唱歌。学着配合,学着使歌声美丽,学着安定。

　　孩子们由最初的五音不成调,到最后的自信与默契,这一变化是深谙音乐魔力的马修意料之中的事。正如我们不必过分担忧花苞是否绽放,权可以静待花香四溢。

　　春洗脱了冬的冷傲和秋的惆怅。当早晨八九点钟,太阳高挂,温暖便在心里静静流淌。人们会莫名地抬头仰望蓝天,并不是为了思念,而是一种祈祷或是感激。抑或只是单纯地停驻,去欣赏向来被遗忘的风景。简单使得春天拥有着可以高歌的权力。在孩子们的世界里,快乐显得纯粹。有歌声,微笑便装满胸膛。就像一场春雨后的彩虹,那样自然,又很可贵。

　　春天似乎有点短暂,来得静悄悄,去得也无影踪。徐志摩先生的那一脍炙人口的诗句——轻轻地我走了,正如我轻轻地来……原来也可以安放在"春天"。学校着火了,学生们安然无恙,这个像是故事的事故却导致了马修的离职。"我盼望着能看见孩子们涌到门口和我道别",这是马修心底里卑微的愿望。可惜并没有。然而在路的转角,孩子们用他们引以为傲的清脆的歌声铺满了整条街,覆盖了临别时的忧愁。挥动的双手,是在道别,更像是无助的表达,也在宣告着,从此后要独自飞翔。

还在念着"冬天来了,春天还会远吗?",一转眼,春天已掠过身旁。不经意地,我们竟看见小鸟欢唱、柳枝嫩绿、蝴蝶翩飞……

走进春天

杨　颖

刚刚抖落掉寒冬的残雪,刚刚穿越刺骨的寒风,春天的微笑还很矜持。

还来不及静静地梳理梦想,还来不及铮铮地鼓起勇气,春天就四两拨千斤地显示出活力。

浅浅的绿意渲染出浓浓的生气,淡淡的花香装点出浓烈的诗情。春天突然给郁闷已久的人们一份明朗的心境,突然给肃杀的世界一个暖暖的美景。

"春光追蹑残冬",诗人斯文本恩曾这样说过。的确,冬去春来,是如此匆匆地。还记得那句古训:一年之计在于春。是啊,朋友,我们该珍惜春天,珍惜当下了。请别再感叹时间的匆匆,请别再迷失于眼前的美景,加快你的脚步,走进春天,去追赶你的梦想吧。

走进春天,别惧怕春天泥泞的小路,别惧怕带有残雪的土地,别惧怕料峭的春寒。只要你辛勤劳作,深埋理想的种子,你的头上永远是明媚的春天!

走进春天,请勿打扰。还是让我们不要为突然冒出的绿意而洋洋得意吧,绿色的升华注定需要执着的生长;还是让我们不要为短暂诱人的花香而流连忘返吧,硕果的培育注定需要艰辛的耕作;还是让我们恭敬地开始,谦卑地起步,孤独地酝酿吧,正如一位哲人所说:"春天里不要做秋天的梦!"

走进春天,让我们以清醒的头脑沉淀躁动,以厚道的心地稳住偏激,以沉稳的步履踏破沉醉……让我们以浓烈的深情书写壮志,以畅快的豪情激荡锐气,以饱满的激情挥洒雄风……

这样的春雨

钱文雅

　　一曲弹奏熏唱天涯倾笑。
　　是谁，婉转千回百般低吟。
　　青涩岩草，失落了阶石。
　　是谁，轻启朱唇泄露眼泪。
　　——题记

　　这样的雨，那样的情绪，便是花季。

　　我曾不止一次想，当我撩起裤脚，闲云漫步在这春天的细雨中，将会是怎样的感觉。是不是如此孱弱的雨丝，轻打在脸上的时候，也有着些微的生疼？只是我迷蒙着双眼看向它的时候，它又俏皮地变成了丝织的绵柔，让人于心不忍，我便真的扔开了伞，顿时一阵清新的感受渗透了全身。

　　它下得那样缠绵，滴滴答答。一刹那仿佛有着这样的错觉，这并不是在下雨，而像是老天为人间布置了一场迷雾，让我们眼中的世界变了，只是在雨里的我们还不知道，世界将会变成怎样。透过雨帘往远处看去，那些雄伟的建筑和穿梭的人群，都只剩下了一个个有些模糊的轮廓，被紧紧地交织在春雨玩闹的网里，如痴如醉。

　　这样的雨，那样的伞，都是期许。

　　天空上时不时地还有几阵闷雷响过，雨水好像被催促似的，大了一阵。可是，不一会儿，又像孩子玩累了那样，开始小了下来。到底该如何叙述这些美丽而梦幻的场景？当我试图模仿着朱老前辈的语句来形容的时候，我词穷了。其实春雨还是那样的春雨，像牛毛，像花针，像细丝……只是走在伞下的我们期待不一样了。

　　这样的雨，那样的美好，正在绽放。

雨中的春,没有了凡世的尘。春中的雨,有了那些玉兰花眷恋的笑。

不晓得忙碌的你们有没有发现,路边的玉兰花开了。朵朵洁白的花朵,像曾经的少年举起宣誓的手,诉说着永不言败的誓言。而那些看似娇弱的花苞,更像整齐的士兵,在这连绵不断的雨里始终昂然挺立着。

于是,忍不住扪心自问,伫足着发愣的我是不是也该挺起自己的胸膛,而不该试图去逃避春雨设起的层层迷雾?

我必须跨出这一步,不为什么,只为去守望雨后的阳光和彩虹,只为去挑战这一场春雨赋予我们的全新世界,更只为去证明春雨过后的全新世界有多么的美丽。

珍藏已逝的记忆

马央央

在图书馆里借书的时候,无意间在一个小角落里看到了小四的《左手倒影,右手年华》。应该是被太多人借阅过的缘故,书已经被翻烂。书本的封面却仍清晰,是我莫名喜欢的黑色底,配上"左手倒影,右手年华"八个白色字,缠绕着红色的花纹。所有关于这本书的记忆,或说是所有关于高三的记忆,一点一点汹涌而来。在一个阳光正晒的夏日午后,我站在图书馆高高的书架前面想我的高三,想我当初看《左手倒影右手年华》时的所有心情。

如果某件事情或某样东西对你的意义深刻,你便会记得所有细节。就像我,我永远记得我第一次看《左手倒影,右手年华》的那个傍晚。高三的时候,我们是寄宿制学校,一个月才有一次回家的机会。那是和以前一样盼了很久之后终于来到的星期六的最后一节课,我记得那是历史课,虽然我一直很努力让自己听课,但是也许回家的心情太迫切,繁琐的历史细节让我在座位上坐立不安,我看到同桌的桌子上放着一本看上去是闲书的书籍,就拿来看,想随便做点消遣。

全黑的封面,简单的白字,红色的花纹,左手倒影,右手年华。一开始对封面和书名就有种莫名的好感,翻开书本慢慢地开始阅读。书本第一页是小四的介绍,配着一张小四签售时的照片。那张照片上的小四,侧着脸在安静签字,那是我印象中最好看最纯净的小四,又多了一些好感。

我不知道别人是不是也会有这样的经历与感受,就是在阅读一本书的时候会觉得前所未有的激动,甚至想大哭。我有,就是在阅读《左手倒影,右手年华》的时候。尽管后来我在读一些书的时候也哭了,但是那些和读《左手倒影,右手年华》时的感觉似乎是完全不一样的。在阅读《左手倒影,右手年华》之前,我从来不会也不可能相信文字所能带给人的力量与震撼。但是,在那个星期六的历史课上,在那个临近回家的傍晚,我在高高的书堆后面偷偷读着《左手倒影,右手年华》,然后哭得一塌糊涂的时候,我终于相信,文字可以带给人很多很多不能用言语表达的东西,也许是力量,也许是其他。

"左手,是我无法忘却的回忆,右手,是我值得紧握的青春年华。中间飞快流淌的,是我年年岁岁淡淡的感伤。"小四在不同的小说里做着同一个自己而已。或许用小四自己的话来形容会不错,小四在书里说:"我不知道自己是不是一个很好的记录者,但我比任何人都喜欢回首自己来时的路,我不厌其烦的回头张望,驻足,然后时光就扔下我轰轰烈烈地朝前跑。"

是的,《左手倒影,右手年华》似乎就是属于小四自己独一无二的青春纪念簿。

一些文字或许也仅仅是在特定的时间与环境里才能给人以最大的感动与鼓励。所以,我静静地将《左手倒影,右手年华》放回原来的位置,我想所有对它的记忆就放在我高三那会吧,那时候对我来说是最最珍贵的一本书。

心中的那片海

辛　娜

三月,来得如此昏昏沉沉。

天空,不知怎的,阴晦转瞬。忽而阳光明媚,好个阳春三月;忽而又阴沉恍惚,仿佛未雨绸缪。

喜欢独处时戴着耳机安静听歌的惬意,让自己浮夸的心找片心灵净土,在这儿得到自由的释放,真的就爱上这放肆的世界。

天晴时,总喜欢在阳光的爱抚下听着感人的歌,它让我觉得爱在心中生根发芽。微笑地望向远方,万物在光晕下慢慢隐去轮廓,再真实都变得虚幻,我的心中也让这肆意的阳光除去那一丝寂寞,自由穿行,汹涌。

天阴时,则喜欢找个安静的角落听着忧伤的歌,它让我觉得感动在心中层层蔓延。总有一丝丝的倦怠萦绕在心尖。但我却固执地不肯就这样睡去,我要挽住这柔软、绵延的情愫,寂寞流淌,无声。

天气影响情绪,似乎是天经地义,我任性地将这一切联系在一起,感受着阳光的颜色,雨水的味道,再让这丝丝情愫沉埋心中,沉默。

这难道是一种逃避,不。只是一种释放。

心中的那片海,掀起了层层涟漪,涛声,依旧。

惜别青春

戴璐璐

青春如记忆的蜘蛛网,在风中痴痴摇曳。

心离家很远,可是我并未走远。

蓦然回首时,我还是徘徊在青春的途中,谁都看得出,我是在流连忘返。那依依不舍的执着,让那些在我年华中一尘不染的过客,隐隐约约织成字幕,轻轻浮现,就好像现在,我面对着屏幕,在键盘上轻轻敲出记忆。

这座城市很孤寂,淡淡的茶香从很远的村庄飘来。低矮的木门之上,铜环依旧,斑驳的锈迹腐蚀着日子,原先是翠绿的年华似画,如今是不落俗世的长者之风。环与门已经粘成一片,浑然天成的和谐,自生命本源的一体。

前生我是扑火的飞蛾,今生我是流离失所的轮回,临波照影,依然是那粉靥的青春?我在苍老的岁月背后窥视他人的青春。

门前的老人告诉我,青春与时间的线条,被双手捻成一线。老人是时光塑成的雕塑,是磬声击成的曲子。但他已是破碎的稿纸,再染不上颤栗的诗句,墨到之处,零落成泥。

他出生于八股的框架中,喝着陈年的佳酿,吃着百年老汤熬出来的茶叶蛋。只有微弱的烛光,点点飞舞的萤火,闪烁在黑压压的丛山之中。但是随着一波一波追梦人的离去,听着一辆一辆挖土机残酷的徘徊声,这一切悄悄消失在梦里。

终究在一天午后,老人将所有的回忆丢弃,亲手将自己的青春埋葬,可是他遗失了青春的骨灰。

青春成了一次流离失所,成了一次无处逃避。

他是城市的背叛者,背叛着城市的一切,他的思想永远停留在回忆里的村庄,坚守在百花深处。

我告诉他,对于你的背叛,你可以用一辈子的时光去打量,再陌生,再逃避,也会留下脉脉故事。可是他固执地摇摇头,然后依旧守在归乡门前,痴痴眺望。他的青春最后选择埋于此,化为齑尘。

迟暮之门缓缓打开,老人在老墙的那端,默默地忘着无痕的天空。他的身影越来越小,在广漠的时间面前,他是那么卑微;在无际的空间之中,他浓缩成了一个点,一个历史的点。

老人花白的头发,带着沧桑和一生的回忆,黯然销魂,唯离别而已,他惜别青春。他的眼睛干涩了,嘴唇龟裂了。他想说些什么,可是犹豫了。老人静静地抽烟,廉价的,和几十年前一样,仿佛什么都没变,只是青春不在了。是他自己,亲手诀别青春。

其实我真的好想问他,青春好吗?

他笑了,天老了,水老了,皱纹舒展了,延伸了,又凝聚了。

七月的蝉声,寂寂寥寥,是在召唤失魂之人吗?被抽干灵魂的傀儡躯体,留恋在青春临末的舞台,翩翩一曲霓裳羽衣,最后沉默成秋。

打翻的香茗,绿色的液体流了一地,我的唇触摸到诱因的本质。淌着青春的背影,流过小桥巴山夜雨,流过雕栏犹在人去楼空,流过故道黄沙枯藤老树。流浪的青春,结束在牛郎短笛张羽洞箫声中,结束在猿啼鹤唳楚天归鸿之后。

二胡是几百年的那个调,树桩是几百度的年纪,路人问我何谓地老天荒,老人出来了,一扇一扇落荒的门,锁住了。我告诉他们,门里的就是天荒地老。

最后一切都成了时间的化石。

重返　梦中水乡

俞丰穗

梦中水乡,是一片青青白白,青色的是屋瓦,白色的是古墙,还有沉静的流水,自剥落色块的门板前流过。

梦中水乡,是一座悠悠的古桥,桥洞绿得发幽,是岁月的积淀,多少时光从此间飞逝而去,而绿依旧是绿。我惟有敬畏地低下头,经过你,也经过那浩渺的时空。

梦中水乡,是一盏古朴的油灯,于深夜的古街中,发出昏黄的光,如同一句恍如隔世的邀请,握不住,却也心领神会。

梦中水乡,是一碗陈年的黄酒,入口初甜,回味甘苦,滴入心头,有化为一种难以割舍的情愫。

梦中水乡,是一辆久违的三轮车,顶着蓝布,摇着铃铛,在不平坦的石板路上,跳着关于风月的舞,伴随着往日的旋律,消失在路的尽头。

一根骨头的怒放

落　漪

就像现在,我紧围着火炉,努力想烤热自己。我的一根骨头,却露在屋外的寒风中,隐隐作疼。那是我多年前冻坏的一根骨头,我再也不能像捡一根牛骨

头一样,把它捡回火炉旁烤热。它永远地冻坏在那段天亮前的雪路上了。——刘亮程

　　九十年后的这个冬末,在第九十个五四来临之前,我的心骤然冰凉起来,随后,我的一根骨头也莫名的隐隐作痛,但是我的这根骨头没有历经那段天亮前的雪路,就为此,我感到的不是幸运,恰是惋惜。多少年的故事在心中酿着,久了,久了,感情萌芽了,每个人心中的味道也出来了。

　　九十年后的今天,混沌的土地苏醒了,硝烟的苍穹纯净了,一轮红色的轨迹沿着风雨飘摇的日子渐渐清晰了。

　　九十张厚厚的历史扉页,摊在春初的阳光中,一张一张过去,我用不同姿态祭奠那些历史的骨头,相信在春的滋润下能够怒放。

　　历史,那是虚枉和广袤的结合体,历史的声音也总显得那么洪亮,那样久久不能平息。强烈的节奏从中华的地平线上缓缓升起,敲打着每个人的胸膛,激荡每个人的心灵,用一种严谨而崇高的态度,在上面刻上中华的字样,刻上年轻的名字,刻画青年的面庞,刻写动人的篇章,用以铭记,谁也不能忘记,我的兄弟姐妹。当再次说起,永别了,武器!

　　我揉揉那根隐隐作痛的骨头,意外地发现它还是那么的年轻。周围正是刚刚燃起的热血,婴儿般渴望的双眼眨动长长的睫毛,青春的赞美诗只写了开头那句,之后的是悲壮的挽歌,一曲一曲,慰问没有归途的灵魂。那一番朝气蓬勃,是那初生的太阳,初绽的花蕊,迎面而来的怎是血雨腥风,年轻的血液沸腾了。

　　那么年轻的生命,为了更年轻的生命,走向了深渊,走向了永恒,成了民族的灵魂,成了民族的脊梁。历史又描上了灿烂的一笔。冬天,我的这个寒风吹彻的冬天终于将要过去了,本以为这是难熬的一季。是他们吧,是那些年轻的生命吧,替我驱走了一个又一个过不去的寒冬。那些历史的先行者,那些炫丽的生命却再也没有再出现在我面前。

　　一双手,又是一双手,点燃了不熄的篝火,用热情和鲜血痛凝成的篝火——"爱国、进步、民主、科学",想要烤热那根冻坏的骨头,点亮我迷惘的未来。

幸福如草

杨　颖

朋友,你幸福吗? 从降生之日起,我们一直在执着地追求着幸福,有时甚至迷茫:幸福到底是什么,又要到何处去寻?

为了将来的幸福,我们背着硕大无比的书包,流着涕泪,牵着大人的手去上学;为了将来的幸福,我们战战兢兢,恍恍惚惚,颤颤悠悠地奔波在一个又一个考场;为了将来的幸福,我们小心翼翼地攒着钱,艰苦地创着业,心悸着别人的暗算;为了将来的幸福,我们爱惜着身体,顾及着名声,劳心着周围的一切;为了将来的幸福,我们……如此一步一步蹒跚,一直到老,却可能始终空空。

其实,我们可能未曾缺少过幸福,只是那些我们日日追求、夜夜思念的幸福,被更多的更复杂的追求忽略着。于是,我们便一直走在寻找幸福的路上。

我们希望幸福是个竹篮子,可以承载那些在生活的深海里打捞出的美丽贝壳。孰料幸福如水,柔而不密,全在你不经意的缝隙里悄然流逝。

我们希望幸福是一座山,即便隔山隔水,也会在一番辛苦过后抵达山顶,攀岩而上,味在其中。孰料幸福如景,不全是攀登至高峰的那种凌云壮观,更多的,却在沿途的一树一亭间。

我们希望幸福是花,能在温棚里娇艳四季,能在室内芳香常在。孰料幸福如草,一棵一缕一片地生长在生活的温湿空地里。

我们希望幸福是一件物品,可以伸手触摸;是一粒种子,可以在春天的土壤里播种,在秋天的麦地里收获;是一些货币,可以整存整取,还可以加息,甚至还能升值。

可惜幸福只是一棵不起眼的小草,在你不经意的瞬间,在你不经意的角落,就那么不经意的遇见,直到路过之后才发现。

幸福,需要善于发现的眼睛去寻找,需要坦然平静的心情去体会,需要知足常乐的心态去储存。

而在母亲眼里,幸福,其实就是平安,就是健康,就是一棵小草,饱受风雨,却根植大地。

重温《昆虫记》

东　方

小学的课文里好像有法布尔写的关于昆虫的文章,但已经记不清是写的什么了。早就听说过法布尔,也知道他写过一本很有名的书——《昆虫记》。可是,我一直没有读过。

前两天,和一位好朋友在打球,忽然就聊到了关于蝉的话题。然后就把蝉从幼虫到最终变为蝉的整个过程给讨论了一遍。朋友问我,你这是从法布尔的书里学到的么? 我说没有,是我自己观察到的。朋友很惊奇。我解释说,我是从农村出来的,从小对乡下的泥土、植物、动物、昆虫之类的再熟悉不过了。很多东西都是通过自己的亲身体验得到的,实在不懂的,就去问长辈或者老师,然后获得知识。

长大了,离开了农村,来到城市。在求学路上,我遇到了许多传道授业的老师,一起"谈天说地"的朋友,正是有他们,我才得以继续丰富我的知识。

虽然一直在学校,假期无一例外地回家待几天,逐渐的,我觉得我的乡村带着我的童年离我越来越远,以前对楼房有一种莫名的感受,在城市里一幢幢的楼房面前,人是那么的弱小与无助,感觉一幢楼就像是蜜蜂的巢,人们忙忙碌碌地进进出出,好像蜜蜂。而现在,早已习惯了在楼栋口的进进出出,舅舅家养的那些蜜蜂,则很少再被我想起。

在书中,经常看到我所熟悉的弥漫着乡土气息的文字,带我回到以前的记忆。但更多的时候,这些书带着我,不停地在观察体验着与乡村有着截然不同的城市生活,就像小时候在观察昆虫一样。几个小孩子围在一起,静静地等待着,被捉来的蝉的幼虫,忽然在某一时刻停止了爬动,所有的人都屏住了呼吸,渐渐地,从幼虫的背部裂开了一条缝。慢慢地,蝉从那条缝隙里探出头来,然后是整个身子,这时的蝉浑身草绿色,身体软软的、怯怯的,蝉翼是一层薄薄明亮的纱。随着时间缓缓流逝,大约两刻钟吧,草绿色的蝉的身体里开始分泌一种黑色的液体,迅速的把自己染成了浑身的棕色。这时的蝉,身体已开始变得坚硬,几只脚在不停的爬动着,在暖暖的阳光的照耀下,振翅飞向空中。

望着飞远的蝉的身影,孩子们满怀着期待,因为它寄托了他们的理想,同时,也保存着他们的秘密。

蝉呢,借着夏日的暖风,早已爬到一棵高高的梧桐树上,伏在枝头,开始高歌。

写 字

胡梦怡

写字是一个隐秘孤独的动作。做得太久,就会想要一片陌生的人海,把自己没有标题的淹没进去。

在人海中每个人都没有提示信号。还好,有音乐,有文字,种种种种,让我清楚的判辨出你。

人不能沉默得太久。发出声音,这是多么温暖的一个动作。也许有时,一段轻微的交谈会比一篇小说更柔软生动。

可是更多的时候,我们一样,在不说话的时候拼命听歌,仿佛想表达的,就这样隐晦地流向自己,不为人知。了解是个困难重重的动作,从来没有生动的可能。

我们清楚划分了彼此的堡垒,但是又没有足够坚固的城墙。我们只有同样倔强的手掌,攥紧的纯洁的拳头。

总是这样。有一天也许我们可以这样失语地交谈。在耳机传出的音乐声中,彼此交谈。途经失误的理解和测量,到达一首音乐的终点。在一些想说话的时刻,我们却沉默太多。我总是连续的听音乐,用耳边微微的温度来抵消沉默。有些我会重复听的歌,是因为那歌词写的很像自己的某个片断。沉溺在自己里,忘记交谈。

　　写字这种发声方式,太过区分了自己和世俗的界限,整个过程独立完成,没有听众。在封闭的房间里太久,走向阳台,那迎面而来的阳光是一小股力量,也许是一股比握笔的右手更有力的力量。今天听音乐时突然写出这些字来。因为热爱音乐,所以生活中许多时刻完全离不开它。然后,带上耳机,沉默太多。独自和声音在自己的世界里交流,不留神就成了习惯。音乐就是自我堡垒的那面墙壁,隔着厚重稀薄的距离,隐埋了我们自己。总有一段我们自以为是的交流实际从未发生过。我们只是听同一支乐队的歌曲,从开头到尾,却自以为,什么着。

握紧你的梦想

影　子

握紧你的梦想

悄悄地将它

揣入心房

让它在那里

萌芽,繁茂,生长

对于悲伤

学着视而不见

有时,我们需要乔装

至于寒冷和恐惧

将被远远阻挡

辟一小块地方

任小小的梦想

在心中自由舒张

雨丝浸透了泥土

阳光烘焙着希望

春已悄然绽放在理工校园

你感受到了吗?

少年智则国智

Shadow

　　梁启超先生曾经有这么一段话:"今日之责任,不在他人,而全在我少年。少年智则国智,少年富则国富,少年强则国强,少年独立则国独立,少年自由则国自由,少年进步则国进步,少年胜于欧洲则国胜于欧洲,少年雄于地球则国雄于地球。"梁启超先生可谓对少年寄予了殷切的期盼和热切的期望。

　　历史犹如一条波澜不惊的河流,蜿蜒地流淌着,贯穿着整个华夏历史。在这其中,我们看到了 1919 年这一特殊的历史时刻。1919 年 1 月 18 日,在遥远的法国巴黎,一场特殊的会议正在召开。作为战胜国之一的中国代表的脸上却丝毫没有任何喜悦的表情。会议在不断讨价还价的喧闹的气氛中进行着。最终,一个决定被推了出来:列强们不但拒绝了战胜国中国的所有合理要求,还把德国在中国山东的特权,全部转让给日本。这样一场赤裸裸的的交易,刹那间,犹如一条导火线,激起广大国人的愤慨。5 月 4 日,北京三所高校的 3000 多名学生代表冲破军警阻挠,云集天安门。那一天,天安门广场上,一颗颗爱国的心在跳动,少年们指点江山,激扬文字,痛斥帝国列强以及那些出卖国家的投降者们。中国的大地震撼了,围绕在中国大地上空千百年来的那股乌烟瘴气,在刹那间,仿佛被一股新生的力量冲破。它所发出的光芒,照亮了此后中国的大段时光,那是历史的一个新起点,它是由一群新生的生命所组成的。那样的力量,代表的是一种无谓的执着,以及初生牛犊不怕虎的顽强精神。

　　转眼,历史也已经翻过了崭新的一页,我们即将迎来了又一个五四青年节。在这新时代的康庄大道上,我们应该怎样平稳地从前辈手中接过时代的接力棒,怎样出色地完成历史给予我们的使命,已经成为了历史赋予每一位21世纪青少年的重任。"少年智则国智,少年富则国富,少年强则国强。"梁启超先生的话仿佛尚在耳畔,而我们应该及时行动起来,用自己的不懈努力和智慧来迎接未知的一切挑战。中国现代女作家、翻译家冰心说过:"一个人只要热爱自己的祖国,有一颗爱国之心,就什么事情都能解决,什么苦楚,什么冤屈都受得了。"怀揣着一颗炙热的爱国之心,新的一代在不断成长。有人说,19世纪是英国人的世纪,20世纪是美国人的世纪,而21世纪,就是我们中国人的世纪!"远去足音凝重,再创辉煌更撼心!"中国经过几十年来的艰苦建设,已取得了"乘长风,破万里浪"的迅猛发展。但我们不要忘记,我们仍然是个发展中国家,还有许许多多地方有待完善和发展,要想国家富强,就必须继续努力,而希望,就寄予在我们这一代人的身上。我们就该努力学习,树立远大的抱负和理想,将来有所作为,报效祖国。

让我们用知识加汗水,以满腔热情,拥抱新希望,迎接这个机遇与挑战并存的21世纪吧!

不一样的美丽

罗　昙

等我来到这里的时候,星星点点的烛火摇曳在山冈。白天只剩下昏黄的外衣,黑夜的凝重从天边一点点缱绻而来。当四月的风带来思念和哀伤的味道,我踏上这条碎石遍布的小路来看望你。十年了吧,你静静地躺在这里。周遭的人和事一变再变,唯一不变的是你周围的风景,依然绿树如荫或者落花成泥。

小的时候,别人总叫你傻子,一个智商永远停留在九岁的傻子。其实你本是聪明的孩子,要不是那次意外事故带走了你脑海里所有的故事,我想你会成为一个优秀的女子。你讨厌别人叫你傻子,有坏小孩叫你傻子的时候,你会拿着石头追他们。回来的时候,你总是光着脚丫,满脸的伤痕。母亲问你鞋子哪去了,你号啕大哭,说那帮坏小孩抢走了鞋子扔进水塘。这时,你的母亲也会垂泪,叹息说:"作孽呀,要是哪一天我走了,留你一个人该怎么办?"

　　我从不叫你傻子,若是你傻又怎会懂得一个乖戾而又寂寞的孩子的心?你离开很久之后的某段日子里,记忆时常被你侵袭,我的梦里依然出现你的身影。天晴的日子,我们在老街的青石板上跳格子,追着挑担的货郎买一毛钱一块的白糖棒冰。雨天,我们蹲在老墙角看青苔。我说喜欢墙角的青苔,它不像野地里的杂草吸收了阳光和水分就会疯长。青苔总是寂静无声地张开一片酥软的绿色,挂上晶莹的雨滴,我说这是最好看的植物,美丽却不声张。你撑着伞,盯着我咯咯地笑……无法诉说的光阴里,我们的身影只是夕阳下、操场上、乡野、老街中一幅幅无声的剪影。

　　在我即将离开老城转到另一个学校的那个暑假,我没有再见你。你的癫痫病一天天加重,人们都说你要疯了。偶尔见到你母亲,她的眼睛也总是肿胀而布满血丝。在下一个雨季到来的时候,只剩我独自撑伞穿梭在寂寥的巷子寻找老墙角的青苔了。

　　在你逝去的第十个四月里,不知道会有多少人记得你的曾经。而我仍旧清晰,因为相信每一多花都有盛开的理由,都有不一样的美丽。

清明浅吟

思　渊

又是一年清明,依然细雨纷纷
只是不见了牧童,不见了杏花村
只有那潮湿的泥土,芬芳的气味
在小心翼翼地提醒着奔波的人们
远处,远处可是一个肃穆的去处!
于是,我们的心情开始变得沉重起来;
于是,我们不得不择阡陌小径缓缓而行;

于是,我们让深切的缅怀和久远的思念
去本能地拱破那麻木的尘封的思维外壳
在令人断魂的意境和背景中
凝望远山一团团素洁的手绢
在淅沥的春雨中模糊;
绕着一缕缕不绝的沉香,在哀思前静止。

致五·一二

杨　颖

2009 年 4 月 4 日,汶川大地震后的首个清明节。纷飞的春雨把我的思绪带到了那一方混乱与悲伤的土地上,那一片废墟上,人们正在拾掇着曾经美好的记忆,怀着暖暖的希望重振着家园。

看着朵朵小白花满天飞起,逝者的音容笑貌宛在昨天。我知道,遇难者家属们,你们一定正在这个以爱和纪念为主题的传统节日里,格外地思念着离去的亲友。

我知道暂时的忘却并不能抹去心底最深处的悲恸,流连在这里,我们的思绪随时都会回到过去,那个令人揪心的五月。但是,我相信你们更明白:地震,它虽能剥夺人生命的权利,但它夺不走生者们重建家园的勇气!地震,它虽摧毁了无数家庭的幸福,但它击不垮整个民族众志成城的力量!地震,它虽造成了汶川人民深深的伤痛,但它也让我们看到了来自五湖四海的关爱!地震,它虽给中华儿女刻上了抹不去的梦魇,但它也使华夏儿女们感受到了祖国的伟大,爱的伟大!

我多想用我仅有的热量,去温暖你们受过伤的心,用手心里爱的温度去烘干你们脸颊上的泪珠。我多想请求你们拒绝今生那段悲伤,点燃生的希望,给爱一个重新萌芽、成长的空间。而此刻,我想我能做的,莫过于转向西南方,向在地震中逝去的生命深鞠一躬。

也许我们可以试着让这祭奠的一刻化作漂在水上的一盏灯,也许它能够载着生者的寄托与那楚楚的悲痛,慢慢地从情感的河道里溜走、溜走;一盏灯,也许它能够擎起死者的灵魂,渐渐地在火焰中升华、升华……

请相信伤口总会慢慢愈合。而我们活下来的价值,就应该是让那倒下的城市重新站起来!人们更需要知道,在抗震救灾中人的坚强与伟大是永不可磨灭的奇迹!

最后,愿死者安息,生者安然。

雨季的思念

王贝蒙

我,想他们了,我的爷爷奶奶。

每年这个时候,都会想起独自一个人躺在家乡山野冢里的爷爷。他已离去了8年,但他那慈祥的身影却始终萦绕在我的脑海里。

8年前的那天,对着爷爷的遗体,想说些什么,却无语凝噎。我连他最后一面都没见着。他在世的时候我还经常跟他顶嘴,嫌他啰嗦。而今回想,追悔莫及。爷爷的魂魄早已不知飘向何方,欲哭无泪。

奶奶也早已步入风烛残年,苍老的脸庞上刻满岁月深深的烙印。一生辛劳,没享过福,到了该享受天伦之乐的时候却仍为儿女操心。有时真的感到心痛。

寒假时隔壁的老奶奶悄无声息地去了,什么也没有带走。就像我朋友说的,生命是不留痕迹的。我看到她的子女哽咽着背过身去,默默走开了。我想,我是怕了,怕某一天,在我还什么都来不及做的时候,奶奶也会被阳光裹走所有的温存。我,会不知所措的。

"树欲静而风不止,子欲养而亲不在"。人世间最悲痛的事莫过于此,尝过了生离死别,也就会更加珍惜眼前人。不要非等到分离的那天,才追悔莫及。

每当我离开家乡的时候,我还真的不知道该如何同那些熟悉的东西告别。

月光照不透厚厚的墙,它的背面总是领受不到月光,我要转身才看得到过往。

我笑着,好像这些记忆已经在阳光下曝晒过无数回却永远无法风干一样,总是鲜活得如同每一缕光束里跃动的尘埃,有时候看不到它们,是活得太阴湿的缘故。

我知道那种害怕的,猝不及防的状态至少已经伴随我8年之久了。而直至看到他们的健硕坍圮成一堵倾颓的土墙,我才知道那些皱纹不是屋檐上生满绿锈的青苔,而是所有细小的付出汇成流,淌过的痕迹。我抚不平他们,像是宿命。

我可以

王嘉榕

我的笔停留在泛黄的纸上,这种纸特殊的质感让我有种历史的厚重感。我屏住呼吸,闭上眼,轻轻摸着粗糙的纸面。我微笑起来,睁开眼,纸上显露出你坚毅的神情。我用手拂过你的脸颊,这种坚韧到肌肉的硬,让我震撼。看着你专注的神情,我又笑了,模糊的双眸中,你消失了。我开始不争气的泪如雨下,我想进入这泛黄的纸中,和你一样坚强、勇敢,但我只会用哭泣来暂时摒弃我的懦弱。

1919年5月4日,北京爆发"五四运动",数百万学生自发走向街头,反对帝国主义强占中国领土,反对封建势力签定不平等条约,继而在全国掀起爱国主义热潮。

我把脸贴在纸上,想与你靠的再近点,感受你的呐喊与愤怒。我仿佛看见你满腔热血,挥洒着激愤的泪水;我听见你在呐喊,"还我青岛!""取消二十一条!""外争国权,内惩国贼!"这震耳欲聋的叫喊让我的心随之颤动。我巴望着,手撑地紧紧的,战战兢兢地想和你一样抬起手,用力挥舞。可是,刚越过头顶的手又虚弱地放下。合上本子,泪潸然而下,我已失声痛哭。

在一次电影颁奖晚会上,一个去世的导演——谢晋引起了我的注意。当他的妻子代替他举起这沉重的奖杯时,她说道:"如果谢晋有做得好的地方,也是由于同志们的帮助"。我悍然,在儿子是智障人,丈夫为了电影却无法给予家庭满意的温暖时,她却毫无怨言,只是说了如此简朴而谦逊的谢词。但当时,人群中却发生了躁动、呼喊,不是因为感动于这段谢词。我的内心顿时刻住了那种感觉。我还不能全懂为何他能够为国家电影事业奉献一切。也许是因为亲情。就如我,想为深爱的爷爷努力做些事,为他完成他很多的梦想。想带着我深爱的父亲走遍世界,和他一起煮酒畅言,让他那种年轻时想闯荡的梦得以延续;想和我深爱的母亲一起在丽江边开家小旅馆,再设一小茶吧。我们一起晒晒太阳,品品粑粑,在优美如画的风景中释放她独特的魅力。或许有人会说,这些仅是我自私的爱,与谢晋无私的爱是不一样的。但我以为小小的我,也可以用我小小的温暖去温暖我周围的人!我永远不会忘记,我也热爱我的祖国!还记得站了 5 个多小时后,当看见奥运火炬从我们面前闪过时,我、朋友与所有的中国人一样声嘶力竭地呐喊。那时候,所有爱国心都被烤热了!我们共同把撒了一路的国旗粘纸,一一拾起,不允许别人践踏。我们所做的也许并不多,但我们会做的还有更多!

我豁然开朗,原来我还是坚强的。我以为我只会撒娇或哭泣,我以为我还是那个懵懂的小女孩。其实早有那么多感觉在我心中发芽生长,早有那么多责任已变成了我追求、努力的梦想。

我再次翻开本子,发现随着人潮继续前进的你在对我微笑,朝我挥手。我会心一笑,温暖如羽毛般靠近。

曲阜与绍兴

—— 在出游中发现历史

东 方

绍兴这座城市,古称会稽,曾是越国都城,与我的故乡曲阜曾是鲁国国都一样,因为其特殊的历史和人物,同样闻名了 2000 多年。不同的是,曲阜作为周之宗邦,礼乐制度均出自王室。《诗·鲁颂·閟宫》中"王曰叔父,建尔元子,俾侯于鲁,启尔土宇,为周室辅。"就是讲述了这样一段历史。因为周公辅佐成王的功绩,周王特许鲁国在祭祀时可以使用天子规格的礼乐。鲁国和周王室的这种特殊关系,在历史的传承中,其文化风格自然会表现为承天顺命,一切都显得中规中矩。曲阜更因为有一位仰慕周公、创立儒家学派的孔子而闻名于世。会稽是古越国霸兴之地,先有覆亡之辱,继存振兴之志,十年生聚,十年教训,一鼓而灭强吴。越王勾践"卧薪尝胆"的故事在不断地激励着后人。古越文化之中显然渗入了这种抗天命而自为的精神,表现出坚韧与不羁。

鲁国与越国,曲阜与绍兴,一北一南,尤其是在交通、信息不发达的古代,原本并没有多少的联系。但是,历史文献中却记载了关于孔子和其弟子端木赐的一则故事。从故事中,我们却发现:越国重新崛起的一个重要诱因,原来发源于遥远的鲁国!

《史记·仲尼弟子传列》中这样记载:"子贡一使,使势相破,十年之中,五国各有变",司马迁关于这件事的描述只是寥寥几句;《越绝书》则描述得较为详细:存鲁,乱齐,破吴,强晋而霸越。翻译成白话就成了下面的故事:

齐国的大臣田常想要叛乱,却害怕高昭子、国惠子等齐国其他贵族势力,所以想转移他们的军队去攻打鲁国。这一计划被孔子与其弟子得知,孔子派子贡游说于齐,"忽悠"齐国放弃攻打鲁国,转而挑战南方的吴国,子贡又跑到吴国把这一消息告诉了吴王夫差,挑动夫差率兵北上中原与齐、晋争衡。吴王虽然答应,但心存顾虑,他害怕越国勾践东山再起。子贡向夫差"打包票"说不可能,然后悄悄跑到越国劝勾践以助吴国争霸为名,带兵跟在吴兵之后,趁吴王夫差在北方与齐、晋两国打得不可开交之际,再带兵偷袭吴国都城。但最后的结局却是:鲁国保全;吴国灭亡;越国崛起。

历史早已成为过去,数千年的文化积淀却深深地浸透在绍兴的每一块泥土里。在烟雨朦朦的季节里,在绍兴古城,避开喧嚣,穿梭在窄窄的小巷子里,踏着青石板路,几处炊烟,数声吆喝,一切显得那么平静,散发着浓郁的生活气息。

贫民窟？　　百万富翁？

梁昌海

It is written，一切都是命中注定的！毫无教育背景的贫民小子却赢得了千万元大奖，疑问、故事、答案在《贫民窟里的百万富翁》中接踵而至。熟悉的贫民窟，熟悉的脑满肠肥的警察，熟悉的严厉拷打盘问，熟悉的美国式民主的宣扬……

性格决定命运。哥哥舍利姆与弟弟杰玛截然不同的命运在影片之初埋下伏笔。为了得到钟爱的影星的签名，杰玛不惜跳进粪坑，而哥哥却只把其签名看成一种有价值的商品。一个纯真，一个市侩，性格决定命运！杰玛的执着个性主宰着他的命运，使其赢得了千万元，而哥哥却在钱堆中从容离世。

苦难是化了妆的财富。杰玛赢得的 2000 万卢布，其实是用斑斑血泪和不堪回首的经历换来的。罗摩教的问题使他想起了儿时的他在惨痛的教派冲突中失去了母亲。100 美元总统肖像的问题使他想起了苦难的童年和他那位被害瞎了眼睛的乞丐朋友。"你被拯救了，我不太走运，这就是我们之间的区别"的安详对话，令人心酸不已，那种令人心碎的豁达、纯真与善良却击中了我们心房最柔软的部分。左轮手枪发明者的问题使他想到了残酷的枪杀现场和哥哥的暴戾无情。板球运动员得分的问题又使他想到了自己曾遭遇的冷漠与欺诈。正确答案的背后，是一个个令人心酸落泪的故事，苦难也是一笔财富！

不抛弃、不放弃。主人公杰玛身上处处都流露出"许三多"的气质。游戏中，他有过好多卷钱走人的机会，但他仍咬牙坚持。因为他来这里是为了寻找失散的女友，她爱看这个八卦节目。多一分钟，也就多一份希望。从人们的欢呼中奇迹诞生了，一个贫穷小子摇身一变，成了千万富翁。其实，这并非杰玛的本意，他简单而来，简单而去，只为找到可爱的提马卡，得知其安全，就足已。游戏结束时，杰玛异常平静，呆坐在墙角，此刻感动他的并不是千万元奖金，而是与爱人的重逢。知我者谓我心忧，不知我者谓我何求。他人眼红于千万元奖金,而杰玛则醉心于心爱女友的回归。两相对比,直指人心,提马卡作为纯真、美好、善良的象征,杰玛追寻的与其说是心爱的她,毋宁说是现代社会稀缺的美好、纯真。寒冬里我们仍有温暖,它与2000万无关。

一场司空见惯的游戏却催生出百万富翁,一场习以为常的竞猜却被演绎的如此扣人心弦、迭念丛生,杰玛是一个神话,一个渴盼奇迹的人们的寄托。无怪乎该片风靡全球,成为经济寒冬里的心灵鸡汤。浮躁的社会里暴富的欲望愈来愈烈,只是,只是谁又晓得这一夜暴富的代价呢?

青春　骊歌

胡梦怡

古词《陌上行》中用"江湖已过十年梦,铁剑新磨刃未发。何处青山英雄骨,今日碧海壮士涯。雨后不许飞虹愿,睡梦乍见紫浣花。寒街独唱少年事,醉携胭脂入酒家。"来形容青少年的意气奋发,确实不失为一种融其意境的绝佳赞美。少年,确是象征着美好。

我们时而哭泣,时而欢笑,不一定记得缘由。相信是一种本属于年轻的力量。相信一切可以从阴霾中走出来,相信未来的梦会实现得让你感动。二十岁的你,应该还记得十年前的放学路上,我们丢石子,买泡泡糖,也许还会手拉着手,蹦蹦跳跳地幻想着未来。

我们时而畅想,时而徘徊。在读悠久神秘的历史时,流连着传说中的英雄。多想,身在故事里。年少不过是单纯的梦想却要在今天背负实现的可能。你累了吗?凤凰花开在忧伤的六月,心头敲击得尤为强烈。此去一别付诸流水,年少的真挚情怀依然甜美,牢记在我心田。

我们时而为他,时而为己。开始必须并肩走,撑一把伞,走一条路,湿半个肩。爱的青涩,着实让人感受万千。这般滋味,年少的你突然绽放出奇异的花朵。我们渐渐地懂得作为子女,应该为父母洗一次脚,做一次饭。也许在他们痴痴地不服老时,岁月的痕迹已经明了。不要为了父母而牺牲自己的喜怒哀乐,更该为了自己努力地适应今后必经的挫折。也许明天你就能懂得。

我们时而迷惑,时而彷徨。失落、绝望在奔跑呐喊,可能就是在一阵风的瞬间。这世事不断改变,青春花开花谢。蝉声响遍蓝蓝的天,我仿佛又回到了故乡的街,美丽的你却已消失不见。物换星移,思念渴望,都成为纪念。多么得珍贵!

二十岁了,童年似乎更像是梦境里才发生过的事。连梦都变得现实起来。偶尔想哭,却怕别人嘲笑自己懦弱,偶尔想天真一回,但质疑的目光频频直射。

过去的何不就让他过去呢,不管曾经的你我儿时对梦想存在多少渴望。毕竟春夏秋冬更适宜去度过,而不是畅想。

二十岁了,你应该多对自己说"我可以"。即使能力没有储存到满格,这份勇气和自信依然是自然而然的沉淀。我可以向自己的偶像学习,拼尽全力赢得胜利;我可以练习靠近那片即将踏进的沼泽,试试深浅;我可以尝试联系原先憎恨的朋友,问问他们过得好不好,哪怕只是只言片语。

相信每一天醒来都是新的希望,都是旧的纪念,都是美的升华。如花一般的少年,相信那年夏天自己骄傲的宣言,相信自己伸手能拥抱全世界。即使偏执,也一定存在着信任,相信可以坚持的信念永相随,相信梦想不会遥远。

华诞·六十

赵 璟

展开手中漫长的画卷,手指轻抚横亘长江与黄河的山川,缓缓的流水激荡着叮咚的源泉,甲骨文的迹痕洋溢着灵性的过往,万里长城的雄伟点缀着青春的豪华,那仿佛是聪睿的智者般,久久俯望彼此壮年的成熟。

六十年的点点滴滴,细水长流,在耳边成为一种聆听的呢喃,那是别样的艰辛和欣慰,独留记忆在此刻停留。

不曾忘怀,如今的灿烂辉煌中,鲜血汇成的血河是如此耀眼和夺目,无数的炎黄子孙让人刻骨铭心。岁月承载着历史的脚步,让大地积淀文明的精华,凝重而深邃的眼眸展露锋芒,宽广而博大的胸怀爆发出熊熊燃烧的火焰,吹响改革的一声号角。

南海之滨的一缕春风,罗湖小村的一抹朝阳,青藏高原的一道铁轨,塔里木油田的一组井架……远见卓识、艺高胆大的革新者用六十载的分分秒秒,见证了小渔村的翻天巨变,见证了新时代的国运昌盛,那满脸绽放的笑容写满了深深的祝福和感动。

沿长江的源头缓缓而下,穿越巍峨的群山,敲响天安门前铜质的匾钟,浑厚的敲击声由远及近,响彻大江南北。忘不了汶川痛彻心扉的摇晃,中南山孤枕难眠的一夜光亮;忘不了奥运壮丽宏伟的纪念,十七天里一次又一次的震惊。在那些不知白天与黑夜的日子里,我们承载着亿万子孙的嘱托和希冀,用生命捍卫起民族的尊严,成为憨实的臂膀,唱响千百年来朝朝暮暮的激情,唱响六十周岁华丽的生日歌。

仍记得十年前的阅兵式,十月的晴空和微风依然在脑海中留有清新的痕迹。整齐的步伐迈踏出时代的浑音,嘹亮的呐喊祭奠英勇的烈士,崭新的科技包裹着祖国的强盛。野草和小米的岁月喂养出的龙族后裔,早已褪下斑驳的缕衣,披上崭新的防卫服,用芳草和纳米修复残缺的墙角。那是记忆深刻的万年青,开放着每段传奇,为传统的土壤播种新鲜的生命,等待十年后的再次苏醒。

仰望蓝天,"神七"盘旋的轨迹依旧俯瞰大地。在一九四九年的春风沐浴下,我们将用六十年的扬弃和继承,在二零零九年十月一日的天安门前,走出国人最风情最坚实的步伐,走出中华民族最璀璨最壮观的方阵!

她

——读《面包树上的女人》有感

钱文雅

面包树的确存在,它是产于亚、美两洲的一种乔木。有人说,女人的幸福是丝萝找到可托之乔木,也有人说,女人最艰难的问题便是面包与爱情之间的抉择。

我很喜欢小娴的文字，淡淡的，不瘟不火。以至当我提笔的时候，我也想就这样。平平淡淡地写完我的读后感。

我一直想一直想，她有着一张怎样的面容，是不是就如我曾欣赏的那些女主角一样，有着一张淡然的面容，或许杂乱的眉，或许细小的眼，或许她并不美。

我一直想一直想，这个故事的背景是设立在一个怎样的环境下。她的周边每天日出日落的是怎样的场景。那些青春的记忆是不是也有我们曾经最温暖的回忆。或许这些都不是一个故事那么的简单，只是她不得已从故事的角度去叙述它，她站在它们身边看书里的每个人物，他们微笑所以她笑，他们哭泣所以她跟着泪流满面。

忘记了谁曾说生活远比小说来的单纯，永远没有小说里那么感情化。却在此刻开始怀疑是否是生活太过复杂，太多人已经不愿去相信它是那样真实地发生在我们的身边。而在那无数个暗夜里，有多少人会如她这样闲散地在等待，就这样等待着最庸俗却最唯美的天荒地老。

我想我很爱她，可是我没有那么清高的笔调，写不出如她般那样优美的文字。就好象一个局外人，看着她的叹气我却无能为力。

我甚至开始怀疑是不是每一天的睡梦里，她都会梦见一个人的眼睛，就那样直直地看着她。会不会开始假想，那只眼睛是书里的某一个。程韵，林方文，还是迪之？亲爱的，谁能判断这是什么样的感情，至少也告诉我那是否就是太多人渴望又不屑一顾的所谓爱情。

我又开始想她一定是骄傲的女子。她情愿双膝跪地双手环抱着自己，那样安静地哭泣，也不愿告诉任何人，她受不了那样的折磨。而我也开始分不清书里和书外，哪里才是真正的画面。

只是小娴她忘记说了，即使没有面包树，女人依然可以活得很完美。真的，我始终都相信着。

此安彼安

王嘉榕

外婆对于小镇的记忆是从建国开始,我对小镇的记忆却年轻地只有几年,小镇在外婆的记忆里的跌宕起伏,贴进我的耳朵,她开始喃喃述说:

"吱嘎、吱嘎……"我揉揉眼睛,睁大,光向周围散开。

翻了个身,透过浅浅的窗棂,对门,走出一个慵懒的女人,抬开门,立在旁边,木门的磨擦发出令人辗转的声音,我用力嗅着雨后的气息,泥土蔓延到整个肺部,母亲的手拂到我的头上,似梦非梦地把我揽入怀,唏唏嘘嘘地埋怨,然后继续酣睡。

吴侬软语,小桥流水,整个童年我便浸在那里。

清晨,鸡鸣。随着母亲走在石板路的街,故意踩得水花噼啪作响,小小的手藏在母亲的手中,这个小小的我,用眼睛满满尝尽木头的桥栏,精美的房檐,近似于清朝的春雨。小镇流传着乾隆曾经来过的故事,京杭大运河静静圈抱着这座小镇,河边浣衣的女子软语绕口,街边上闺房有着小小的窗口。

这是建国初期小镇的故事。我眯着眼睛,思路飞到了外婆的话里,外婆开始停语,拿了小凳,放到门边,开始择菜。我随着外婆,靠在门边上,巴望着外婆还能讲些什么。外婆摸摸我的头,说是一下子说完了,下次我便不来玩了,我摇摇头,母亲这时拉过我的手,"贝贝,回家了,下次再来看外婆。"

向外婆挥挥手,向古镇挥挥手。

时光荏苒。

"贝贝,还不来看外婆,小镇上衣服店多了,也有品牌店了,什么时候来看看吧,外婆带你去买衣服好吗,你现在又长高了吧?"

"嗯,外婆,我学习忙,等不忙了就去。"

"贝贝,政府开始改造房子了,要建新房子,你再不来看看,以后旧房子没有了,你不想念外婆给你讲的那些故事吗,那些房子都有故事的,你还不回来吗?"

"外婆，不好意思，我要中考了，考完就回去吧。"

"贝贝，我担心老房子要拆了，政府要埋河了，我看木头房影响城市规划，迟早要拆掉的，贝贝，我很担心，这是历史啊，皇帝来到过这里，不能拆，不能拆啊……"

"贝贝，我老骨头也移不动了，来看看外婆，外婆还住在这里，我倒认为老房子顶好，我不习惯睡高楼，贝贝，来看外婆好吗?"

"外婆，等我。"

风霜的古街多了一个青春的身影，我转过街角，球鞋与石块发出轻微的摩擦。我急急走过廊屋，快步越过堂厅，张望到一位花白头发的老人，安详地坐在凳子上，她抬头，眼角的皱纹如水波般漾开。

我与外婆走在古镇河边。

此岸，古镇仍恬静地在运河的怀抱里，彼岸，高楼大厦此起彼伏。经历了建国 60 年的时光，小镇在传统文化与现代大潮的撞击中健康成长，此安彼安，而这样的小镇并不是独一无二的，它们真实存在于国家的各个角落，继续发展、繁荣、富强，继续繁衍生息。

放"气"

佛　笑

有一位脾气古怪的妇女，时常因为一些无足轻重的小事而生气。她也知道自己脾气不好，但她总是控制不住自己。

一位平时与她关系稍稍好点的邻居一日对她说："附近有一位得道高僧，你为什么不向他求教，请他为你指点迷津呢?"于是妇人抱着试一试的态度去见那位禅师。

老禅师听了她的诉苦后，一言不发，径自将她领到一间禅房中，然后锁上房门，默然走了。

妇人原本想从禅师那里听到一些指点她的话，不想禅师一言未发却将她锁在了这间又黑又冷的屋子里。她简直气疯了，气得直跳脚大骂，但不论她怎么骂，老禅师就是不理会她。妇人实在受不了了，便开始苦苦哀求，老禅师依旧无动于衷，任尤她在那里说个不停。

过了许久，房里终于没有声音了。"怎么样？还生气吗？"老禅师在门外问。

"我只是生自己的气，我怎么会听信别人的话，来你这里！"妇人在门内愤愤地答。

"你连自己都不能原谅，更何况他人呢！"老禅师说完，转身走了。

过了一段时间，老禅师又问道："还生气吗？"

"不生气了。"妇人回答。

"为什么不生气了呢？"

"我生气又有什么用，还不是被你关在这又黑又冷的房子里。"

禅师说："你这样其实更可怕，因为你把气都压在一起，一旦爆发将会比以前更猛烈。"说完又转身离去了。

等老禅师第三次来的时候，不等禅师问她，妇人便先答道："我不生气了，因为你根本不值得我生气。"

"你的气根还在，还没有真正从气的旋涡里摆脱出来。"老禅师说道。

又过了一段时间，妇人主动问道："禅师，气究竟是何物？"

禅师并不答话，而是有意无意地将手中的茶水泼在了地上。妇人如醍醐灌顶，终于顿悟。

苏东坡一生大起大落，可谓是命途多舛，到晚年，终于还是一句"回首向来萧瑟处，归去，也无风雨也无晴"，洒然自脱。

佛家有云："若执着此生，则非修行者；若执着此间，则无出离心；若执己目的，则失菩提心；若执取生起，即失正知见。"遇事以心辨之，不可执着于象，如此方可见如来。

落花随水去，笨竹引风来，用心看世界，如此烦恼逐渐消失，浮躁慢慢散去，压力得到缓解。

常为自己放气，让你的心重获自由。

剑　道

一道残阳

　　不语的夕阳,凝重得仿佛圣哲的感叹。无语的微风,游丝般在剑锋上艰难的流动。

　　他们依旧在对峙,在凝固的时空里无声地对峙着,犹如两座静默的山峰。

　　橘红色的霞光里,那炷芬芳氤氲的檀香仅有一丝淡淡的星火了,在残阳的余晖里萤火般若隐若现。

　　有嘶哑的鸦啼自头顶浅浅的划一而过。

　　那两柄好像在空中生根了的剑依旧平静地互相对视着。

　　倏地,一直不知为什么惊叫着的鸣蝉慌乱地飞向大师兄无心。

　　就在那一瞬间,剑,和大师兄对峙的那柄剑,在师弟无缘手中猛地一抖,便如一张寒气逼人的剑网铺天盖地地罩向了大师兄。

　　大师兄无心也同时手腕一顿,剑锋急速绕过那只蝉时,无缘的剑便似一道流星划过,无心左手的三根带血的手指便在地上跳了起来。

　　瞬间,两人各自跃开。

　　无缘一脸的灿烂。

　　无心依旧是旧时神态,他缓缓地摊开左手,不,伸开仅有的两指,艰难地向上一抛,那只蝉扑楞一下便飞向了那片如画的丛林。

　　这时,不远处的师父秋水般平静地走过来,缓缓地说道:"无心可以出师了。"

　　"什么? 师父,可是我胜了师兄呀,并且您平时不总说我们不相上下的——"

　　"是吗?"

　　"是的,师父。"无心也接过话茬。

　　"并且,这次较技,很能说明我善于抢占有力时机,假借外物,证明我已得剑道精髓,同时,我还可以杀掉大师兄,但我没有。"无缘焦急地望着师父,不禁有点困惑了。

"可是,剑道的最高境界并不在于杀戮,而是在于忘我、博爱啊!"师父依旧秋水般平静。

雨的袈裟

沈佳娜

瑰丽烟霞
隐没在今朝的油纸伞下
茫茫雨幕
溅起了昨日的思念水花

乌篷船头
你的背影犹如一粒远飞的沙
青石桥上
我的模样成了一塑定型的蜡

任它淋湿我的脸颊
暂时放开对你的牵挂
曾经的小桥流水人家
编织了太多美丽的喧哗
而今已枯藤老树昏鸦
避免了和你重逢时的尴尬

惊鸿一瞥来时的痴痴傻傻
泛若清梦般缠绵的浮华
扔掉你的油纸伞
不管眼里的泪花
转过身
只不过是一场雨的袈裟

虚构的记忆

赵丹丹

血红的窗帘阻挡着阳光的侵入。窗帘外的一切只是摆设，与我毫无瓜葛。老式沙发让我深陷其中。合上双手放在胸前，默念拯救灵魂的咒语。灵动与木讷的交替让我变得神秘。意识融入目光在房间里流动，从水晶地球仪铃到鱼骨状檀木风铃，一样比一样不合时宜。我可以很明显地感觉到屋里的冲突。而这种不可名状的冲突从我意识到自己的记忆在没有规则的不断变幻时就开始了。

我一直试图以合适的姿态叙述过去的事情。若真如柏拉图所说，一切知识均为回忆，那么我害怕自己经历过的都忘记了，而未经历的到死都记不起，到那时我就一无所有了。可我的记忆总不肯呈现最初的状态，每当我提笔时它就像云一样让人不可捉摸。以至于我的过去有无数个版本，或忧伤，或纯真，或兼而有之，似乎比未来更能引起我的兴趣。这大概也是许多事情只有我一人记得的主要原因，而其他当事人若无其事的表情也就不难理解了。我一直期待过去会像小羊羔一样温顺地近乎完美地呈现在我面前，让我很有把握地精确记录。这一天却迟迟不来。我开始紧张起来。

直到重看余华的《在细雨中呼喊》，他在意大利版自叙中写道：当人们无法选择自己的未来时，就会珍惜自己选择过去的权力。记忆的动人之处在于可以重新选择，可以将那些毫无关联的往事重新组合起来。这大概就是我一直所谓的看不到未来，却对过去充满希望的原因，是想象在作祟，它拉开了我和现实的距离，让我像过客一样仰望过眼烟云，一再被烟云的形状所迷惑。但毫无疑问，这种变幻莫测的过往丰富了我的现实生活，当然它也与我自己所处的环境脱不了干系。这些又在王朔的《动物凶猛》中得到印证。马小军回忆与米兰的那段经历时，一种美好的情愫洋溢字里行间，也混杂着青春期的萌动。可到最后，当马小军怀疑那段经历的真实性时，我们可以试着想象他叙述时心情。或许他一直都在虚构自己的记忆以丰富自己的经历与当前的生活，而那种被虚构的经历可能是他一直期盼得到却始终无法实现的。从一开始就是幻想，很多年后，幻想成了记忆中的"现实"。所以到最后，这种无意识状态下的虚构的记忆迷惑了马小军，他觉得自己的记忆处于不断的变幻之中。

　　至此，我再也没有理由因无法用文字重现自己的过去而耿耿于怀。

六十岁的孩子

落　漪

你等在黄河岸边，一等就是六十年
乌丝尽成白发，笑容愈加年轻
苍老的额头皱纹渐渐舒展了
像花晕一般悄然而现

我站在长江的这边，一站就是六十年
从呱呱而泣的婴儿，长成了风度翩翩的少年
我喝长江的水，吃黄土地的粮
我是炎黄子孙不朽的延续

土地越踩越有劲，我们越活越年轻
五千年光辉在六十年的宣纸上漫开
千疮百孔的身躯开出绚烂的花朵
这土地这天空这山这海足够的坚忍

六十年前，你见过烽火硝烟
从腥风血雨中挺起了胸膛
流过血的手臂，重新撑起一片天
受过伤的心灵，找到年轻的真谛
六十年后，我想念受过苦的土地

凹凸不平的土地再次欣赏生命的笑
饱受煎熬的双眼,依然可以是明亮可鉴
干涸苦涩的双唇,字字吐着幸福的诺言

黄河滚滚长江涛涛唱不完的赞歌
昆仑大地五十六民族写不尽的诗篇
我在历史这头,随轴而下
我们血脉相连,息息相关

他等在青藏高原,一晃就是六十年
他醒的时候他们永远地睡去了
六十年是人生的一个甲子
每一个片段相互耳语

她守在巍巍长城,转眼已是六十年
那守望像是苦行僧的一种修行
六十年是中华历史的一段曲子
孩子般的笑靥捧在谁的掌心

六十年来,抬头
我看到满天永恒的星斗
不过六十年,一只鹰死了
它的梦想依然盘旋在我们头顶

六十年来,低头
那还是不褪色的黄泥
不过六十年,一代人走了
有的在碑上有的在心里有的成了文字

还有的是一抔黄土和一串谜
被人散在某个角落,被风吹到某座宫殿
被时间慢慢遗忘慢慢记起
这个孩子活了六十年但还是纯真的孩子

谁站在黄河岸边,谁站在长江对面
谁望着青藏高原,谁听着世界的呢喃细语
谁数着六十个日子,谁翻着六十张日历

我想起我的父辈,我的子孙想起我

谁第一个死在这里,谁第一个在这里站起

这里的坟墓这里的土地这里的人这里的事迹

六十年后,又是一个六十年

这个微笑的孩子六十岁了

扬州印象

——在出游中发现历史

东　方

　　读书的时候,读到李白的"烟花三月下扬州",读到杜牧的"春风十里扬州路,卷上珠帘总不如",读到唐人徐凝的"天下三分明月夜,二分无赖是扬州",读到姜夔《扬州慢》里的"二十四桥仍在,波心荡,冷月无声。念桥边红药,年年知为谁生?"时,总是不自觉地想象古时扬州的美,内心自然产生很强烈的羡慕之情。只是那个时候我在读书,袋里无钱两手空空,只有作罢。工作了,渐渐有了出去走走的想法,机缘巧合之下,我去了扬州。

　　扬州给人的感觉是一座古典与现代结合相得益彰的城市,看它的建筑遗迹,可以推断出古代扬州的繁华。以前总以为苏州是园林的代表,到了扬州才知道,扬州的园林一直闻名海内,清人曾有"杭州以湖山胜,苏州以市肆胜,扬州以园林胜,三者鼎峙,不分轩轾"的评价。这对当年三座江南城市的点评是很契合的,只不过到了现代,苏州园林的名气却盖过了扬州的风头。在农耕文明时代,天然的自然条件使扬州成为富庶的鱼米之乡,两淮盐场的集散地。大运河的开凿,为扬州城的繁华创造了更为有利的自然交通之便。而千年历史的兴衰治乱,历史人物的趣闻轶事,更是丰富了扬州的人文底蕴。正是扬州的美,以致隋炀帝客死江都,而清朝的康熙、乾隆多次下江南。扬州也是重点停驻的地方。"腰缠十万贯,骑鹤下扬州",也许就是当年人们对扬州富庶、奢靡生活艳羡的真实写照。历代的文人雅士,也多有人与这座城市结下了缘分,杜牧、欧阳修、苏轼曾经在这里任职，最著名的更当属"扬州八怪"，在绘画界中举足轻重，只是人们偏重于谈及文人墨客的辉煌成就，像郑板桥寄寓扬州卖字画时的困顿窘迫，却不容易被导游提起。

　　历史上的扬州，几经战乱，昔日的繁华逝去，却也留下了瘦西湖、何园等著名的园林景色，似乎给后人诉说着源自隋唐以来说不尽辉煌与繁华的"扬州梦"。而现在的扬州，虽地处苏南，位置却在江北，当现代化的步伐在长三角地区飞速前进时，扬州似乎还没有在"梦"中醒来，也许正因为如此，在现代与传统、商业与文明激烈冲突的当代，许多城市纷纷在商业与"现代化"的侵袭下不断陷落。而在扬州这一方土地上，矛盾的双方却势均力敌，使得商业的触角没有以现代化的名义伸的太长、太深，也使得扬州在城市发展进程中，虽然难免有急功近利的冲动，却始终保持着一种从容不迫、热闹却不喧嚣的风格。

　　或许这是一件好事情。

不说再见

魏　京

　　曲终人散，青春摇曳。唱完一首毕业的歌，念完一节毕业的诗，终究还是搭上毕业这趟车，在泪水与祝福铺就的路途上，缓缓启动，徐徐向前。

　　回想这四年，生命中最繁华的时光，谱写了太多的故事，沉淀了太多的眷恋。大一的舞台，大二的书，大三的朋友，大四的路。我们在每一个意象中寻找自己的影子，又在每一个影子后黯然神伤，因为过了今天，这一切，都将成为记忆，永恒而独放异彩的记忆。

　　我们看着随园翻土改造，如今早已是绿园一方；我们乘着熟悉的公交，363和369成为难忘的铭牌号；我们迎着理工的大风，让衣衫在风中鼓动、飞扬、咆哮；终于，我们就要离开，离开这里，离开这生活学习工作了四年的地方。

　　很多记忆都带不走，很多故事属于理工，也属于我。曾经让我的声音传遍理工的角落，在夜幕降临时分，送去属于我的电波；曾经在可珍的舞台上，唱歌说话,也为别人的风采做着幕后;曾经在办公室里待到很晚,也因为策划活动通宵达旦过;曾经在运动会的看台上嘶声力吼,即便不是运动员也要为他们拼命加油;曾经在石磷的隐蔽下,参加了四次军训,不同的身份品味着不同的感受……在曾经里有太多的故事可以追溯,有太多的心情可以诉说,而一切只将作为记忆,在我们的心底永远闪烁。

舍不得。舍不得离开校园,舍不得我们的足迹,舍不得我们和学校已然融合的心情。最舍不得陪同我们经历了四年风雨,四年春秋的人们。谆谆教导循循善诱的教授老师和辅导员,谢谢你们;同甘共苦同进同退的同窗们,谢谢你们;相互扶持相互理解的朋友们,谢谢你们!

还有就是你,朋友,大学里最重要的成分,在我们大学时间轴上的每一个点中都弥足珍贵,因为朋友,大学才是大学,青春才是青春。一起分享成功的喜悦,承担失意的难过。我们错,但是我们不后悔,因为错过以后,才能真正地往前走。谁说青春不能错,离别之期,寥寥无几,这班朋友,才是生命中最值得珍惜,大学毕业时刻最舍不得的人。

不说再见,我的同窗室友;不说再见,我的恩师向导;不说再见,我的青春记忆;不说再见,我的挚友挚交。

再看一眼理工的建筑,感受一次理工的风,走一走理工的校园小径,然后,很平和的,迈出校门。

又是一年离别时

方　虹

六月,当夏虫还在枝头无忧无虑地鸣叫,当鲜花还在花园优雅地绽放,当校园的广播还在欢快地播放,当一张张稚嫩的脸庞还在迎接一个个挑战,你们走在我们的前面,穿着长长的学士服,欢呼着将学士帽抛向无垠蔚蓝的天空。

你们总是走在我们的前面。用微笑,拥抱了还在踌躇的我们。记得刚刚进入大学的第一天,是你们,领着我们进入这样一个完全陌生的环境。是你们,耐心地告诉我们学校的布局,细细地向我们解释各项规章制度。是你们,让我们在夏天来临的时候,不再惧怕那些未知的潜伏着的挑战,即使跌倒流血,即使孤单落泪,也不会再次回首停滞不前。是你们,让我们终于在不断的跌倒和站起中明白,站起来的过程是靠自己完成的,未来的生活是需要靠自己的双手来创造的。是你们,让我们下定决心,像你们那样,要做一个独立、坚强、积极的人。你们,就像这夏日里的凉风,当我们迷惘不知所行时,你们会悄悄告诉我们方向;当我们一个人寂寞得想要落泪的时候,你们总是恰逢其时地出现在我们的身侧帮助我们。

你们总是走在我们的前面。你们总是这样默默地做着。这样默默地做着的你们,独立而又坚忍,不知不觉,形成了一种属于理工人的特有的品质。就是这样的一种独特的性格,已经成为一个风向标,它不断指引着后来的我们,踏着你们的脚印,一步一步,向着光明的未来,前行。

又是一年离别时,也许这种分别的场景,对于一直在旁边观看的我们来说,早已不新鲜。我们只是站在你们的身后,看着你们欢笑着,欢呼着,把学士帽抛向无垠蔚蓝的天空。你们在夏天来到我们的身边,而又在夏天,离开我们。你们离开时校园,走向一片更广袤蔚蓝的天地,那里有新的喜和悲,那里有新的故事等待着你们去经历。走在你们后面的我们,看着你们离开时潇洒的背影,也被你们最后一刻的美丽感染着。感谢你们,是你们,让我们明白了太多太多关于成长的道理,也是你们,让我们明白离别不是结束,而是一个崭新的开始,一个象征着飞向更广阔天地的新开始。龙是属于九霄天的,那里才是你们的天地!

又是一年离别时,浊酒一杯,长途漫漫,希君珍重,不诉离殇。

今夜,遥望海的那一边

多少个思念,遥遥寄月一弯;多少个眷恋,托付星星数点。远方的你啊,何时归来?——题记

　　沙哑的"哗——哗——"声,一遍一遍拍打着海岸的礁石。我们的母亲,她独自一人,遥望着海的那一边,心中如海鸥一般,在夜色海风里悲鸣。她的背后,繁华和喧嚣还在继续。觥筹交错中,欢乐与祝福溢满酒杯。灿烂礼花与绚丽灯火映红了她的脸庞,也使得两颊上的那两行泪痕分外清晰。六十年了,台湾啊,你是否还记得,今年今夜,是我们的母亲的生日?

　　又是一个团圆时,却也又是一个伤心日。六十年前,你的离去,在母亲心中种下了这六十年来连绵的痛。当香港挣脱重重阻拦,一头扎进母亲怀抱的时候;当澳门唱着《七子之歌》,含泪拥抱母亲的时候,台湾啊,海外漂泊多年的母亲的游子呵,你是否也想家?是否感觉到了母亲日夜萦绕心头的牵挂?

　　六十年来,千千万万颗心,在思念里挣扎。正如舒兰的《乡色酒》中写道,"三十年前,你从柳树梢头望我,我正年少。你圆,人也圆。三十年后,我从椰树梢头望你,你是一杯乡色酒,你满,乡愁也满。"每每满月时,我们的思念也就更满了。可是渐渐地,我们有些绝望了。"夜夜/是望/夜夜/无月……夜夜/无月/夜夜/是望。"就像李春生的《无月的望》表达出的那样,我们常常含着泪,却望不到你踏上归途的身影。而母亲,仍在思念中执着地等待。六十个春秋轮回,无论你遭遇过什么,做错过什么,母亲依然在盼你回来,我们依然在岸的这头等你!

　　六十年来,我们知道,其实你也想家。就像余光中先生《乡愁》里说的,乡愁便是一枚小小的邮票,一张窄窄的船票而后的一方矮矮的坟墓。而现在,乡愁是一弯浅浅的海峡,分隔了你我。"葬我于高山之上兮,望我大陆。大陆不可见兮,只有痛哭。葬我于高山之上兮,望我故乡。故乡不可见兮,永不能忘。天苍苍,野茫茫,山之上,国有殇。"于右任老先生感慨悲愤地哭喊出了这首《望大陆诗》。其实我们的母亲也同样痛彻心底,泪染红襟。台湾啊,我们多想即刻就把你带回母亲身旁。

　　"我们是东海捧出的珍珠一串,琉球是我的群弟,我就是台湾。我胸中还氤氲着郑氏的英魂,精忠的赤血点染了我的家传。母亲,酷炎的夏日要晒死我了,赐我个号令,我还能背水一战。母亲,我要回来,母亲!"听,闻一多先生的呐喊,你的呐喊!我们在期盼,母亲期盼!我们一齐张开臂膀,随时准备着,迎接你的归来!

园丁颂

梅笑雪

　　九月,是温暖的季节;九月,是收获的季节;九月,是感恩的季节。老师,是这个季节的主题。岁月如歌,感念师恩。对于每个人来说,在我们从顽皮稚童到青涩少年再到风华青年的生命历程中,老师,都是最值得我们尊重和感恩的人!

　　9月10日,教师节,一个神圣的,令每个有过学习经历的人都充满怀想的日子。大千世界,漫漫人生,总有那么一些事令人难忘,总有那么一些人令人敬仰。无论是过去,还是现在,一代代人民教师淡泊名利,安于奉献,坚守在三尺讲台,守护着祖国和民族的未来。他们毫无保留地传授着自己的学识,以学生的成长进步为执着追求。无论是润物无声的悉心教诲,还是坦诚直言的严格要求,都寄托着他们的厚爱和期盼。在第二十五个教师节到来之际,让我们一起重温那些令人感动、令人难忘的点点滴滴。

　　"古之学者必有师。师者,所以传道受业解惑也。"这是出自于韩愈《师说》里的开篇,短短的几句话,准确地告诉了我们老师在人一生中所做的贡献。有人说,老师是梯,以伟岸的身躯托着别人步步攀高;有人说,老师是烛,以不灭的信念照亮别人不断向前探索;有人说,老师是石,铺平道路为他人前行;有人说,老师是园丁,辛勤浇灌着艳丽的花朵。其实,教师也是凡人,只不过他挑着的是提高民族素质的重担。他所从事的是教书育人的神圣事业。百年之计,莫如树人。"捧着一颗心来,不带半根草去"。

　　老师的爱,总是深埋在心中,纵使我们会觉得它不见影踪,但它总是默默地、静静地为我们撑起理想的天空。回想中学的老师,总是以拖堂著称。纵使我们已经"几欲先走",老师们也仍在耐心地讲解,却也因此换来了大家的怨言。但若我们仔细观察老师那离去的背影,总会发现,那一缕缕青丝被覆上了白霜。在故做坚强而挺起的脊背中有着不为人知的疲惫。因为我们只是在汲取,而老师却是在不停地浇灌啊!

古人云:"一日为师,终身为父。"片言之赐,皆事师也。更何况,我们从小就受着老师的教诲。试回想,从前的老师的音容笑貌可还存于你的记忆?试回想,从前的老师你已有多久未去探访?试回想,哪一个老师不是倾囊相受,希望学生超过自己?饮其流者怀其源,学其成者念吾师。师,是一个多么高尚的字眼!师,是一个多么辛苦的字眼!挑灯夜战,辛勤操劳,无论怎样,都自己一个人背负。

美丽的九月,积攒了太多的美好。在教师节来临之际,采一束鲜花送给老师,折一张卡片送给老师,真诚地祝福他们:节日快乐! ——天涯海角有穷时?熏唯有师恩无尽处!

个园

——在出游中发现历史

东 方

在扬州,除了这个城市的宁静与秀丽,给我印象深刻的还是几处风景名胜或者历史人物名字的"怪"。像瘦西湖的"瘦","扬州八怪"的"怪",还有一处园林,竟以"个园"为名,且位列中国四大名园之一。看过了苏州的园林,总感叹古人"咫尺间有天地"的园林营造水平,到了扬州,才发现真正的"祖宗"却在这里。

个园由清朝嘉庆年间两淮盐商黄至筠在明代"寿芝园"的旧址上扩建而成。园主黄至筠出身河北赵州一个仕宦家庭,早年丧父,家道中落,靠着自己的经营天分与盐业垄断的暴利,在扬州发迹。与那个时代暴富的人们一样,黄至筠也买了地,为子孙置下产业。虽是盐商,园主人却并没有像市井小说中说的满身铜臭。早年所受传统四书五经、诗文雅艺的熏陶,从个园的设计营造布局仍能流露出主人的心智和情趣。

个园以竹子尤为著名,园名中的"个"字,据说也是取了"竹"字的半边,应合了庭园里各色竹子,像龟甲竹、方竹、罗汉竹、紫竹、黄皮刚竹、斑竹、箸竹、大明竹等,散种在园内。此外,"个"字,也像极了竹子顶部的每三片竹叶的形状,园门两侧各种竹子枝叶扶疏,在月光的映照下,白墙上的影子也是"个"字,便也有了"月映竹成千个字,霜高梅孕一身花"的妙句。更因当时园主人名"至筠","筠"亦借指竹,加之主人喜欢竹子有"本固、心虚、体直、节贞"的君子品质,所以成就了"个园"的名声。

此外,能把山石建构出反映四季风光景致的,非个园莫属了。在造园时,工匠们运用太湖石、黄山石、宣石等石材,堆叠而成"春、夏、秋、冬"四季假山。表达出"春山艳冶而如笑,夏山苍翠而如滴,秋山明净而如妆,冬山惨淡而如睡"和"春山宜游,夏山宜看,秋山宜登,冬山宜居"的旨趣意境。正是这丰富而又细致的表达,个园被誉为是中国园林的孤例。

虽名"个园",但从来不是形单影只,"月映竹成千个字",月中竹影,映在地上,随风摇曳。身处其中,推己及人,由己及众,这显然赋予了"个园"独特的意境。孟子云:独乐乐,与人乐乐,孰乐? 曰:"不若与人。"曰:"与少乐乐,与众乐乐,孰乐?"曰:"不若与众。"多与少,独与众的辩证,从个园的名字上逐步引申开来。或许,在某种意义上,个园也是"穷则独善其身,达则兼善天下"这一士大夫训条的历史印证吧。

如果我是一只将死的鸟

罗　昙

如果我是一只将死的鸟,
定要冲破牢笼的束缚。
用尽最后的力气,
享受飞翔的自由。
纵使粉身碎骨,
纵使泣血哀哭,

生死桎梏，
我一点儿也不在乎。

如果我是一只将死的鸟，
最后歌唱生命的繁芜。
也许清脆的歌声好像啼哭，
可是乖巧的孩子，
这是我对你的祝福。
明天早晨，
当初升的太阳落在你的窗户，
不知你是否会有短暂的恍惚。

如果我是一只将死的鸟，
等我死后，
请将我葬在篱笆花墙。
我也要当一瓣花朵，
好让泥土腐朽了身躯。
厌倦了天空，
泥土的拥抱，
是飞鸟的寐求。

如果我是一只将死的鸟，
含着热泪离开凡尘，
善良的人儿啊，
请将我记住！

国旗在召唤

——观天安门前升旗感怀

缪秀生

清晨伫立在清风里企盼着
企盼着那深蕴光明和幸福的
一袭轻盈的红云
企盼着那高扬热烈和激情的
一泓明丽的火泉
啊，在破晓的东方
五星红旗与太阳同时升起
升起在写满英雄史诗的神州大地
屹立于每一个炎黄子孙的心田
鲜艳的五星红旗
您奔涌着先烈们殷红的血液
中华儿女用正义和赤诚
锻造出您的灵魂
使您的每一根经纬
都蕴着质朴而又深刻的内涵
您与"镰刀铁锤"
辉映着太阳的光波
引领时代纵步前行
艰苦奋斗的创业自强
波澜壮阔的改革开放
科学发展的伟大复兴

奏出了一曲曲气势磅礴的乐章
六十年,您高高飘扬
见证了"两弹一星"的腾空
见证了"神舟飞天"的风姿
您在浩瀚无垠的太空
展示了中华民族的睿智和力量
应和着《义勇军进行曲》的节拍
您飘扬港澳染红"鸟巢"
向龙的国度播洒着美丽的朝霞
五星红旗啊
春宵夏日秋夜冬晨
您都迎风招展
展示着中华民族的神圣
风吹雨打霜凝雪飞
您都巍然挺立
挺立着中华民族的尊严
您当风飘扬六十年
这是一种无声的宣言
这是一种热切的召唤
召唤着亿万华夏儿女
心心相结,臂臂相挽
去拥抱东方亮丽的曙光
去铸造新甲子的辉煌

想对你说

钱多多

若干年后,曾让我怨恨的那个人却在他的话语里让我明白,他也是那样重视着我,如同对其他人一样。他的名字叫做老师。

不知道每个正在堕落的孩子是否像曾经不懂事的我一样,试图用弃考逃课的方式引起家长和老师的注意。然后每每看到他们紧蹙的眉头,一阵心慌接着一阵得意,直到他们开始坦然面对我的失败。

高考前的那段日子,每一天看到他把他们一个个叫出去谈话聊天,看着他们带着点紧张地走向他,然后欣喜地回来。与我擦肩而过的那刻,我便渐渐地开始期待他找我的那一天。可是,那天来得那样迟,仿佛只是为了完成一个任务那般。对话简短得很,也许还不及别人的十分之一。他说,尽力而为吧。于是我真的开始恨他了。

记得第一次见到他的时候,他微笑地看着我说欢迎。记得他第一次找我谈话的时候,是我犯了错,他板着一张严肃的脸看了我良久然后说了句:"其实错不在你,是在我。"记得他第一次骂我是在高三的课堂上,他说:"我把你放在第一排目的是什么,你自己好好想想。"那也是我第一次看到他那么严厉的样子,而严厉的对象竟然是我。

他是教物理的。我的物理是所有学科里最差的,几乎也是整个班里最差的。他却从来不像对待别人那样也给我特别辅导。有时候看着他无奈的神情,我在想他是不是早就放弃了我。

毕业后半年跟着他们回去看过他一次,他还是老样子。依旧地,他和他们聊了很多。看到我的时候淡淡地问了句:"在宁波还好吧?"便没有再多的话了。

这一年,在我过生日的饭桌上说起他,对他的抱怨,责怪他对我的冷淡。他们却诧异地睁大了眼睛说:"怎么可能?我们一直觉得他最重视的人是你。"拿着饮料的手停在半空,我喃喃地问着为什么。他们说每次家长会上他都会对所有人说,觉得你是最有潜力的一个人,只是还没有收心。他说你不像别人需要辅导来强化,你只是懒得去学。他说其实不知道该怎么来和你说,你是这么骄傲的一个人。

这一年的生日,我收到了对我而言最珍贵的礼物。只是悔恨来得那样难过。只是很久以后才想起,好像从未跟他说过,我在宁波。

10 号那天发信息给他,教师节快乐。他说,谢谢。

不,该说谢谢的人其实是我。这么多年,始终忘记对他说一句"谢谢",还有一句"我爱你,老师"。

他其实知道,这么肉麻的话当着他的面我是万万不肯说的。

鲁殿灵光

——在出游中发现历史

东　方

夏日的午后,徜徉在阙里街两旁的小摊前,伴着小贩的吆喝声渐行渐远,经过颜回曾经"一箪食,一瓢饮"却"不改其乐"的陋巷,转过明古城墙的东北角,向东远远地望去,有古柏掩映下的红墙。在这很凸显的高处,坐落着一处像庙宇的建筑群,周围是低矮的平房,不远处仍可看到长满绿色的农田,与近处随意长着一些野花的草地,使这些建筑,虽远离小城的热闹,却依旧显得古朴而不苍凉。这里就是周公庙,这里就是孔子曾经"每事问"的鲁国太庙。在门口立着的石碑上,注明着这是全国重点文物保护单位——曲阜鲁国故城遗址。

相传,周公被封于鲁,因周成王年幼,需要周公留在镐京辅佐,于是便由周公的世子伯禽代替父亲就封,并建立了鲁国太庙。在周公去世后,伯禽曾在太庙祭祀周公。后历经战火,几经毁立,直至北宋时,皇帝追封周公为"文宪王"并在鲁太庙的旧址上立庙,经元、明、清各代多次修建,成就现在规模。

周公庙的大门称为棂星门,能有资格被称为"棂星门"的,在曲阜也仅有孔庙和周公庙二处,意即通天之门,也是在形容周公和孔子的伟大。走过棂星门,在门内的左右两侧各有石质牌坊一座,东坊额刻"经天纬地";西坊匾书"制礼作乐",这是对周公辅助武王,辅佐成王,创立周朝礼乐制度并使之流传影响了后世几千年的文治武功的赞颂。

庙是三进院落,院中种植的多为柏树,树龄百年以上者十分常见,树状各异,如螭如虬,宛若老者,又似顽石,苍劲的躯干透着古朴、伟岸、浑厚和精怪,这是岁月的沧桑,是历史的沉积,是大自然的鬼斧神工。

院中的短墙上多嵌着由历代奉旨祭祀、负责修建事宜的官吏、游览庙宇的文人题写的碑刻,书法兼具行草楷隶,还有篆文和金文。有的碑刻历经动乱浩劫,字迹已很难辨认,但就是这种历史的残缺,其本身也在记录着历史。碑文的内容,无外乎叙事与抒情,有对奉旨修庙的记述,也有记述游庙的心情,因作者的职事不同,境遇不同,碑文中流露出的情感也不尽相同。但无一例外地对周公的功业进行了由衷的赞叹与颂扬。中国传统的士大夫骨子里都会有渴望成为像周公那样达到"内圣外王"的圣贤的心结。

因周公"先孔子而圣"而被尊为"元圣"。穿过承德门、达孝门,是周公庙的中心建筑——元圣殿,殿内正中塑周公像,正襟端坐,手执圭板,头戴王冠,伯禽、金人分侍两侧。殿内基柱上有乾隆书写的楹联:官礼功成宗国馨香传永世,图书象演尼山统绪本先型。既是对周公功业的赞颂,又在说明孔子的思想渊源与周公的关系。

当年的孔子,为实现自己的政治理想,与弟子周游列国,历尽艰辛,最终仍是"吾道不行"。当年那个"入太庙,每事问"的青年孔丘,晚年回到曲阜,面对的仍是"八佾舞于庭"的僭礼越制、大夫乱政、王道衰微的现实,痛感自己的理想不能实现,不禁发出"甚矣,吾衰也,久矣,吾不复梦见周公!"的叹息。

家国梦(组诗三首)

俞丰穗

家:海上生明月
今年中秋我要回家
给你捎去月饼和你去看月亮
呵,月亮我的双手
已有多年不曾紧紧拥抱你
你饱满的潮声回荡着一支古老的歌

我总说忙碌总将自己
置身于你的臂弯之外
每一块发酵过的面团中
都含着一粒圆月般明亮的蛋黄
我可以闻到你看我时
嘴边浮现出那温暖的笑容

然后你轻轻捶打着我的脊背
像捶打一头失散已久的小羊
是的你是我亲爱的牧人
即使隔着一片汪洋
依旧不断给予我丰美的水草

我想在你的膝边安睡
我就是你思念中像泪滴一样
晶莹的脸庞
我想请你为我解开纠缠的发带

想听你讲讲许久以前
你给我讲过的故事
无论我走多远都在你的屋檐下

国：月亮下的祖国

生命只剩下最后一点晨光的时候
我们依偎在月亮下的祖国
我苍老的爱人呵，让我来看看你

一张中国地图被我们藏在书架一角
现在是时候为它掸去灰尘
将它缓缓展开了
我将指着它的青山绿水
问我马不停蹄的爱人
"中国那么大，你还想去哪个地方？"

他已经去过西藏，记得雅鲁藏布江的水
如何从他的指缝中穿过
他也惦记很久之前黄河岸边的河工号子
那样鲜活地存于他的记忆中
却无法由他颤抖的喉咙发出

他还想念一棵胡杨树的化石
可惜再也没有力气跋涉在丝绸古路上
一束西双版纳的鲜花他倒还能
捧起递给我一注天池的清泉
他还能让月光带到我的枕边

呵中国啊当我和爱人一起老去
你依然是年轻的怀着蓬勃的心跳
就像月亮我们将由你的指引
去感知那些渐行渐远的青春
以及生命中团圆与重逢的喜悦

梦：六十年一甲子

我已经忘了如何爱你
因为我们总是太亲近
甬江夜夜从我的枕边淌过
落在颈间化为一条锁链
四明山风像一滴纯粹的露水
将我围困扯去我的修饰
五垒寺的清泉反反复复
在我耳边呢喃说已等我太久
而东钱湖用她宽阔而温柔的胸膛
使我在睡梦中一再清醒
哦,水做的宁波,水做的月亮

这些带着爱意的折磨啊
是我再也推不开的乡愁
你从六十年前的满月的清辉里
向我招手对我微笑
那时候我还是一颗孱弱的尘埃
我看不到月湖的柔波中
粼粼的都是月亮的碎片
我也听不懂你沉静的言语
说着怎样的爱与哀愁
如今你波定安宁在书香里
我寻觅着幸福港湾的入口

正是在你的怀中我感受到了
亲昵的宽容便不再畏惧
黑暗悬崖的跌宕啊月光女神
让我为你跳一支舞吧
就在这缤纷的桂花树下
在这六十年后的中秋月圆夜
趁我的青春还在发光
让我们一起许愿愿我的裙摆
和三江口的潮水踩着同一个节拍

嗨，小孩

董　萌

嗨，小孩，请允许我这样称呼你们。尽管我知道，也许你们已经年满十八岁，也许你们的嘴角已爬上细细的汗毛，也许你们已经熟知这个社会的游戏规则。可是，你们依旧年轻，依旧在成长的路上蹒跚而行。

嗨，小孩，其实我们都一样，一样地经历过成长的裂变疼痛，一样地体验过生活的喜怒哀乐，一样地看透了命运的辗转坎坷。只是，我们也一样地慢慢忍受、慢慢懂得、慢慢变得坚强起来。

嗨，小孩，年轻不是错。无论是 90 后还是 80 后，我们都有着自己的格言，都有着自己的目标，都有着自己生存的意义。即便遭到再大的误解与唾弃，我们知道——走下去，即便后悔了，也要笑着继续向前。

嗨，小孩，不要放弃小时候的梦想。因为那会是我们对童年唯一的记忆，似水流年，总会有许多被遗弃。所以，请怀揣儿时的梦想，带着那份纯真上路，无论走多远，都不会觉得太累。

嗨，小孩，喜欢一个人并不是等于爱一个人，因为爱一个人就要不离不弃。我们要明白不幸福的在一起，也要懂得幸福的不在一起。

嗨，小孩，无论是一群人的热闹还是一个人的寂寞，我们都要学会精彩地活着。累了，就请伫足，好好欣赏那些平时所忽略的细微之处。只是，休息好了就继续向前，因为路还很长。

嗨，小孩，苦了，就请大哭，没有人会责怪你的娇气与无知。只是，哭完了，就勇敢地站起来，因为泪水不是白流的。

嗨，小孩，喜了，就请表露，不要遮掩自己的喜悦与自豪。只是，低调做事，这是我们的准则。

嗨，小孩，伤了，就请忍耐，因为爱我们的人和我们所爱的人都不愿看到我们受伤，所以我们要默默舔舐伤口。

未来是张白纸,过去是本相册。所以,请不要老盯着相册发呆,因为我们可以在白纸上画出更美的图片。

我们已经不能再带领你们什么了。因为,你们有自己的路要走,而且会比我们走得更精彩,更出色,更能使你们感到自己成长的蜕变。

嗨,小孩,加油!

远

刘 草

近视是年轻的事,老花得把任何生活细节都拉成远镜才看个清楚,已是百年身。

——林夕【原来你非不快乐】

人年轻的时候,总是喜欢追根究底,想把所有事物都看仔细。那欲望强烈得异常清晰。可伴随着岁月流逝,心境也渐渐有所不同。从年轻气盛的势不可挡,到古稀之年心境平和的无欲无求,人这一生,要经历怎样的风雨历练,才能保持内心的坚忍与从容不迫。

面对浮华的世界里浮躁的人群,从注视到观望,或许是人迈向成熟的第一步。蜚短流长的最后,必是非死即伤。离得太近,一切都尽在眼底,却尽失美丽。就像女人化妆,大多是为了近视远观都能如花美艳。遮住不愿示人的瑕,又何尝不是一种伪装。近视到此便也无意义。

周敦颐先生在《爱莲说》中说:吾独爱莲之出淤泥而不染,濯清涟而不妖,中通外直,不蔓不枝,香远益清,亭亭静植,可远观而不可亵玩焉。美,有时是退一步海阔天空。

卞之琳《断章》韵味十足。你站在桥上看风景,看风景的人在楼上看你,明月装饰了你的窗子,你装饰了别人的梦。离得远,便能更接近看见更大的世界,更多的风景。这世界可能吵闹,这风景可能寂寥,可距离虚化了光彩,却带来了未知的际遇。

离得越近,感受得越真切,便越发苦闷。面对生,面对死,面对骨肉亲情,离愁别绪,内心压抑的情感在别人的故事里得以释放,而埋藏在自己记忆里的影像,却在一点一点倒映,直到心惊胆战,欲罢不能。

有时我想,该为人生保留一份朦胧,在烦劳困顿之时,清心寡欲。浮生若梦,是喜是悲是福是祸,静观其变。与其努力的为了看仔细而仔细,不如平静的为了得自然而自然。

一片叶,是经络分明;一棵树,是特立独行;一片森林,是致远宁静。于是,远是一种视角。

离太阳越近,便越燥热。然而远观太阳从东方升起,光晕灿烂无比,阳光普照大地,那一番景象是美不胜收。于是,远是一种追求。

近到细微之处,丝毫可辨,却多显不自然。远到遥望一方,熹微星火,伴随舞艺翩翩,则美轮美奂。于是,远是一种姿态。

于远处闲庭信步,看世间花开花落。

钱塘观潮

——在出游中发现历史

东　方

在杭州,有闻名天下、柔和温婉如画般的西湖,还有仅数山之隔,钱塘江上波涛如怒、蔚为壮观的钱塘大潮。西湖与钱塘潮,让地处南国的杭州,同时兼具了动与静的相互呼应和安静婉约与雄壮豪放的相互衬托。

趁着国庆的长假,邀得三五好友,漫步在下沙大学城的钱江大堤上,隔着长长的防护栏,向东远眺,近前的开阔江面静静地流淌向远处的烟波浩渺。虽不是观潮的最佳地点,据说仍可以领略钱塘潮的壮观景象。略显潮湿的江风劲吹,说笑中,我们在期望着钱塘海潮的到来。

因为不清楚潮汐的时刻,就在我们等的焦躁渐渐失去耐心的时候,隐约听得些许声响,附近观潮的人们开始躁动,有人在喊"看!潮水来了!"。远远望去,还只能见到江中隐约的一个白点,渐渐地,白点变成了一条白线,潮声如鼓,随着"白线"的急速推进,潮声越发响亮,就在这"咚咚咚"的"鼓角"声中,雪白的浪花犹如千军万马在开阔的战场上,在战鼓声的催动下,全面向前推进。犹自遐想间,滚滚大潮却已远去,被潮水回涌的江面整体上抬升了许多。宋人周密在《观潮》文中写道"浙江之潮,天下之伟观也。自既望以至十八日为盛。方其远出海门,仅如银线;既而渐近,则玉城雪岭际天而来,大声如雷霆,震撼激射,吞天沃日,势极雄豪。"正是对钱塘大潮的真实写照。据说,在不同的地点,可以观看到诸如交叉潮、一线潮、回头潮等不同特色的钱塘潮,当然,最佳观潮点据说在盐官。

观潮,图的是一种视觉的愉悦,听潮,则在听觉之外,带给人们一种无尽的想象。无论是观,是听,总是在波涛汹涌、声震天地的大潮的威势下,涌动着心灵的震撼。

据说,历史上著名的潮涌有三处,分别是青州涌潮、广陵涛和钱塘潮。古人总结道"春秋时,潮盛于山东,汉及六朝,盛于广陵,唐、宋以后,潮盛于浙江,盖地气自北而南,有真知其然者。"前两处的潮涌今已不见,唯有钱塘潮从古自今,年年岁岁,仍是如约而至,引得无数文人为之吟唱。唐人宋之问诗中有句"楼观沧海日,门对浙江潮",入胜境而观佳处,壮人豪情,怡人心境,而关于此诗句作者的传说,则更是牵出初唐诗人骆宾王的人生传奇。民间关于大潮的叙事,最为著名的莫过于春秋吴越争霸时期伍子胥含恨死后化为钱塘怒涛的悲壮传说,以及五代十国时期吴越国王钱鏐带领三千勇士射潮护堤的英雄浪漫主义故事,为壮观的自然现象增添了人文色彩,而钱塘潮的雄壮奇观,更使得民间故事穿越了时空,在历史的长河中,被久远的传唱。

铿锵玫瑰

费斯伟

玫瑰与石头撞击,娇艳欲滴,却坚硬地将石头粉碎,透明的,水晶般地为大地注射永恒的力量。

这勇毅的玫瑰,永恒的红色,她的名字叫中国,她是这土地上13亿人的母亲,饱经风霜,六十个春夏秋冬,她伫立着不倒,像巨人一样英姿挺拔,向世界展示着她的风华正茂。

曾几何时,她受尽凌辱,在侵略与殖民的夹缝中生存,又在苦难中爆发出像雄鹰一样的苍劲,解救她那些被炉火烤炙的孩子。终于,一切都是那样的明媚,六十年前的这一天,她同她所有的孩子一起,在这片广阔的土地上呐喊,高唱着只属于中华民族的歌。

从那天起,这朵娇艳的玫瑰,被赋予"铿锵玫瑰"的称号,坚强与隐忍铸造了中华民族无数的辉煌。

风声穿过树林,回音好似金珠落地。

光线透过视网膜的折射,六十年前的低矮房屋已被一片片的钢铁森林取代,那一条条泥泞的乡间小路也已变得宽阔而平整。六十年前,我们站在祖国的这端,想要踏足祖国的那端,如今,我们立足地球,遥望着月球,遥望着宇际间的另一片星际。

六十年沧桑巨变,六十年风云变幻。六十年,血脉相连的中华儿女,手与手的碰触间,摩擦这世间最美的风景。尘埃落定,六十年的车轴下,印着母亲崛起的步伐,如同一片树叶,得到了全树的默许,被赐予深绿的茂发,承接着这太阳的光芒。

六十年的繁荣,六十年她所散发的清香,迷幻似的将一切淹没。铿锵玫瑰,亦有柔情似水的缠绵。

每一个儿女都是母亲的心头肉,一九九七年母亲喜悦地将香港迎回家门,一九九九年她努力地将澳门寻回。可是还有一个漂泊的孩子,在海岸之滨,母亲正凝望着他,希望他早早地踏进家门。

孩子,你是否看到母亲因为你不归家的焦虑,铿锵玫瑰的眼神流露的忧愁。

可爱的孩子,母亲的六十岁生日到了,不要将祝福携着流水寄带回家,你的归来将是母亲收到的最好的生日礼物。

"生日快乐",铿锵玫瑰。

"生日快乐",我的母亲。

再多的言语也无法传递我们对你的感恩,再多的装点也无法叙尽我们的激动。

五星红旗,迎风飘扬,每一个日出的拂晓,都有我们呐喊的那声"母亲",响彻在天际间,震碎每一粒尘埃,充满每一个间隙。

海浪扑涌着沙滩奏响每一个黎明,铿锵玫瑰汲取着太阳的滋养,守护着这一片辽阔的土地,守护着这群炎黄的子孙。

看,遥远的东方,一朵娇艳的铿锵玫瑰……

勇敢的心

杨　颖

恐惧?什么是恐惧?!为了什么而恐惧?活在这世上,每个人都在战斗。为和平而战,为自由而战,或许仅仅为了一时的愤怒而战。

——题记

当我看完影片——《勇敢的心》时,我内心簇拥起一团火,熊熊燃烧。虽然这部影片我已经反反复复看了很多次,但是每一次,我的心总是颇不平静。记得第一次看它是在初一的时候,那天,班里好多同学都哭了,有些爱面子的男生脸颊挂有泪痕,却硬说自己没哭过。其实,当一个有血有肉之躯面对这样一部电影时,不感动?那绝对是假的。我们的心由不得自己,被它一次次震撼着。

过程是悬疑重重的，而结局是光明的。影片一幕幕地在继续，没有人能猜想得到接下来会发生什么。正如莫伦的死，华莱士的参战，罗伯特布鲁斯的背叛，以及最后华莱士的牺牲。一切都是始料未及的。

战争，在美丽的苏格兰高地上，重复上映。在英格兰的残酷奴役下，苏格兰的子民们一次又一次地小心翼翼地为自己的生存挣扎着，死亡的恐惧阴魂不散。而当华莱士带领一小批村民奋起反抗时，整个民族随之觉醒！他们为自己的自由而战，为民族的独立而战。他们是完美的勇敢的战士，一颗颗勇敢的心每分每秒都在胸膛里跳动。

如果说苦难铸就伟人，那么必定是战场上的点滴血汗造就出英雄华莱士！成功与失败，愉悦与失望，信任与背叛，真爱与仇恨，一颗年轻的心，在如此种种的矛盾中，变得愈发勇敢。

长腿苏格兰国王，他一定未曾想过，断头台，它断得了华莱士的生命，可无法截断一位英雄的精神影响力。他一定未曾料到，被分成多块的华莱士的尸体，并未起到镇压反抗的作用，反之，更凶猛的独立浪潮涌起了。这股新的浪潮，竟冲垮了他所有的殖民统治。

死并不可怕，可怕的是活着，没有自由地活着，充满恐惧地活着！回想起1937 年 7 月 7 日，中华民族也同样从恐惧中觉醒，一齐奋勇反抗日本侵略者。其实，无论哪个民族，在失去自由时，他们都会抛弃一切恐惧，直面死亡，一颗颗勇敢的心为自由而战！

岁月里有些东西的确值得珍藏，比如这部电影，比如一些关于勇敢的心的历史记忆，再比如有些人。

宁波·印象生活

赵 璟

初识宁波，不是从中国地图上，也不是从电视报纸上，而是从家人的口中。我的大伯一家是正宗的宁波人，每次团聚的时候，他们那口流利的宁波话对我来说都是一种考验。

　　七年前,第一次踏上宁波这块土地,对于那时的我来说,宁波——这个朝气蓬勃的城市就毫无保留地展示了她的阔绰和大方。笔直的街道,宁静的湖面,规矩的楼房,来来往往的人群,都成为了江浙文化的一个缩影。淡淡的海风迎面吹来,独有一种特殊的韵味。

　　或许有了这美好的第一印象,让我在高考考完就毫不犹豫地选择了宁波的大学。仍记得两年前的暑假末梢,踏上南下的征程,开始了我与宁波的第二次约会。

　　两年,足以让我体会到宁波的辽阔,不同于上海的繁盛和杭州的瑰丽。从最初的东钱湖,到后来的天一阁,从鄞州到海曙再到江东。宁波从区与区之间,过渡着点点滴滴的文化底蕴。

　　频繁地坐上369,从宁波鄞州高教园区到火车南站。一路的颠簸和一个小时左右的车程,最容易打发时间的方式就是看车里的人,观赏车外的风景。宁波的楼房高大而不威严,宁波的道路宽阔而不单调,蜿蜒着延伸到目光不及的方向,让人有一种等待的好奇,又似那一抹风景就在记忆的深处,任由它慢慢明朗起来。宁波的水广而不烦躁,在自己的脑海中,绍兴的水柔而不腻,不似宁波这般宽广。每次在公交车上看到海上停泊的海产酒店的船只时,就忍不住想下车去那船上一品海风的沁心。

　　一路路的停靠站,一拨又一拨的乘客上车又下车,每个人都有自己背后的故事,我喜欢这种无探知欲的观察。宁波人有自己的生活方式,或许只是因为有了上海繁华的笼罩,宁波少了一份霸气和一种舍我其谁的豪迈,也似乎满足于这种从容不迫的小资情调,温馨中弥漫着醇香,平和中透露出淡泊。

　　很多人会不喜欢天一的城隍庙,因为它的肮脏和喧闹,但我却对这一种凡俗的鼎沸情有独钟。与绍兴的步行街相比,城隍庙更有一种去庙会赶集的感觉。一家又一家的商铺鳞次栉比,如同传统和现代的融合,骄傲而自信,俊秀而儒雅。据记载城隍庙建于明朝年间,后屡遭火灾,现存的庙殿为清光绪十年重建,建筑精美,气势恢弘。夕阳西下,遥望沐浴其中的城隍庙,犹如一位记录岁月的老者,用一块块精巧的朱金木雕,诉说着一代代古老而不朽的沧桑变更。或许就是由于她与银泰大厦那种时尚风格的迥然差别,让这种独特的融合成为宁波的又一种彰显。

　　从白天到黑夜,宁波暂时告别紧张的忙碌,渐趋宁静休闲。最喜欢和朋友一起漫步于繁盛的夜色之中,路过一家咖啡厅,里头泛着暧昧的橘红色灯光,那无关于爱情。走到高处,黑色笼罩的宁波沉浸于霓虹灯的光辉之下,熙攘的人们或停驻或前行,有说又有笑。

　　两年的时间,之于宁波,熟悉而陌生,亲切而疏远,慢慢将自己融入这种矛盾之中,成为新宁波人的其中一份子,或许以后将常住于此,也或许是这里的过客,但我会将这个城市牢记于心,成为一种崭新的宁波印象。

以史为鉴

——观《建国大业》有感

刘一言

　　这是一个国家的创建史,这是一个人口占到世界四分之一的东方大国从小米加步枪中打出来的历史。在曾经的历史课本上,这些内容被我们反复背诵直至生厌,而坐在电影院面对着每一张熟悉的历史面孔,那些书上的文字突然变得生动起来,原来一切都是那么历历在目,早就刻进每一个中国人的心中。

　　总有那么多个震撼人心的镜头:民主爱国人士闻一多的"最后一次演讲",台下的群众激昂地呼喊着"要民主,要和平",因为有了这些热血沸腾的青年爱国者,这些不被枪弹威胁而闭上的呼唤民主的声音,新中国才能在如此艰难的环境中建立起来;冯玉祥大白天点着灯笼闯进蒋介石办公室,疾声厉言甩下一句"世道太黑了不点灯笼不行",这个曾经的直系军阀将领,蒋介石口中的大哥,国民党的元老级人物,终于也对国民党的分裂感到不安。当然也有让人会心一笑的花絮:军队打到北平城外,士兵焦急地说前面有个大院儿怎么都炸不开,在照明弹的光亮中,赫然出现的北平城墙,让人有一种说不出的喜悦感,仿佛和平解放的大门已然打开;当淮海捷报传到西柏坡,欢歌乐舞中,前景是周恩来等几人高唱着国际歌,完全没了领导的样子,而后景中的毛泽东微醉伴着笑容,这样的刻画传神而到位,每个观影者都感到了胜利的喜悦。

　　一部好的影片的成功,不只因为对正方的讴歌,更因为对反面的适当描绘。片中的蒋介石不只是历史中那个色厉内荏的蒋总裁。在选举副总统之前的冷言挖苦,到李宗仁当选后上前来握手,蒋介石伸出手去却是鼓掌,把李宗仁尴尬地晾在一边。在国民党军队溃败前夕，蒋介石穿过空荡荡的总统府，想象当选时的宾朋满座，一脸的落寞，这一系列动作清楚地勾勒出他的复杂内心。而在之后的高叹"国民党是败在了自己的手里"，那样的无奈之情，不禁让人唏嘘。

历史记录片总让人有讴歌某一方党派的嫌疑，而影片对于第三方，即国民党进步人士和民主党派人士的描写恰到好处，毕竟这些精英选择的历史方向是比较让人信服的，避免了口号式的宣传。

在历史的滚滚红流中，胜利者与失败者最终都是那一杯黄土掩尽风流。风雨沧桑六十年，是非恩怨欲说还休，国泰民安才是苍生之幸，民族之福。

那些年的那些事儿

示　羊

四下里静悄悄的，只有那些许的虫鸣点缀着盛夏的夜晚。

天青云淡，和风吹拂。这晚的月儿晚妆才罢，盈盈地便上了柳梢头。那些顽皮的小星星也早早地蹦上了天际，悄悄地眨着眼。我仰着头看着这一幕天，心里的那些絮儿就随着清风飘向了很远很远的地方……

我其实是一棵树，一棵三十岁的老槐树。

那年的那个清晨，一双粗壮的双手将我的根深深地植在了这片地里，那天他的第一个孩子——他的女儿——出生了。他种下我作为纪念。

这是一个农家院子。一家四口，上有老下有小。那时候他们的生活真是难啊，每个人都面带饥色，吃了上顿没下顿，其实上顿也是没吃饱的。屋子是破旧的，从前是地主家的，解放的时候分给了他们，然后他们就一直住在这儿。他们一家时常是要出去讨饭的，因为没东西吃，实在是过不下去。

那一年的一个风雨之夜，我在窗外立着，听见屋里男主人在说共产党又实行新政策了，说什么要改革开放，土地包干到户，实行家庭联产承包责任制。然后屋里就一直在讨论着。屋外，冰冷的雨点打在我的身上，我在心里默默地为他们祈祷。

十年后,我已经长得蛮高大了,早已经越过了那低矮的屋檐。那时候他们家又添了一个男孩,但老人已经去世了。一个雨夜,小男孩一直在哭,好像发了高烧。那天白天下着很大的雨,家里养着蚕,桑叶不够吃了,他们只能冒雨去摘桑叶。去的时候把小男孩放在背篓里挑着,带了把大伞,一根粗木棍,一条小板凳。夫妻俩和女儿在摘桑叶的时候就把伞绑在木棍的一头,然后把另一头插在地里做成一个简易的小亭子,儿子就坐在那小板凳上等。回来的时候再把他挑回来。结果小孩子就受了风,发起烧来。虽然生活过得还是比较艰苦的,但至少能吃饱饭,比以前好一点了。

再过了十年,我依旧笔挺地立在那儿,可我身边的破泥房已经不见了,取而代之的是红砖粉墙的平顶房。小男孩已经在上小学了,女儿也已经在工作了。他们家已经开始富裕起来了,每个人的脸上都泛着红润的光芒,再也不复当年的面黄肌瘦。夜里,我独自站在窗外,屋内电视的嘈杂声和着一家人的欢笑声悄悄地弥漫在这天地间,那闪亮的灯光炫耀似的映在我的身上,似乎在述说着什么。我抬头望着星空,心里也阵阵欢喜。他们终于过上好日子了!改革开放,一片春风吹绿了大地,老百姓终于也富起来了!

晴朗的天空下,知了一个劲儿地鸣叫着,屋子里却是静悄悄的。他们已经搬走了,现在富裕了,在城里买房了。我抖抖树干,想要借着这阵清风把这喜讯传给世上的每一个人……

夜,静悄悄的。那一弯明月盈盈地挂在半空中,俯视着这一片欣欣向荣的大地。我的心里频闪着几个词:共产党,新中国,改革开放……

海韵

落 漪

"我有一所房子,面朝大海,春暖花开。"1989 年 1 月 13 日,海子写下了这首诗,字里行间,透露着对理想生活的憧憬。而两个月后,在山海关附近的铁轨上,在城市与田园的矛盾中,海子结束了他的生命。

1987 年 4 月，我出生了。那时，小小的我，有一所房子：面朝大海，春暖花开。我是不小心，从海洋世界游上岸的一条鱼，怀着小小的梦想，着陆人间。从另一个角度，欣赏自己曾经的王国。面朝大海，享受海边的时光。

我先是闭着双眼的，还没来得及睁开我朦胧的双眼，我听到了海浪的声音，轻触彼岸，向我问好。于是，从那天起，我记住了海浪的声音，略带沧桑，却浑厚有力。像父亲的肩膀，支撑着生活的希望；像母亲的教诲，深刻入耳；像生命最初的信念，生生不息。我第一次幸福地笑了，闭着我的双眼。

多幸福的孩子，有海为伴，可以天天听着海浪歌唱。潮起潮落，一阵一句穿透我稚嫩的心灵，印刻在我灵魂深处，那是我听过的最美的曲子："阳春白雪"、"高山流水"。从此，我记下了这动人的旋律，时不时地在嘴边哼哼。

不久后，我睁开双眼，妈妈说，那时我一直在寻找，眼珠不停地找，直到她把我抱向海的那一面，我才开心地笑了，发出"咯咯"的笑声。那时的我看得不远，我局限于眼前的真实，爱上这一种简单的快乐。

海是海岸线的延伸体，岁月是时间的延伸体，海的记忆在我生命里密密地织就我的人生。

我有一所房子，房子前面是田野，再往前就是大海。

每个季节，推开窗子，就是一幅风景画。生活是一门艺术，我用眼睛欣赏，用耳朵倾听，用心领悟。涨潮的时候，海水一遍一遍地拍打着田野，以及一路延伸的滩涂，我听到土壤萌芽的声音，是生命的绝响，如婴儿呱呱坠地时的声音。

长大一点，与小伙伴相约，光着脚丫，赤脚走在滩涂上，软软的，棉花糖一样的感觉。滩涂上有很多小小的洞，那是红色大脚的螃蟹的家，大脚蟹总用脚夹我的手指，但是我不哭，那是一种幸福，我是那么接近自然，接近大海。不过很快，我就能把它们擒住。我们就喜欢捉这种螃蟹。爸爸用一根粗粗的绳子将它的大脚丫捆住，这样我就可以随心所欲地牵着它走。

海边经常能看到捕鱼的小船，搁浅在滩涂上，软软的泥上，浅浅的水痕，船只静止着。我和小伙伴偷偷爬上船，划动双桨，我们只是羡慕这个老船长的帅气，船不动，我们的心动。闭上眼，感觉我们出海了。在大风大浪里，经历别样人生。不只是阅读时分，才可以体验多样人生，面朝大海，思绪带着你，踏上梦想的行程。

有一天，我躺在沙滩上睡着了。我做了个梦，梦见海子。他冲着我笑，他找到了他快乐的生活。他有一座小房子，面朝大海，春暖花开，过着幸福的生活。这个用心灵歌唱的诗人，远离了尘嚣，远离了世俗，找到了一生的归宿。

每一天，都做个快乐的人，我有一所房子，面朝大海，春暖花开。把我的快乐写在纸上,放进漂流瓶里,随着浪潮漂远,告诉每一个人。

南 下

傅 薇

突然想去台湾,在听《国境之南》的时候。

总觉得那座四面围海的岛上,有些东西显得特别干净,比如说音乐。或许四周那些沉郁而又澄澈的蓝色,有一种净化灵魂的力量吧。不止音乐如此,那里的人亦是如此,譬如席慕容,譬如许达然。

想去台北的乡下。想知道植着雾莲、巴乐,砌有灰色矮墙的院子会不会在每逢秋日的清晨里寄出一封封黄色的思念,还有栽满了宫粉羊蹄甲的山坡是不是会一如既往的如诗如画。

我要在夕阳西下的时候,沉醉在屋前那条徐缓的河流衍出的刺目的昏红里。在暴雨如注的傍晚,撑着伞注视一朵路边的紫百合,回忆那个熟稔的身影,只至忧郁到悲痛欲绝。

那么,决定了。

在南下的火车上,此时的我不属于起点与终点,在绿树白花的窗前,我要拥着我爱的人,在黑色山脊的注视下,去远方。

海面,波平如镜。忧伤在弥散。

不过,如果我的眸中曾有你芬芳的夏日,我的心中永存一首真挚的诗。那么就这样忧伤以终老,也没有什么不好。

可是,现在的我要凭什么才能让你原谅我那无端的忧愁,我的故城。

就在这样一个冰凉如水的夜晚,潮水拍击礁岩发出犹如笙歌的律动,仿佛时间又回到过往。那个叫做故乡的远方古镇里,溪水在浸染了星辉与月光之后便拥有了灵性,在橘色路灯的光晕下化作温柔多情的船娘且行且吟出如板的行歌。格木窗里的我在日记本的末页写道:

"今夜月华如练……"

然后我会妥协,不祈求做忧郁的诗人。不再听悲愁的歌,不读忧伤的诗。只放下一切,南下去远方那永远天蓝之地。

夜　曲

张辰悦

黑夜繁星点点,心头琐事绵绵
忽然东风,吹得我突然泪流;
眉头一皱,荡起一阵心痛。
在这冥冥的夜色中,冥想:
如能在快乐的时刻悲伤,
便可在悲伤的时刻爆发。
人生几何,譬如苍穹;
唯愿此生,寄于繁星。

这里　那里

杨伊彬

望京路上有家咖啡馆叫"这里那里"。

听说很多人跟我一样,是慕名而去。店处在街角,河水在街的另一边安静地淌着。第一次去的人往往都不易找到它,因为广告牌被浓密的树枝遮挡住了，如不仔细看，很可能就这么错过了。

玻璃门镶着木边框，把手上的风铃在开关门之间晃动着，铃铃作响。店里的装饰也多为木质，有着古旧的气息。推门进去时并没有想象中浓郁的咖啡香，免不了有些失望。店里的客人大多是情侣，在幽幽的灯光下轻声讲着情话。我走上二楼，只剩下一张四人桌，可惜一个人坐着太空了。舒缓的背景音乐，是欧洲曲风。我喜欢这样的音乐，像临睡前的亲吻，那么令人安心。

点了一杯巧克力奶昔，我在等待的时间里打量起这间不过 120 平方米的双层咖啡馆。墙上贴着 BobMarley 和蓝莓之夜的画报，依稀记得里面的一句台词——分开不代表说再见，或许是更好地去面对未来。王家卫的电影在我的心里留着深深的烙印。旁边还有驴友地图和宁波火车时刻表，先前听说老板也是很热爱旅游的人，果不其然。

喜欢去各地流浪的人仿佛都与咖啡有些渊源。读过陈丹燕的《咖啡苦不苦》，心也像咖啡杯盛满了暖意，游荡在欧洲、美洲、亚洲的陌生街道。罗马的希腊咖啡馆因司汤达、哥德和安徒生的到来而闻名。安徒生带着温情与感伤，在此地留下了一部成人文学作品《即兴诗人》；巴黎的"双偶"咖啡馆因海明威、萨特、凡高、列宁的光顾而门庭若市；蒙马特的"红玫瑰"咖啡馆因毕加索、达利、雷诺阿、马蒂斯、左拉的艺术气息而备受青睐，实在让人忍不住想象起达利撩起骄傲的胡须在这里喝洋葱汤的情形。不过，物是人非，如今这些地方已经变成了旅游景点，吵得有点像菜市场。

美国人像喝可乐一样地咕咚咕咚地喝咖啡，日本人像品茶一样地一点一点地报着。西班牙人通常从一个咖啡馆喝到另一个咖啡馆，大家吃饱喝醉，精神抖擞，直到黎明。如此兴致勃勃地挥霍着生命，好像明天就不活了。

"这里那里"是既能让人安静的地方，又能让人不觉得那样寂寞。此刻，被咖啡温暖的心，突然间萌发出一种"要更爱自己，更爱身边的朋友"的情绪来。在这样的欣慰中，连放在亚麻桌布上的指尖也因感受到了动脉细微的搏动而兴奋。布面暗红色的印花开得那么热烈，仿佛自己如不做些什么特别的事也会错过生命——在"这里那里"，在昏黄的灯光下……

记忆里,那不变的河山

王　啸

　　小时候,常吟唱那么一首歌:"我离开你太久了,母亲! 但是他们掳去的是我的肉体,你依然保管我内心的灵魂……"不似《国歌》的雄壮,不似《红旗飘飘》的激昂,幼时的我每听到这首歌,眼眶总是湿润的,那时我唤祖国:母亲。

　　长大了,在体味那些古老的神话和中国历史的时候,我的内心总会滋生出一种模糊的感动,大千世界,历史长河,却无法冲刷、磨平祖国五千年历史文化的积淀。上古的时代,如流云逝水,我无法亲眼目睹这条亚洲巨龙的耀眼风采,然而在我心头,却长期地存留着祖国千万年风雨兼程的神奇故事。那浩博庞大的影迹,雄浑而神秘,无数次扯出心中对沧桑历史的深刻感悟,和对祖国那金戈铁马岁月的柔情记忆。

　　神话,赋予了我遥远而美丽的祈求与向往;历史,演绎着风花雪月的故事。而千百年来,只有眼前的河山,以一成不变的胸膛,容纳了多少血腥和残酷的过往。在目睹了许多升腾的烈火和淋漓尽致的鲜血之后,在耳闻了祖国沉痛的呻吟和深沉的呐喊之后,在深悟了人类文明发展的艰辛历程之后,我终于找到了祖国子女内心潜在力量的永恒归宿,那就是:祖国,万岁!

　　盛世的遗韵在百年的炮火中残喘不息,当资本主义的魔爪无情地侵入巨龙的心脏,几近疯狂地蹂躏着祖国残破不堪的身躯,它的子女咆哮了,哭喊了,承载着屈辱与伤痛,我们向世界宣告:"我们不是东亚病夫,我们站起来了!"

　　楼兰姑娘走了,敦煌飞天犹在;元曲曲终人散了,昆曲终将兴盛。"河山,是我激情岁月漫山遍野的怀想。"当从电影里听到这句质朴感人的箴言的时候,我再一次为河山所承载的历史和未来所震撼。多想走遍河山的每一方沃土,尝遍河山的每一泓清泉,依偎在河山宽厚的胸膛,轻轻抚摸着河山妖娆的肌肤,口中哼唱着梦中的摇篮曲,与河山同眠,与河山共梦!

　　再奏一曲《广陵散》吧! 江河,以激烈的节奏应和着我,雄峰间横亘着巨大的琴弦,被我有力地弹拨。天地,是如此神秘,如同显影液下日渐清晰的黑豹照片,有着虚妄和真实芜杂散布的色彩。

幼时的我在河边长大,咆哮的江河从震颤的大地上呼啸而过,很久以前,我便感到这股巨大力量是何等的无法企及,这绵延千年的水流亦如同血脉,哺育了多少华夏儿女。今日,母亲六十华诞,我又拿什么送给你,我的祖国,我的母亲!

祖国啊,我的母亲,千百年来,你一如既往地奔腾,以坚定的信念,嬗变成生命永恒存在的绚烂色泽,铸就了一个个不朽的神话与盛典。你用你的历史教会了我:顽强,柔韧,生生不息!

起点,我们重燃明灯

程媛媛

当 2009 年的岁月还在恋恋不舍地离开时,2010 年的元旦如约而至。不知不觉中,一个值得回忆的 2009 年匆匆地走了,我们迎来了一个新的岁月,开始了又一段旅程。

随着一声新年的问候,伴着一阵礼炮的声响,我们睁开了向 2010 年寻视的双眼。看着新年的朝气蓬勃,我们欣慰地笑了。闭上双眼,我们回首 2009 年的辛酸与快乐。紧紧回味,才发现,这一年,我们走在痛苦与幸福的边缘,左手冰冷,右手温热,我们走得不容易。

还记得那黑色的六月吗? 我们在巨大的压力下挣扎前进,我们在汗水与泪水交织中摸索着,我们为梦想而奋斗着,那一堆堆参考书下是我们娇弱却永不服输的身躯。

还记得拿到录取通知书时的心情吗? 12 年寒窗苦读我们只等这一刻,我们掂量着薄薄的纸张却感觉如此厚重,我们向大学呐喊:大学,我来了! 那一张张笑脸背后是曾经多少的辛酸。

品味那一年,泪水流了下来,然而我却笑了。泪水、笑声充斥在 2009 年,我们站在天平的两端体味到了人生的真谛。告别了多彩的 2009 年,我们翘首以盼的 2010 年终于到来,我们满怀期待地去迎接 2010 年。没有经历,我不敢说结局,如果说要在 2010 年里一帆风顺,我宁愿选择波澜壮阔,我始终相信我们能够吉人天相。人生需要挑战,就让我们一起挑战 2010 年吧!

生命是一个迷宫,你不会真切地知道下一步会走到哪里。

他们说:他们永远不会知道自己身处何地,将去至何方。不如随月光浮动,随街景斑驳,走过一夜又一夜。

我说:人生有悲亦有喜,不管在 2009 年里我们过得好不好,我们应眺望2010 年。瞧,2010 年正如新生的绿芽,坚挺着身躯展望着它的未来。它是一个起点,我们也是。起点,我们重燃明灯,在 2010 年钟声敲响之际,点亮我们的灯芯,引领我们前进的步调。

在 2010 新年的起点中,重燃明灯,为自己引路,让自己为自己引路。

元旦随感

章燕美

"老去又逢新岁月,春来更有好花枝。"时光荏苒,09 年即将过去,任是再怎么恋恋不舍,也将成为你记忆里的一点朱砂。新的一年款款而来,满载着人们美好的憧憬和崭新的开始。

乍暖还寒,宁波的天气是个异数,纵使有天气预报,也只是加深了它的扑朔迷离。谁说这天气不是女人的脸呢?元旦即将到来,若是在哪一天扬扬洒洒地落一场大雪,爆竹鞭炮声中,人们喜气洋洋地迎来一个银装素裹的元旦。瑞雪兆丰年,若是这般可真是锦上添花,来年定是个丰收的好年。

校园里,寝室楼下的客厅里挂满了小小的喜气的红灯笼,映照得大家的脸也是红扑扑的喜气,微笑也是红扑扑的喜气,蹦蹦跳跳从嘴里溜达出来的话也是红扑扑的俏皮的喜气。在手心里呵一口气,团团的白气聚拢后又弥散开去,感染了每一个人。天空中绽放着璀璨的花火,人们的心情火红火红的。仿佛已经听到新年的钟声响彻耳畔。合上的双手,闭上的眼睛,是对新年的祝福,也是对未来的祈祷。

脑子里来来回回盘旋着每个人的祈望。

"XX,来年还要这么开心啊!""嗯嗯嗯,你也是,你也是。"

"XX,恋爱去吧!""啊? 你先,你先。"

"XX,我看好你哦!""真谢谢啊。"

……

抿抿嘴,"好了,好了,知道了,嗯。"眉眼笑得弯弯,像一月牙,在心里反反复复地这样应着,却把脑袋深深埋进了膝盖里。

每逢佳节倍思亲。在异乡的土地上,总有一缕思念滋长缠绕在心头,像封坛酝酿了几百年的醇酒。揭开黄泥土的盖子,于是,满天空满世界,都是这一股愈加浓烈的味道,热辣辣的酒气熏得人眼睛通红通红的要落下泪来。

电话搁在耳边,听着另一头依然殷殷切切的叮咛,也不觉得烦。末了,另一头突然停下来,语重心长地说:"新一年了,要好好计划,又长一岁了,你也该更懂事了。"刹那间,眼泪扑簌簌地掉了下来,这样理所当然。若无其事地笑,点点头。意识到对方看不见,于是重重地"嗯"了一声,带着浓浓的撒娇意味。就像小鸡被母鸡护着,自懂事起,每一年都答应让对方放心,却仍然一直被呵护到现在。我们的爸爸妈妈啊,只要口头上的承诺就已经让他们非常安慰了。新年的快乐也要让他们感受到。

无论如何,互相贺着:"新年好啊!""元旦快乐啊!"眨眨眼,大家都在互相告知新的一年即将到来,我们要更加努力有计划地奋斗了。

读大学,究竟读什么?

梁昌海

读大学,究竟读什么? 是每一个正在或曾经求学的人都应当思考的话题。当今图书市场上充斥着太多"师本位"的教育著作,不同的名称,似曾相识的内容,却往往陷于教条、说教的窠臼,读来枯燥无味、兴趣索然,更遑论实际践行。《读大学,究竟读什么》,平淡无奇的书名,却似一股清新的空气在高校上空回荡,连续数月居广州大学城畅销书排行榜第一名,一年之内三次加印……年仅25岁的作者覃彪喜,作为中南大学本科生,频频在浙江大学、复旦大学、西安交通大学等国内一流高校开坛布道,所到之处应者云集、好评如潮。该书的影响力可见一斑。

　　《读大学,究竟读什么》,一本刚刚毕业的大学生所写的书,一本值得大学生不断揣摩的枕边书。阅读此书,你能对大学有更加清晰的了解:专业无冷热,学校无高低,专与博如何统一,勤工俭学也有辩证法,网络其实是把双刃剑,爱情真的万岁……当代大学生关注的微观热点都在此书得以体现,生动的事例让人思索如何实现大学与社会的兼容、学习与工作的结合。阅读此书,你将对未来有更加准确的把握:人际决定成败,做人胜于做事;考研、留学,虚荣的繁华而已;求职路上陷阱重重;创业、就业,何去何从……我们的大学应如何度过? 自我的核心竞争力如何铸就? 掩卷深思,大学并非一马平川,这四年其实并不平静!

　　作者具有强烈的独立思考能力,对大学使命、职业规划甚至人情百态均有独到的见解。能在25岁成为文化传播有限公司董事长并写出风靡全国的佳作,足以表明此人的禀赋和悟性胜人一筹。"尽信书,则不如无书",一家之言并不适合每一个人,此书中的部分观点我不尽苟同。倘若同学们不加区分地照搬照用,可能导致东施效颦、邯郸学步的闹剧。读书贵在消化、吸收、应用,"择其适者而从之,其不相宜者而弃之",而不能简单的采用"拿来主义",否则就像器官移植导致排斥、输血导致溶血反应一样,虽然有优秀的物质加入,结果却事与愿违。

　　值得一提的是,整部作品文笔清新、流畅,娓娓道来,没有任何生涩之感;例子生动,并不乏幽默之语;妙言警句俯拾皆是,这些都极大地增强了该书的可读性。

　　至今我仍记得一口气把它读完的那种感觉:相见恨晚、畅快淋漓,却又夹杂怅然若失。离我考入大学已逾十载,此书是否有些姗姗来迟? 大学初期的浑浑噩噩,年少时的轻狂无知,美好光阴的肆意挥霍,都已随风而去。用惨痛的代价换来的教训的确刻骨铭心,虽然早已迷途知返、奋起直追,却总有一种淡淡的哀愁,经常设想"假如时光可以倒流……"。逝去的永远不可追,唯有珍惜今天?选我的大学留有遗憾,我不希望这种遗憾在理工学子身上延伸,希望同学们仔细读读此书。